Achim Kuhn (Hg.)

DEADLINE

TVZ

ACHIM KUHN (HG.)

DEAD LINE

Prominente über Leben und Sterben

TVZ
Theologischer Verlag Zürich

Publiziert mit der freundlichen Unterstützung der Schweizerischen Reformationsstiftung, der Evangelisch-Reformierten Landeskirche des Kantons Zürich und der Katholischen Kirche im Kanton Zürich.

Die Deutsche Bibliothek – Bibliografische Einheitsaufnahme
Die Deutsche Bibliothek verzeichnet diese Publikation in der Deutschen Nationalbibliografie; detaillierte bibliografische Daten sind im Internet über http://www.dnb.de abrufbar.

Umschlaggestaltung: Mario Moths, Marl,
unter Verwendung einer Fotografie von Achim Kuhn
Satz und Layout: Mario Moths, Marl
Druck: ROSCH-BUCH GmbH, Scheßlitz

ISBN: 978-3-290-17783-6

INHALT

VORWORT

Im Englischen bedeutet *deadline* ursprünglich Sperrlinie, Todesstreifen. Im Deutschen kennen wir übertragene Bedeutungen wie Stichtag, Redaktions- oder Anmeldeschluss. Die übertragene Bedeutung verharmlost die ursprüngliche. Aber das ist nichts Schlechtes, weil dadurch dieses Wort zu einem alltäglich gebrauchten Begriff wird: *Dann und dann ist Redaktionsschluss – aber es ist nicht der letzte, denn es wird wieder einen geben in absehbarer Zeit.* Dagegen hat das kurze Wort *dead*, tot, etwas Endgültiges; es bleibt sperrig. Nie harmlos. Das Wort lässt sich nicht beiläufig gebrauchen, denn dem Tod selbst haftet ein Schrecken an.

Die Reihe von Büchern über Sterben und Tod hat sich in den letzten etwa zwei Jahren verdichtet. Über das Sterben wird offensichtlich häufiger und regelmässig geschrieben. Wird auch regelmässig darüber gesprochen? Und noch viel wichtiger: Wird es «mit-erlebt», «er-fahren» in der Begleitung eines Nächsten?

Die hier im Buch versammelten Beiträge sind nicht einfach nur noch mehr Lesematerial zum Thema, sondern jeder Beitrag ist wie ein reflektierender Begleiter; jeder Beitrag lädt dazu ein, nicht nur selbst weiterzudenken, sondern mit anderen darüber ins Gespräch zu kommen. Es sind bewusst «gesprächsöffnende» Texte. Das Buch ist dabei so aufgebaut, dass sich an vier einführende Beiträge solche mit einem autobiografischen Bezug anschliessen; aber jeder dieser Beiträge geht nicht nur vom eigenen Erleben aus, sondern auch von einem selbst gewählten kurzen Text, der eine «objektive» Stimme einbringt. Die Beiträge von zweiunddreissig Autorinnen und Autoren setzen sich – beruflich oder persönlich geprägt – mit dem existenziellen Themenbereich Leben – Sterben – Tod und der Hoffnung auf das Danach gründlich auseinander. Und diese zweiunddreissig waren bereit, andere an ihren Erkenntnissen teilhaben zu lassen.

Der Kern der Beiträge, der Kern dieses Buches ist der Gedanke: Die Auseinandersetzung mit dem Ende des Lebens (und einem möglichen Danach) geschieht vor dem Hintergrund der Auseinandersetzung mit dem Leben. Früher hiess das: Der Kunst des Lebens entspricht eine Kunst des Sterbens (*ars moriendi – ars vivendi*). Nur wer bewusst lebt, stirbt auch bewusst. Nur wer bewusst sterben will, das heisst sich auf das Sterben vorbereitet, der lebt wirklich intensiv. Der Kontrapunkt wäre: Das Leben ist wie Asche ohne Glut – es staubt hinüber in die sterblichen Asche-Überreste im Krematorium. Stattdessen soll die Intensität des Lebens vor dem Dunkel des Todes aufleuchten; und das Sterben (respektive die Vorbereitung darauf) soll wie ein Höhenfeuer in der Nacht sein. Vielleicht hat für den, der nie richtig, bewusst, intensiv gelebt hat, der Tod keinen Schrecken. Aber vor dem Tod darf man erschrecken, damit man bewusst im Leben reifen kann.

Der Tod bricht ins Leben ein. Was können wir tun?

Nichts – den Tod erwarten, bis er uns holt; in dieser Weise scheinen viele Menschen gerade auch in Pflegeheimen auf den Zeitpunkt ihres Ab-Lebens zu warten.

Wenig – nur den Zeitpunkt des Todes selbstbestimmt gestalten, wie das in den aktuellen Diskussionen über Sterbehilfe oder den selbstgesetzten Todeszeitpunkt aus Lebenssattheit Thema ist?

Viel – wenn wir uns mit Sterben und Tod und der Frage nach dem Danach auseinandersetzen und uns überlegen, was die Begrenztheit dieses Lebens für die Gestaltung der Lebenszeit bedeutet. Genau das tun die Autorinnen und Autoren in diesem Buch – und dafür sei ihnen herzlich gedankt.

Ich wünsche Ihnen, der Leserin und dem Leser, dass das Buch Ihre Gedanken zum Leben vertieft; und dass es Ihnen hilft, über den «Dreiklang» Leben – Sterben – Tod und die Fragen zu dem Danach mit sich selbst und mit anderen ins Gespräch zu kommen. Heute ist nicht einfach der erste Tag des Rests Ihres Lebens, sondern heute beginnt Ihre Deadline, Ihre Frist, Ihre geschenkte Zeit für die Beschäftigung mit diesem reichen und weiten Themen-Dreiklang. Nicht angstbesetzt, sondern hoffnungsvoll; gesprächsbereit und offen; versöhnt mit dem Leben, das war – und mit Lust an dem Leben, das ist und kommt.

Männedorf, 20.11.2014
Achim Kuhn

WIDMUNG

Dieses Buch ist den Menschen gewidmet, die durch den Reichtum ihres Lebens und durch ihre bewusste Auseinandersetzung mit dem Sterben und Tod zu zwei wesentlichen Erkenntnissen kamen: zu einer dankbaren Freude am Leben und einer vertrauensvollen Hoffnung, die über das Jetzt und Hier hinausträgt. Solche Menschen können bleibende Spuren legen im Leben anderer; zu ihnen gehören für mich neben vielen älteren Menschen besonders:

Marianne Stauffacher, die ehemalige Verlagsleiterin des TVZ. Ihr plötzlicher Tod im September 2013 liess mich ganz konkret erleben, wie der Tod unsere Pläne durchkreuzt,

meine Eltern Henriette und Johannes Kuhn,

meine Schwiegereltern Renate und Gerhard (gestorben im September 2011) Schellpeper.

Achim Kuhn

VON MÄUSEN UND MINUTEN

Geschichten über die Endlichkeit

Hildegard Elisabeth Keller

Nur noch ein wenig weiterleben

Ich möchte einige Geschichten über die Endlichkeit erzählen, wie sie Menschen im Mittelalter mit Texten und Bildern vermittelt wurden. Es ist dieselbe Endlichkeit, die als biologische Tatsache das Leben auf Erden noch immer bestimmt, auch wenn uns heute medizinische Technologien das Lebensende hinauszuzögern helfen. Die Gegebenheit der körperlichen Hinfälligkeit war und ist stets dieselbe. Aber das bewusste Abringen von «noch ein wenig Leben», nach dem sich Menschen früher vielleicht ebenso sehr gesehnt hatten wie heute, nimmt die Bewusstseinsunterschiede zwischen damals und heute stärker in den Blick. Und darum geht es mir in diesem Beitrag.

Die Endlichkeit alles biologischen Lebens bringt eine Spannung hervor, die sich über das Leben legt, lange schon vor dem Tod. Sie macht sich in Wachstum und Zerfall bemerkbar, erst schliesst sie die Fontanelle und härtet die Knochen, aber bald schon macht sie die Haare grau und krümmt die Glieder. Die «Seele» durchlebt in einem mit der Zeit abgedichteten Gefährt ihre Lebensjahre, bis sie schliesslich aus dem Mund fährt und ihr Leben ausserhalb des Körpers antritt. Geburt und Tod sind Nadelöhre, der Tod selbst im Mittelalter nichts als ein Befehlsempfänger Gottes. Eine morsche Personifikation in den Händen der Kirche, die erschrecken statt zum Lachen reizen sollte. Höchstens Törichte zankten mit dem Sensenmann, weil sie ihn für den Verlust eines geliebten Menschen verantwortlich machten.

Ich habe nicht vor, Sie mit drastischen Schilderungen des Sterbens in früheren Zeiten zu reizen oder, je nach Geschmack, zu langweilen. Technologieferne Zeiten (und Kulturen noch heute) kennen ein ungemildertes, vielleicht roheres, aber auch ein von Gemeinschaftsritualen getragenes Sterben. Wir gewinnen keine Erkenntnis, wenn wir wissen, welchen körperlichen Leiden und unhaltbaren äusserlichen Umständen Todkranke ausgeliefert waren. Die Veränderungen im kollektiven und im individuellen Bewusstsein, in den Gedanken und Imaginationen, machen das positive Erbe der Moderne sichtbar.

Geschichte in Geschichten

In Geschichten lässt sich jene grosse Geschichte ertasten, die wir alle gemeinsam machen, durch Freiheitslust und Selbstbestimmung, heute nicht allein beim Lebensende, sondern auch beim Zeugen und Gebären von Kindern.

Wir machen Geschichte, indem wir die Geschichte des Sterbens – so radikal wie noch nie seit Menschengedenken – mit der Selbstbestimmung jedes Einzelnen zusammenführen. Wir alle, die wir für den schnellen und hohen Mitgliederzuwachs bei den mittlerweile fünf Sterbehilfeorganisationen in der Schweiz sorgen, machen diese Geschichte. Wir alle, die wir für selbstbestimmtes Zeugen und Gebären sind. Wir alle, die offen sind für die Sterbeforschung seit der zweiten Hälfte des 20. Jahrhunderts und ihre Art, die Grenzen zwischen Tod und Leben durchlässiger zu machen, massgeblich durch Gespräche mit Menschen, die in Nahtoderfahrungen «hinübergegangen», aber dann wieder zurückgekommen sind. Wir alle, die sich für Reinkarnationsvorstellungen anderer religiöser Kulturen interessieren, für schamanistische Zeitreisen, überhaupt bewusstseinserweiternde Praktiken, aber auch für Erfahrung mit Medien, die Gespräche mit Wesen «im Nachleben» («*after-life*») führen wollen. Daraus resultieren eigentliche Mitschnitte von Telefongesprächen. Ein Titel eines solchen Buches lautet: «Gespräche mit Jerry und anderen Menschen, die ich für tot hielt». Der kirchliche Kontext, der im Mittelalter alle Dinge rund um das Sterben und das nachtodliche Schicksal eines Menschen definierte, hat in all diesen Bereichen seine Deutungsmacht verloren.

Diese Geschichte der Bewusstseinsöffnung führt von kollektiv-kirchlichen Auffassungen von der Bestimmtheit des Lebens und Sterbens hin zur Selbstermächtigung des Individuums zum selbstbestimmten Leben und Sterben.

Lebenssatt

Zentralafrikaner und Haitianerinnen leben weniger lange als Schweizerinnen und Luxemburger. Sterben sie deshalb ergebener, leisten dem Tod weniger Widerstand, oder ist eher das Gegenteil der Fall? Oder spielt die Zahl der Jahre keine Rolle, weil Menschen so oder so mit aller Kraft am Leben festhalten, gerade weil ihr Leben ganz grundsätzlich zu kurz ist und ihnen keine Chance lässt, sich mit seiner Endlichkeit abzufinden? Aber erleichtert ein langes Leben, das einen mindestens so lebenssatt macht wie die eigenwillige Greisin in Brechts Erzählung, den Abschied nicht doch ein wenig? Oder ist es wirklich so, wie manche sagen, dass ein junger Mensch leichter aus der Welt geht, weil er sich in ihr nicht lange festsetzen konnte? Und überhaupt: Kann man das Sterben denn üben, oder sollte man eher zu leben üben, sich auf das Hier und Jetzt des Lebens konzentrieren?

Das sind Fragen, die sich auch die in diesem Buch Schreibenden stellen, verständlicherweise. Ich halte sie nur insofern für beantwortbar, als Menschen des 21. Jahrhunderts – zumindest in säkularisierten Gesellschaften des Westens – selbstbestimmter leben, individueller auf die erwähnte Endlichkeitsspannung reagieren und ihre je eigene Antwort leben.

Historisch betrachtet ist dies neu. Familien, kirchliche Institutionen und andere Kollektive bestimmten Leben und Sterben massgeblich. Im Mittelalter beanspruchte die Kirche schier absolute Deutungshoheit. «Media in vita» (mitten im Leben) umfange uns der Tod schon, behauptet eine Antifon des St.Galler Mönchs Notker der Stammler (um 840–912). Deshalb sei des Todes zu gedenken. Mit hochemotionalen Schilderungen von wünschenswerten und grässlichen Jenseitsschicksalen schürte die vorreformatorische Kirche Ängste, für die sie ihre eigenen Bewältigungsstrategien anbot und später, in Form von sogenannten Ablässen, auch zu verkaufen begann (das Wort Ablass bezog sich auf zeitliche Sündenstrafen, die im Fegfeuer zu erleiden waren; wer in der Hölle endete, konnte sein Los auch mit einem Ablass nicht mehr verbessern). Martin Luther, der dieser kirchlichen Tradition entstammte, brach mit der Geldmacherei der Kirche, aber schürte die Höllenängste gleichwohl. Sein «Handbüchlein» für den Christen (1524) enthält die ins Deutsche übersetzte Antifon Notkers, die ebenfalls die Angst schürt, vom Höllenmaul verschlungen zu werden, allerdings mit dem Unterschied, dass göttliche Gnade allein davor bewahre:

«Mitten yn dem tod ansycht / vns der hellen rachen / Wer wil vns aus sölcher not / frey vnd ledig machen / das thustu herr alleyne. [...] Mitten yn der hellen angst / vnser sund vns treiben Wo soln wir den flihen hyn / da wir mugen bleiben / Zu dir herr Christ alleyne.»

Kunst vom Leben und Sterben?

Vor sechshundert Jahren, als ein «langes» Leben durchschnittlich fünfundvierzig Jahre dauerte, wurde der Sterbeprozess mitten im Leben multimedial vorweggenommen, mit Büchern, Bildern und Bilderbüchern, aber auch Theaterspielen und dreidimensionalen Objekten.

Ein Buch war besonders erfolgreich. Sein Titel ist verheissungsvoll für heutige Ohren, er lautet auf Deutsch «Kunst des Sterbens», lateinisch: *ars moriendi.* Manche Autorinnen und Autoren dieses Bandes berufen sich auf diese historische Sterbekunst und stellen sie einer «Lebenskunst» (*ars vivendi*) gegenüber, die sie den heute Lebenden ans Herz legen. Wer richtig zu leben verstehe, sterbe auch «richtig». Im Spätmittelalter sagte man aber eher: Erst wer «richtig» sterben lernt, lebt auch richtig. Diese Vorstellungen von richtig und falsch waren kirchlich geprägt und schürten auch Emotionen, die das Sterben kaum leichter gemacht haben. Die «Kunst des Sterbens» wurde zu einem der meistverbreiteten Andachtsbücher in Europa vor der Reformation.

Diese «Kunst des Sterbens» war ein spätmittelalterliches Blockbuch, ein noch nicht mit beweglichen Lettern, sondern mit Holzstöcken gedrucktes Buch. Die neue Technologie des frühen Buchdrucks liess erstmals einen von Angebot und Nachfrage

Bildblatt aus
«Ars moriendi» (ca. 1475)

bestimmten, überregionalen Buchmarkt entstehen. Die «Kunst des Sterbens» war ein populäres Buch, ein Ratgeber im mittelalterlichen Sinn, denn was auf den drei Text- und elf Bildseiten vermittelt wird, empfindet man heute weder als Lebens- noch als Sterbehilfe. Die elf Holzschnitte führen die Leser in eine ritualisierte christliche Vorstellung dessen ein, was im und um einen Sterbenden vor sich geht. Wie auf einer Bühne treten kirchliches Personal, die Trinität Gottes, die Muttergottes, Heilige, Engel und – zahlenmässig dominant – Teufel nacheinander in die Kammer des Sterbenden.

Das Sterben der andern

Niemand entkommt dem Tod. Damals aber entkam auch niemand dem Sterben der andern. Menschen starben für gewöhnlich im eigenen Haushalt. Der Leichnam wurde in seiner häuslichen Umgebung aufgebahrt und mit allen Elementen der Totenfürsorge versehen, bis er begraben wurde. Für die Seele eines Verstorbenen betete man auch lange nach dem Tod in ritualisierten Zeiten.

Deshalb ist das Bett der zentrale Schauplatz in der «Ars moriendi»-Tradition. Auch Hieronymus Boschs Bild «Tod des Geiz-

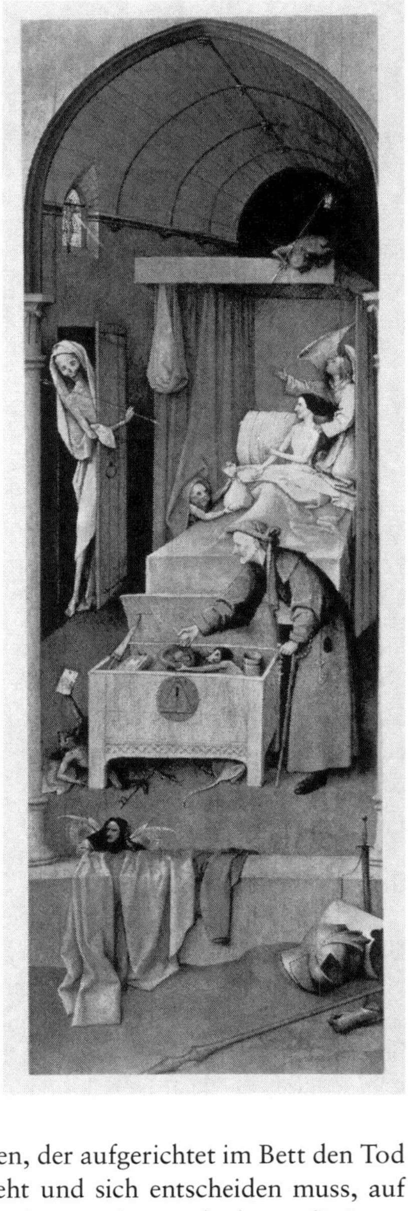

Hieronymus Bosch: Tod des Geizhalses (1485/1490)

halses» zeigt einen Menschen, der aufgerichtet im Bett den Tod in seine Kammer treten sieht und sich entscheiden muss, auf welche Seite er sich stellt. Für den Geizkragen bedeutet die Stunde der Entscheidung das Scheiden vom Besitz, den er gehortet hat. In Winkeln hantieren Dämonen mit kleinen und grösseren Geldsäcken. Blickt der Geizhals zu Christus am Kreuz, wie ihn der Engel anweist, während seine Rechte noch zum Geldsack geht? Der Pfeil in den Händen des Todes war ursprünglich länger, wie die durch Röntgenstrahlen sichtbar gemachte Vorzeichnung des Gemäldes zeigt, aber Bosch kürzte ihn beim Malen, nur der Schatten auf dem Vorhang erreicht schon fast das Bett. Zwischen dem tödlichen Pfeil und dem Geizhals öffnet sich ein Raum, der auch ein psychologischer Raum ist: eine Chance der Entscheidung, die für den Geizhals ebenso gilt wie für den Betrachter des Bildes.

Auf den Holzschnitten der «Kunst des Sterbens» fehlt gerade dieser personifizierte Tod. Umso zahlreicher sind die anderen Figuren, die um das Bett des Sterbenden stehen, und alle versprechen Hilfe. Die einen aber lauern gleichzeitig auf Beute, sagt das Buch seinen Lesern, denn die Teufel machen sich nur bereit, die aus dem Körper tretende Seele zu packen. Die «Ars moriendi» definierte nicht nur das «richtige» Sterben, sondern auch das Sterben, vor dem man sich fürchten sollte, weil es zur ewigen Verdammnis führte.

Um «richtig» sterben zu können, muss man aber wissen, was denn beim Sterben «falsch» laufen kann und weshalb im Ave Maria gebetet wird: «Heilige Maria, Mutter Gottes, bitte für uns Sünder jetzt und in der Stunde unseres Todes. Amen.»

Kampf zwischen Gut und Böse

Die Sterbestunde birgt dieselbe Gefahr, der Menschen ihr Leben lang ausgesetzt sind. Der grosse Versucher hat seinen letzten Auftritt. Die Teufelsheere nutzen in der Sterbestunde ihre letzte Chance und flüstern dem Menschen ein letztes Mal Verzweiflung ein, Ungeduld, Eitelkeit, Gier, Geiz und was an negativen Emotionen das Gemüt erfüllen kann. Die Holzschnitte der «Ars moriendi» zeigen die teuflischen Einflüsterungen auf Spruchbändern: «Die Hölle ist zerstört» oder «töte dich selbst». Der Teufel ist ein Meister der geistigen Korrosion. Das Gottvertrauen bricht unter der Last von Zweifel und Zwietracht ein, in den letzten Minuten des Lebens wird es düster im und um den Sterbenden. Dann flattern die Schwarzen in Scharen herbei.

Werfen wir einen Blick auf die lichtscheuen Gestalten, die ums Sterbebett stehen: Der Teufel tritt nicht ans Bett der Sterbenden, um dort etwa zu singen wie die Engel. Singen ist nicht sein Metier, in Hildegards von Bingen Oper «Ordo virtutum» kann er nur krächzen. Aber er hält sich für den Menschen, seinen Erzfeind, ganz besonders zuständig. Aus seiner eigenen Geschichte weiss er, dass in jedem Menschen ein göttlicher Lichtfunke verborgen ist. Dieser Funke, der seit der Stoa als «samenhaft» gedacht wird, macht die Menschen selbst zu *logoi spermatikói*, zu «Geist- oder Vernunftsamen», so dass sie an sich selbst erkennen können, wes Geistes Kind sie sind. Der Teufel sucht diese Selbsterkenntnis auszulöschen, denn er ist bekanntlich selbst einer der gefallenen Engel, ja, deren Fürst.

Der Teufel benutzt viele Pseudonyme, Belial und Leviathan, Beelzebub, Luzifer und Satan, und wird meist mit Flügeln dargestellt. Flugfähigkeit gilt in der christlichen Kultur als Segen, mit Federn und Flügel sollen die allerersten Lebewesen um den Schöpferthron geflattert sein, Engel, zehnchörig in Reih und Glied singend, auch die Engel vom zehnten Chor, die später abfielen, gehörten zu ihnen. Als Luzifer revoltierte und die Macht an sich reissen wollte, kam es zu gewaltsamen Unruhen, die erst durch den Sturz des ganzen Chors beendet wurden. Das Loch war unschön, so ein in der frühmittelalterlichen Literatur erzählter Mythos, deshalb schuf Gott die Menschen als Lückenbüsser, nicht mehr als reine Geistwesen wie die Engel, sondern als inkarnierte, also in einen physischen Körper gehüllte Seelen. Wie schon bei Plato war die Seele gefiedert und flugfähig, damit sie alles Schwere auf Erden zu den Göttern emporheben kann. Die Seele verliert ihre Federn, wenn sie nicht richtig ernährt wird. Wie das geschieht, ist in Platos «Phaidros» nachzulesen.

Die pervertierten Engel stürzen sich seither in tödlichem Hass auf ihre Nachfolger. Kaum kommt ein Kind auf die Welt, haften sie sich an seine Fersen – sie lauern ihm also nicht anders auf, als sie auf den Ausgang der Seele aus dem Mund des Sterbenden warten. Die beiden Arten von geflügelten Geistwesen begleiten die Menschen und suchen unermüdlich ihren Einfluss geltend zu machen.

Höllenmaul-Darstellung
in der Münchner
Belial-Handschrift,
2. Hälfte 15. Jahrhundert.

Der Teufel verführt zur Sünde, führt Buch über die Sünden und beschäftigt Horden von Helfern. Dass man sich die Hölle selbst als ein Raubtiermaul vorstellte, macht das in ihr geltende Gesetz sichtbar: Fressen und Gefressenwerden. Als dossierfester Rechtsanwalt namens Belial will der Teufel beim Jüngsten Gericht gut dokumentiert sein, gemäss einer ebenfalls sehr populären Textgattung im Spätmittelalter. Als «Procurator» wird er beim Jüngsten Gericht vor Gott treten und Auskunft über die von Jesus geretteten Seelen verlangen und seine rechtmässigen Besitzansprüche auf die Seelen von Sündern anmelden. Es liegt in der Natur der Sache, dass dieser Jurist vor Gott keine guten Karten hat, aber die Leser dafür ein Gaudi. Der Teufel, mit dem ihnen ein Leben lang die Hölle heiss gemacht wird, verliert!

Doch so ganz sicher konnten sich Menschen im Spätmittelalter nie fühlen. Auch Theaterspiele machten dem Publikum weis, dass der Teufel bis zum Ende der Zeit aktiv bleiben würde und sie in sein unvorstellbar grauenhaftes Reich verschleppen könnte. Multimediale Höllen- und Fegefeuer-Vorstellungen in Bildern, Texten, Liedern und Theaterspielen schürten diese Angst und die Kaufbereitschaft von Ablässen und inspirierten Hieronymus Bosch zu grandiosen Jenseits-Panoramen. Seine Triptychen «Garten der Lüste» (um 1498) und «Jüngstes Gericht» (um 1515) zeigen die Schrecken der Hölle bald wie eine Folterkammer mit pervertierten Musikinstrumenten, bald wie Nachtaufnahmen von Kriegsschauplätzen.

Die Jenseitswelten beschäftigten Menschen aller sozialen Schichten. Wie konnte man vermeiden, dass die eigene Seele an den Falschen geriet? Wie die Leiden der bereits Verstorbenen mildern, die von Teufeln gefoltert wurden? Waren solche Fragen einmal im Bewusstsein der Lebenden – und Werke wie die «Kunst des Sterbens» trugen kräftig dazu bei –, so war nur noch ein kleiner Schritt, diese Angst lukrativ zu nutzen. Kritischen Zeitgenossen kam die Heils-und Geldmaschine der spätmittelalterlichen Kirche schon vor der Reformation suspekt vor, aber ohne Erkundungen der nachtodlichen Topografie wären die mittelalterliche Kunst und Literatur sehr viel ärmer. Meisterwerke wie Dantes «Göttliche Komödie» – ein Reiseführer durch Fegefeuer, Hölle und Himmel und ein Who's Who von der Antike bis ins Mittelalter – würden ebenso fehlen wie andere Visionswerke, die in ganz Europa verbreitet wurden. Die Erzählung vom Ritter Tundalus, der eines Tages scheinbar stirbt, von einem Engel durch Himmel, Hölle und Fegefeuer geführt wird und die Orte der Pein und der Seligkeit gezeigt bekommt, damit er ins Leben zurückkehrt und von seiner Vision berichtet. All dies zielt auf alle, die noch eine Chance haben, ihr Leben zu ändern. Auf die Lebenden, die Lesenden, auf uns.

Aus heutiger Perspektive stellt sich die Frage, ob solche Vorstellungen von «Hölle» oder «Himmel» tatsächlichen Erfahrungen von Sterbenden entsprechen oder ob sie institutionelle Konstrukte der mittelalterlichen Kirche sind. Die Frage lässt sich höchstens und nur partiell beantworten, sofern die Erkenntnisse aus der Nahtoderfahrungs-Forschung (NDE-Forschung) beigezogen werden können: Betroffene Menschen verbinden ihre Erfahrungen nur sehr selten Erfahrungen mit dem, was an mittelalterliche Höllenschilderungen (Finsternis, Bedrängnis, Angst und Schmerz) erinnert. Auch wenn «Höllenerfahrungen» empirisch selten bezeugt sind, gibt es doch Indizien dafür, dass es sie gibt. Ob sie durch den kulturellen und religiösen Kontext, in dem ein Mensch gelebt hat, oder durch die Sterbeumstände bedingt sind, ist letztlich aber nicht zu entscheiden. Der apokalyptische

Kampf, im dem sich geistige Mächte um die Seele streiten, ist in der NDE-Forschung jedenfalls nicht ganz unbekannt.

Hans Sebald Beham: Adam und Eva

Der Baum des Lebens

Jeder Mensch und die Menschheit als Ganzes sind aus christlicher Sicht ein *Teil* der Schöpfung. Die Ureltern Adam und Eva, die unter dem Baum des Lebens stehen, repräsentieren alle: die Gewesenen ebenso wie die zur Zeit Lebenden und die noch Kommenden, und ihr Schicksal unter dem paradiesischen Baum des Lebens hallt in allen Menschenleben nach: Geburtlichkeit und Geschlechtlichkeit prägen ihr Leben. Mitleiden, aber auch Mitfreuen und Mitschöpfen sind die grossen Themen der christlichen Anthropologie.

Die Zeit macht da menschliche Leben zu einer prozesshaften Erfahrung. Diesem unablässigen Fortschreiten stellen sich zwei barocke Leitsprüche entgegen: *Carpe diem* und *memento mori*, eine Variante der «Ars moriendi»-Tradition. Ein spielerische Briefform kombiniert beide, um Schreck zu erzeugen.

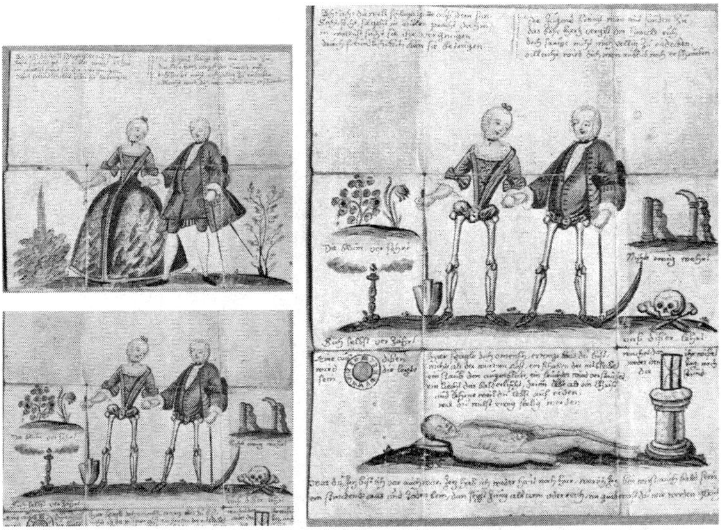

Faltbrief. Augsburg: Martin Will

Ein vornehmes Paar wird beim nächsten Aufklappen bis auf die Knochen entblösst:

«Die Jugend bringt man noch in Sünden zu, / das böse hertz vergist der himels ruh, / doch säume nicht, mich völlig zu endecken, / villeicht wird dich mein anblick noch erschröcken.»

Die Frau hält die Schaufel des Totengräbers, der Mann die Sense. Der scheinbar persönliche Brief «an dich und mich» entpuppt sich als Memento-Mori-Klappbild, in Massendruck in der Offizin des Martin Will aus Augsburg hergestellt.

Das Bild von den Ureltern, die unter dem Baum des Lebens stehen, kam im ausgehenden 16. Jahrhundert in ein Geburtshilfebuch für Hebammen. Als das erfolgreiche «Trostbüchlein» des Zürcher Stadtschnittarztes und Theatermachers Jakob Ruf (um 1505–1558) in Frankfurt nachgedruckt wurde, steuerte der ebenfalls aus Zürich stammende Jost Amman (1539–1591) eine Sündenfall-Darstellung bei.

Das erst Buch disses Trost-
büchleins/den Hebammen vnd Schwangern
Frauwen dienstlich/wirdt lehren vnd sagen von den
Weib vnd Manns Samen/auch von derselben Em-
pfengnuß vnd Geburt in gemein/wirt in-
halten VI. Capitel.

Das erste Capitel.

Von den wunderbarlichen vnd natürlichen vrsprüngen/herkom-
men/krafft vnnd wirckung aller gemeiner Samen der Erden/In-
sonders aber von den Weibs vnd Manns Samen/wie sich dieselben
einander vergleichen/vnd mit einander verwandlen/auch was der
Kindig sey/worauß er erwachse/vnd was darauß werde.

A

Zugleicher-

Jakob Ruf: Trostbüchlein (1554). Neudruck unter dem Titel Hebammen Buch. Frankfurt: Sigmund Feyerabend, 1580

Die Darstellung findet sich vor dem ersten, der Zeugung gewidmeten Buch. Das Genesiszitat (Gen 3,16) über die Strafen für den Sündenfall – die Sterblichkeit, das Gebären! – fehlt nicht. Der Holzschnitt hat eine klare Botschaft. Adam und Eva stehen hier für alle Eltern. Der Tod steht zwischen ihnen, erinnert an die hohe Kinder- und Müttersterblichkeit während der Geburt und auch daran, dass nicht nur ihre Lebenszeit beschränkt ist, sondern auch die ihrer noch nicht einmal geborenen Kinder.

Zwei Mäuse

Die berühmteste mittelalterliche Erzählung über die Zeit erzählt von zwei Mäusen, die an der Lebenszeit nagen, ohne dass ihr Besitzer es bemerkt. Die Erzählung thematisiert in gleichnishafter Weise das Verhältnis des Menschen zu den ihm auf Erden gegebenen Jahren. Zwei der Quellen dieser Geschichte führen aus dem christlichen Kontext hinaus, in die indische Literatur für Fürstensöhne, zu einer Buddhalegende aus dem sechsten Jahrhundert. Unter dem Titel «Historia von Barlaam und Josaphat» gelangte sie in den Westen, wo sie christianisiert und in die (auch deutschsprachige) Literatur aufgenommen wurde.

Prinz Josaphat, der spätere Buddha, trifft darin auf einen Wanderasketen namens Barlaam, ein Name, der wie bodhisat (= der Erleuchtete) auf einen Sanskrit-Ausdruck zurückgeht (bhagavan = der Feinsinnige). Der Weise wird zum Erzieher des Fürstensohns und mit symbolischen Erzählungen das Wesen der Welt. Die Geschichte mit den Mäusen wurde so oft wie keine andere von Barlaams Parabeln über die Nichtigkeit der Welt illustriert.

Das Gleichnis beginnt so: Es war einmal einer, der plötzlich unheimliche Geräusche hinter sich hörte. Es war die schauerliche Stimme eines Ungeheuers. Da floh er Hals über Kopf, fiel aber in eine grosse, finstere Grube. Er konnte gerade noch seine Hände ausstrecken, eine Staude packen und aus der Grubenwand einen grasbewachsenen Vorsprung herausscharren, auf den er seine Füsse stellen konnte. Mit Müh und Not hielt er sich fest und atmete auf. Er dachte nur noch an das, was gerade vor seiner Nase war.

Als er aber sah, dass eine weisse und eine schwarze Maus an der Staude nagten und dass in der Grube unten ein Drache sein Maul aufsperrte und dass vier Schlangen den kleinen Vorsprung abfrassen, auf dem seine Füsse standen, fühlte er sich nicht mehr so sicher und machte seinen Mund auf. Von der Staude über ihm fielen Honigtropfen auf seine Zunge, und die Süssigkeit betäubte seinen Kummer wegen der Schlangen, des Drachens und auch der beiden Mäuse.

Josaphat erkennt die tiefere Bedeutung sofort, aber Barlaam wäre nicht sein Erzieher, wenn er die Gleichungen nicht selbst auflöste: Das Monster, das den Mann zuerst erschreckt habe, sei die Sterblichkeit, die Grube, in die er falle, eine Welt voller Fallstricke, und die Staude seien die Lebensjahre, die einem jeden zubemessen seien. Mit jedem Tag und jeder Nacht werde die Wurzel der Staude dünner, die weisse Maus stehe für den Tag und die schwarze die Nacht. Natürlich ist der Drache dann wieder die Hölle, und die vier Schlangen bedeuten die vier Elemente, aus denen der Körper geschaffen ist.

Auch die zweite Quelle stammt aus Indien und gelangte aus dem «Pancatantra» ins Arabische, dann über jüdische Vermittlung ins Hebräische und schliesslich durch den konvertierten Juden Johannes von Capua ins Lateinische, wo es zwischen 1263 und 1278 unter dem Titel «Liber Kalilae et Dimnae, Directorium vitae humanae» erschien und dann in die europäischen Sprachen übersetzt wurde. Der Buchdruck machte es zu einem Bestseller. Auf Deutsch erschien es unter dem Titel «Das Buch der Beispiele der alten Weisen» 1483 erstmals in Druck, diese Abbildung stammt aus einem Druck von 1510.

Das Buch der Beispiele, Strassburg: Hans Grüninger 1501

Die populären Tiergeschichten wurden aus dem Kontext gelöst und in unterhaltsame Exempel- und Schwanksammlungen des 16. Jahrhunderts integriert, später, im 18. und 19. Jahrhundert, auch in Märchenbücher. Eines der berühmtesten Grimm-Märchen, «Der Teufel mit den drei goldenen Haaren», kennt die heimlichen Lebenswurzel-Nager. Nur der Teufel weiss, warum ein Baum, der einst goldene Äpfel trug, wegen einer Maus nicht einmal mehr Blätter hervortreibt. Im Zeichen der Mäuse dachte man über absterbende Bäume ebenso nach wie über den jähen Tod von Menschen.

Das ewige Jetzt

Die meisten christlichen Texte aus der Vormoderne thematisieren die Endlichkeit des menschlichen Lebens auf Erden und die Aussichten für das sogenannte ewige Leben im Jenseits. Sie erzählen von den sogenannten Letzten Dingen mit einer Härte, die von Absichten nicht frei war. Die Geschichten über

Hölle und Fegefeuer sollten diesseitsorientierten Menschen einen Nasenstüber geben, sie zur Besinnung bringen und zur Umkehr bewegen. Waren sie einmal erschüttert oder verängstigt, konnten sie gemäss kirchlichen Vorgaben neu auf den Weg gebracht werden. Die präsentierten Jenseitsvorstellungen galten auch zur Zeit der Reformation als Tatsachen. Sie wurden erst mit der Säkularisierung und der Entkirchlichung der Spiritualität allmählich demontiert.

Doch es gab im Mittelalter auch andere Anregungen, über die Endlichkeit nachzudenken – darunter sind auch echte Ansätze zu freiem Nachdenken. Der Dominikaner Meister Eckhart (um 1260–1328), einer der ganz Grossen seines Fachs, predigte über die Zeit, als wäre sie eine durchsichtige Haut mit feinen Poren, durch die etwas in Sprache nicht Fassbares zu uns hindurch funkelt. Eckharts Predigten zielten auf einen freien, von Vorstellungen geleerten Geist. Nur in ihm war die Weite, die dem Absoluten Platz einräumen konnte. Eckhart entrümpelte die Vorstellungswelten seiner Zeitgenossen gründlich. Er predigte, wesentlich sei eine göttliche Kraft in der Seele, die viele Namen habe und letztlich unbenannt bleiben wolle. In ihr sei Zeitlosigkeit erfahrbar: «Gott ist in dieser Kraft wie in dem ewigen Nun. Wäre der Geist allzeit mit Gott in dieser Kraft vereint, der Mensch könnte nicht altern.» Seine Predigten über das Zeitlose im Menschen lehren etwas Paradoxes, nämlich das Zeitgebundene und das Zeitlose miteinander zu versöhnen. Dieses *êwige nû*, das zeitlose Jetzt, war keine Denkübung, sondern eine spirituelle Übung, ein Gebet:

«Was ich euch gesagt habe, das ist wahr; dafür setze ich euch die Wahrheit zum Zeugen und meine Seele zum Pfande. Dass wir so ein ‹Bürglein› seien, in dem Jesus empfangen werde und ewig in uns bleibe in der Weise, wie ich's gesagt habe, dazu helfe uns Gott. Amen.»

ERINNERUNGEN GOTTES?

Die Perspektive einer Pfarrerin

Adelheid Jewanski

Der Tod – ein Mörder, ein Rätsel, ein Geheimnis?
Auch nach vielen hundert Abschiedsgottesdiensten und Beisetzungen, nach stillen Augenblicken vor einem Leichnam oder einem Gebet, Segen, Lied und letztem Händedruck für einen sterbenden Menschen bleibt der Tod mir ein Rätsel, eine offene Frage. Warum steht das Herz eines 39jährigen Vaters von einer Minute zur anderen plötzlich still, während dieser Muskel im Körper einer 93jährigen Urgrossmutter gleichmässig, ja, unerbittlich weiterpumpt und schlägt? Warum wollte ein junger Mann unter keinen Umständen mehr leben, und warum können die intensiven Gebete einer Liebenden den komatösen Geliebten auf der Intensivstation nicht mehr zum Leben erwachen lassen? Schon sehr früh musste ich beim Tod meines jüngsten, damals neunjährigen Bruders akzeptieren, dass nichts ihn zurück ins Leben holen konnte, auch die inbrünstigsten Gebete nicht. Diese schmerzhafte Erkenntnis hätte mein Abschied vom christlichen Glauben sein können. Doch sie wurde zum Anstoss, mich näher und tiefer mit der Tradition und ihren Deutungen zu beschäftigen. Ich habe ihre Wahrheit für mich persönlich und später auch beruflich erprobt und mich auf sie eingelassen. Der Tod ist mir Frage und Rätsel geblieben. Doch je länger ich mich mit dem Sterben und Tod beschäftigt habe, desto kostbarer und einzigartiger ist mir das Leben geworden als ein wunderbares Geschenk einschliesslich aller Schmerzen, Brüche und Niederlagen. Allein schon diese biografische Entwicklung empfinde ich als Auferstehung.

«Der Tod ist immer ein Mörder.» – Diesen Satz von Simone de Beauvoir hat kürzlich der deutsche Journalist Bartholomäus Grill in seinem Buch «Um uns die Toten» im Rückblick auf das Sterben seiner Mutter zitiert.[1] Beim Tod der eigenen Mutter, dem erschütternden «Erkalten des mütterlichen Kraftwerks», mag die Endgültigkeit ganz besonders brutal treffen. Das einmalige, unverwechselbare Leben des Menschen, dem man sich selbst verdankt, ist unwiderruflich zu Ende. Es gibt keine unendliche Verlängerung und keine unsterbliche Seele. Dennoch kann ich diesem Satz in seiner Absolutheit nicht zustimmen, weil ich dem Tod die Macht einer eigenen Personalität nicht zugestehe. Der Tod trägt viele Gesichter, weil alle Menschen sterblich sind. Vor allem trägt er das bestimmte Gesicht Jesu, durch dessen Botschaft vom Leben und dessen Auferstehung die endgültige Entmachtung und Entpersonalisierung des Todes geschehen ist. Deshalb mache mich immer auf die Suche nach den Anzeichen des Lebens und der Liebe, des Mutes und der Hoffnung, des Einsatzes, des Glaubens und des Humors, die von einem gelebten und zu Ende gegangenen Leben zu entdecken sind. Diese Anzeichen, zu denen unbedingt auch die «Ecken und Kanten», die Schrägheit und die unangenehmen Seiten gehören, sind in denjenigen Menschen lebendig, die um den Verstorbenen trauern und die sich an diesen Menschen erinnern, wie er war und was sie mit ihm oder ihr erlebt haben. Ich bin auch und gerade angesichts des Todes immer auf der Suche nach den Spuren gelebten Lebens und Liebens. Das ist meine Profession.

Sterben – ein wesentlicher Teil des Lebens

Sterben ist nicht nur eine Phase am Ende des Lebens, es begegnet uns bereits mitten im Leben, wenn eine Beziehung, eine Hoffnung, ein Wunsch oder ein Ziel stirbt, wenn man Abschied nehmen muss von anderen Menschen, von einer Arbeit, einem Ort, einem ganzen Lebensabschnitt.

Die Fähigkeit zum Sterben kann mit jedem bewussten Abschiednehmen und jedem Loslassen des Gewohnten und Liebgewonnenen geübt werden. Auch der Umzug ins Altersheim ist ein Moment des Sterbens, aus dem jedoch durchaus wieder Neues entstehen kann.

Sterben ist technisch anspruchsvoll geworden in unserer multioptionalen und individualisierten Gesellschaft. Es gilt die Gratwanderung zu machen zwischen den Auswüchsen einer hoch technisierten Medizin, gegen die man sich mit Hilfe einer Patientenverfügung schützt, und dem «letzten Ausweg» bei einem unerträglich gewordenen Leben, den die Sterbeorganisationen anbieten. Viele Menschen erklären, dass sie keine Angst vor dem Tod, aber Angst vor dem Sterben haben. Das Sterben ist ein nicht planbarer, unkontrollierbarer Teil des Lebens. Todesangst ist eher Lebensangst, Angst vor der letzten Lebensphase.
Die meisten Menschen wünschen sich, dass sie schnell sterben, am besten im Schlaf. Man möchte nichts davon spüren und «miterleben», dass man stirbt. Es soll nicht weh tun und möglichst rasch erledigt sein. Einigen Menschen fällt diese schnelle Variante des Lebensendes tatsächlich zu. Ein plötzlicher Herzstillstand oder ein Hirnschlag erfüllen die heimlichen oder auch offen geäusserten Wünsche. Ein solches «leichtes» Lebensende lässt jedoch die Angehörigen um so schwerer getroffen, ja, geschlagen zurück. Sie müssen das, was sie im Sterbeprozess gemeinsam mit dem nahestehenden Menschen hätten mitvollziehen können, allein durchleben und bewältigen. Ich begleite sie häufig ein Stück auf diesem Weg.

Menschen, die sich einen schnellen Tod wünschen, sind bereit, auf den letzten und möglicherweise sehr wesentlichen Abschluss ihres Lebens zu verzichten. Denn auf dieser letzten Strecke kann sich ein individuelles Leben ein letztes Mal als ein ganz eigenes, sich erfüllendes zeigen. Offenbar kann ich «die Fähigkeit zu sterben»[2] erwerben, wenn ich der Leitfrage folge, was ich noch leben und zum Ausdruck bringen möchte, bevor meine Möglichkeiten dahin sind. Das Besondere an dieser Lebensphase ist, dass es meist nur noch kleiner Zeichen bedarf, um wahrgenommen zu werden: Ein Wort des Dankes, eine Bitte um Vergebung, ein Zeichen der Liebe, ein Blick, ein Händedruck.

Mir ist des Öfteren von Angehörigen berichtet worden, dass ein Mensch in der Phase vor seinem Tod eine überraschende Wandlung durchgemacht habe: Eher dominante oder beherrschte Charaktere wurden unerwartet weich, sanft und liessen Gefühle und Gesten zu, die im bisherigen Leben rar oder unsichtbar gewesen waren. Es scheint mir oft, als könnten Menschen sogar im allerletzten Abschnitt ihres Lebens noch ein wenig von dem ausleben und verwirklichen, was sie sich zuvor versagt hatten. Sterben hält – wie das Leben selbst – oft grosse Herausforderungen bereit, zum Beispiel sich hinzugeben und hinzunehmen, was man nicht ändern kann? So können alle Facetten eines Menschen zum Vorschein und ins Leben kommen, bevor es endet. In diesem Sinne ist es auch die Phase der Vollendung.

Der Kabarettist Hanns Dieter Hüsch gestand einst seiner Frau, dass er am liebsten auf der Bühne sterben würde. Darauf antwortete sie: «Es muss aber ausverkauft sein!»[3] Dieser kleine ironische, mehrschichtige Dialog weist auf die Bedeutung hin, die dem Moment des Sterbens zugemessen wird. Es wird kaum der letzte, grosse Auftritt sein und doch ein wichtiger Zeitpunkt in einer wesentlichen Phase des Lebens. Als Ideal gilt gemäss vieler Todesanzeigen: «Umgeben von seinen Lieben friedlich eingeschlafen». Deshalb erhält die Anwesenheit im Moment des Todes für viele Angehörige eine grosse Bedeutung. Wenn sie nicht gelingt, wird es als Versäumnis empfunden. Allerdings gibt es auch die Beobachtung, dass Sterbende genau die Momente der Abwesenheit ihrer Liebsten «nutzen». Viele Menschen sterben allein, weil keine Angehörigen da sind. Die Pflegenden oder Freiwillige übernehmen im besten Fall die Rolle derer, die am Bett wachen, bis das Leben und das Sterben zu Ende gehen. Bei einem sterbenden Menschen zu sein bedeutet, ihn bis zum letzten Augenblick der Liebe und Beziehung zu vergewissern. Er soll nicht einsam und verlassen sterben. Der Tod beendet jedoch diese sichtbare, tastbare, spürbare Verbundenheit. Was ist stärker als der Tod? Wie kann sich die Verbundenheit verwandeln? Stärker als der Tod, so glaube ich, ist die Macht, die ins Leben ruft; es ist die Macht der Liebe Gottes. Sie verwandelt die Beziehungslosigkeit des Todes in eine neue Art der Verbundenheit der durch ihn Getrennten.

Die Rituale der Beisetzung und Abdankung dienen diesem Übergang vom Beziehungsabbruch durch den Tod zu einer neuen Art der Verbundenheit im Rückbezug auf das gelebte und geteilte Leben. In diesem Zusammenhang haben auch die Angehörigen des verstorbenen Menschen ihren «Auftritt», den sie sehr unterschiedlich wahrnehmen. Manche leben ihre Trauer ungehindert aus, andere strahlen starke Abwehr und Distanz gegenüber ihrer Umgebung aus. Ich musste lernen, diese Haltung nicht persönlich zu nehmen oder sie als Ablehnung der kirchlichen Tradition zu empfinden, sondern als individuelle Schutzmassnahme Trauernder zu sehen, die in Ruhe und unter sich gelassen werden wollen.

Ich habe im Laufe der Jahre die «Strategie» entwickelt, dass ich das gelebte Leben im Horizont der christlichen Tradition und Symbolik so deute, dass sich Menschen mit den unterschiedlichsten Lebenseinstellungen von diesen Deutungen ansprechen lassen und daran bedienen können.

In der kurzen Liturgie am Grab, die in der Regel aus der Nennung des Namens, der Lesung eines biblischen Textes, eines Gebets und eines Gedichts besteht, schaffe ich einen Raum zum je persönlichen Abschiednehmen. In der Regel sind die Trauernden froh, auch selbst etwas Konkretes tun zu können, zum Beispiel einige Schaufeln Erde ins Grab zu geben oder Blumen hinzulegen.

Mir ist es wichtig, dass die Angehörigen anschliessend an die Beisetzung auf dem Friedhof bewusst den Ort zu wechseln, das heisst, entweder in die Kirche zur Abschiedsfeier zu gehen oder dann «zurück ins Leben». In jedem Fall ist «das Leben» Thema und Ziel der Abdankung. Deshalb wird in der Regel ein Lebenslauf verlesen oder in die Predigt eingeflochten. Leitend ist die Frage: Was wollen wir vom verstorbenen Menschen und seinem gelebten Leben erinnern und für die Zukunft bewahren? Was wird stärker sein als der Tod? Hilfreich ist es für mich, die Erzählungen vom Sterben Jesu als Referenz zu haben. Allerdings ist eine kirchliche Abschiedsfeier für mich nie der Ort für theologisch-dogmatische Abhandlungen oder gar Missionierungsversuche. Ich nehme das, was ich vom Leben und Charakter des verstorbenen Menschen weiss, als einen «Lebensteppich», an dessen roten Faden ich anzuknüpfen und diesen zu würdigen versuche. Ich tue das im Bewusstsein, dass niemand einen anderen Menschen und sein Leben voll erfassen kann und dass jedes Leben seine eigene Würde und sein unauslotbares Geheimnis hat. Ich traue Gott aber zu, dass er auch die schwierigsten und sinnlos erscheinenden Lebensläufe in ein anderes Licht stellen wird. Ich sehe mich zu dieser Hoffnung berechtigt, weil vom Sterben und Auferstehen Jesus Christi genau das in den Bildern der damaligen Zeit erzählt wird.

Sterben und Tod haben ein Gesicht

«Wenn ich einmal soll scheiden, / so scheide nicht von mir. / Wenn ich den Tod soll leiden, / so tritt du dann herfür. / Wenn mir am allerbängsten / wird um das Herze sein, / so reiss mich aus den Ängsten / kraft deiner Angst und Pein.

Erscheine mir zum Schilde, / zum Trost in meinem Tod, / und lass mich sehn dein Bilde / in deiner Kreuzesnot. / Da will ich nach dir blicken, / da will ich glaubensvoll / dich fest an mein Herz drücken. / Wer so stirbt, der stirbt wohl.»[4]

Der Dichter Paul Gerhardt formulierte im 17. Jahrhundert mit seinen noch heute durch die Vertonung Johann Sebastian Bachs geläufigen Versen, wie das Sterben gelingen kann: Mit dem sterbenden Christus vor Augen ist ein Mensch nicht allein, und mit dem Kruzifix auf der Brust können die Ängste begrenzt werden im Vertrauen auf den, in dessen Namen das Sterben Gott involviert war. Sterben und Tod haben das Gesicht und den Namen Jesu. An ihn glauben heisst, in seinem Tod und seiner Auferstehung die Gegenwart Gottes als eine ansehen, die mir zugute kommt. Angesichts der Beziehungslosigkeit des Todes klammert sich ein Mensch an den, in dem die alles umfassende Liebe und schöpferische Kraft zur Welt gekommen ist.

Die Verse Paul Gerhardts sind ein Glaubensausdruck aus einer anderen Zeit. Die Ausdrucksformen des christlichen Glaubens sind wandelbar und immer im Fluss. Im Zentrum des christlichen Glaubens steht jedoch die Gestalt des Jesus von Nazaret, an der sich alles Wissen und Glauben orientiert. Seine leidenschaftliche Predigt vom nahen Reich Gottes, seine liebevolle, freundschaftliche und heilende Nähe zu den Mitmenschen und sein ungerechtes Foltersterben am Kreuz haben sich ausgewirkt auf das Verhältnis zum Tod. Der Tod hat für mich das

Gesicht dieses Jesus bekommen, der in voller Konsequenz den Weg der Liebe und des Friedens ging und in einer einzigartigen Beziehung zu Gott lebte und starb. Er starb wahrscheinlich mit einem Schrei und nach der ältesten Überlieferung schrie der Jude Jesus den Anfang eines Psalmgebets: «Mein Gott, mein Gott, warum hast du mich verlassen» (Markus 15,34; Psalm 22,2). Dieser Schrei war tiefster Ausdruck seiner Beziehung zu Gott, die er auch in der Todesstunde und im Gefühl der grössten Verlassenheit nicht aufgegeben hat. In diesem Schrei kamen Gottesnähe und Gottesferne so zusammen, dass es seitdem keine Situation mehr gibt, in der Gott nicht gegenwärtig ist. Ich kann mit den «Flügeln der Morgenröte zum äussersten Ende des Meeres fliehen» (Psalm 139,9) oder in den tiefsten Nächten der Depression versinken, ich muss mit dem Tod eines Kindes leben lernen oder massive Ungerechtigkeit ertragen – seit dem Schrei, mit dem Jesus starb, ist all das aufgehoben in der Liebe, die stärker ist als der Tod. Ich mag dies wohl nicht immer mit dem Gefühl nachvollziehen können, aber die Wahrheit dieser Botschaft ist persönlich erfahrbar und als Erfahrung durch unzählige Menschen gedeutet und bezeugt.

Es ist nicht unerheblich, dass Jesus Jude war. In der jüdischen Tradition des ersten Teils der Bibel ist der Tod die natürliche Konsequenz eines Lebens, das in Freiheit und Selbständigkeit von Menschen geführt wird, die nicht mehr im kindlichen Paradies leben, sondern zur Selbsterkenntnis und Differenzierung fähig sind. Das hat sie – so der Mythos – von ihrem Ursprung abgeschnitten und schuldfähig wie auch ihrer Sterblichkeit bewusst werden lassen (erzählt in Gen 2–3). Der Tod wurde allerdings auch zum Synonym für all das, was den Menschen von der Teilnahme am gesunden, vollen Leben in der Gemeinschaft abschnitt. Krankheit, Gefangenschaft, Schuld und Verzweiflung wurden als Erscheinungsweisen des Todes mitten im Leben verstanden, durch die sich ein Mensch als fern von Gott erlebte. Das treue Festhalten am Gesetz Gottes hingegen gewährte Leben trotz allen Anzeichen von körperlicher Vergänglichkeit: «Mögen mein Leib und mein Herz verschmachten, der Fels meines Herzens und mein Teil ist Gott auf ewig.» (Psalm 73,26)

In der Überlieferung Israels begegnet eine grosse Zurückhaltung und Ablehnung des Todes, der – wieder in mythischen Bildern – in ein Schattenreich des Schweigens führt, zu dem Gott keine Verbindung hat, denn «die Toten preisen Gott nicht» (Psalm 115,17). In der Verbindung zum Gott des Lebens besteht aber nach jüdischem Verständnis Sinn und Ziel des menschlichen Lebens. Auch Jesus betont, dass Gott ein Gott der Lebenden und nicht der Toten ist (bei Markus 12,27). Deshalb lehnt er die Beschäftigung mit dem Tod ab, sofern sie nicht wieder ins Leben führt. Das Leben und die Arbeit für die Lebendigkeit haben deutlichen Vorrang, sogar vor der Beerdigung des eigenen Vaters (siehe Matthäus 8,22). In Israel wurden Totenkult und die Kontaktaufnahme zu Verstorbenen seit je abgelehnt. Hingegen hat die metaphorische Sprache mancher Propheten den Gedanke einer Auferweckung aus dem Tod vorbereitet. Allerdings handelte es sich bei dieser Wiederbelebung von Toten um ein Bild für die Wiedererweckung der nationalen Existenz Israels und die Heimführung aus dem Exil (erzählt bei Ezechiel 37) und nicht um eine Auferweckung individueller Existenzen. Zur Zeit Jesu oder kurz danach war das Thema der Auferstehung der Toten eine theologische Streitfrage unter den verschiedenen Gruppierungen innerhalb der jüdischen Bevölkerung (siehe Markus 12,18 ff.). Jesus selbst war an diesen Fragen nicht unmittelbar interessiert. Er wandte sich viel mehr gegen alles, was das augenblickliche Leben einschränkte und die Lebenden in selbstschädigenden und tödlichen Strukturen – auch des Denkens – gefangen hielt. Deshalb warnte er vor übermässiger Sorge und Vorsorge genauso wie er ausgeschlossene Menschen durch heilsame Ansprache in die Gemeinschaft zurückholte. Er sprach die Vergebung der Sünden zu, weil eine geheilte Gottesbeziehung ihre Wirkung auch körperlich und sozial nach sich ziehen würde. Jesus bewirkte Vertrauen und Vergebung, Freiheit und Freude, Freundschaft und Nachfolge bei den Menschen, die sich ihm gegenüber öffneten. «Jesus war nicht interessiert am Verhältnis des Menschen zu dessen Tod, sondern an dessen Verhältnis zu Gott.»[5] Dass er selbst sterben musste, bahnte sich an. Es kam einem Scheitern gleich. Doch nach seinem Tod erfuhren ihn seine Anhängerinnen und Anhänger als überraschend gegenwärtig und lebendig und deuteten diese Erfahrungen als eine gottgewirkte Auferweckung aus dem Tod. Das Leben dieses Menschen, der sich vollkommen der Liebe anheimgegeben hat, ist stärker als der Tod und kann tödliche Strukturen überwinden – diese Erfahrung nannten sie Auferstehung.

Der erlittenen Tod des Jesus von Nazaret und die Erfahrung seiner lebendigen Nähe brachte seine Anhängerinnen und Anhänger dazu, nicht nur an dessen Verkündigung von der Nähe Gottes sondern vielmehr an ihn selbst zu glauben als an den, in dem Gott nah ist. Er hatte sich mit dem sterbenden Jesus identifiziert und den Tod an sich ertragen, so dass nun in Gott nicht allein das Leben, sondern auch der Tod aufgehoben sind. Die in Jesus personifizierte Botschaft von der liebenden, Leben schaffenden Beziehungskraft Gottes ist nicht totzukriegen. Sie aufersteht in einem fort. Von der Auferstehung des Jesus von Nazaret schloss man deutend auf die Auferstehung aller Menschen, weil und «damit Gott alles in allem sei» (1. Korinther 15,28).

Dabei erhielt die leibliche Auferstehung einen besonderen Akzent, weil das jüdische Menschenbild keine Aufspaltung in Leib, Seele und Geist kennt. Erst spätere Theologie und insbesondere die Rezeption der griechischen Philosophie legten die Grundlagen für die Anschauung, dass die Seele, die durch den Tod aus dem vergänglichen Leib befreit wird, unsterblich weiterlebt. Von diesen platonisch geprägten Deutungsmustern hat die evangelische Theologie des 20. Jahrhunderts dezidiert Abstand genommen.[6] Die Seele ist nicht ein unsichtbares Etwas, das unabhängig vom Körper des Verstorbenen oder unabhängig von anderen Menschen existiert. Im Denken, Tun und Verhalten der ihm nahestehenden Menschen kann jedoch etwas vom Geist, vom Wirken, von der Ausstrahlung und dem Denken eines Verstorbenen weiterwirken und Einfluss nehmen weit über seinen Tod hinaus. Die Proklamation der Gottesgegenwart in der Liebe, Wahrheit und Gerechtigkeit durch Jesus ist unwiderruflich geworden und begleitet das Weltgeschehen als ständige Hoffnung derer, in denen Jesus weiterlebt. Er ist in der Erinnerung und den Handlungen derer gegenwärtig, die in seinem Geist glauben, hoffen und lieben. Sein Sterben, Tod und Weiterwirken sind Lebenserfahrungen geworden, die weit über ihren zeitlichen und räumlichen Horizont hinaus vorbildhafte und tröstende Bedeutung erlangten für das Leben und Sterben von Menschen vieler Generationen und verschiedener Kulturkreise. Auch beispielsweise die Widerstandkämpfer im Nationalsozialismus haben sich bei der Vorbereitung auf ihre Hinrichtung am «Vorbild Jesu» orientiert und aufgerichtet. In der letzten Begegnung der Eltern mit ihrer bereits verurteilten Tochter Sophie Scholl reichte das Stichwort «Jesus», um eine Verständigung über den «einzigen Trost im Leben und im Sterben» zwischen ihnen zu erreichen. Der ungerechte, unzeitige Tod des Jesus von Nazaret zeigt einen Menschen, der sich vertrauensvoll dem Handeln der Macht überlassen hat, die Leben schafft. Tod und Leben haben ein Gesicht bekommen für Menschen, die heutzutage in menschenfeindlichen Verhältnissen und mit dem Risiko leben, einen ungerechten, gewaltsamen Tod zu sterben.

Wie aber wirkt sich die Überlieferung vom Leben, Tod und der Auferweckung Jesu des Christus auf meine Arbeit als reformierte Pfarrerin aus? Welche Bedeutung bekommen Tod und Auferstehung, die sein Gesicht tragen?

Auferstehung – Verewigung in den Erinnerungen Gottes

Gott ist Liebe und schafft Beziehungen, ohne die kein Leben möglich wäre. Im Tod und in der Auferstehung Jesu hat sich Gott mit den von ihm wegstrebenden, scheinbar unabhängigen, ihrem Ursprung entfremdeten Menschen «versöhnt», das heisst, er hat von sich aus eine neue Beziehung etabliert. Sie ist das Angebot, dem lebendigen Jesus Christus zu vertrauen und so Distanz zu finden zu den (selbst-)zerstörerischen Strukturen, in denen sich menschliches Leben vollzieht.

Daraus folgt für mich die absolute Orientierung am Leben, auch am bedürftigen, gefährdeten und am gelebten Leben. Während der Tod alle Beziehungen abbricht und häufig eine Sogwirkung auf die nahestehenden Mitmenschen ausübt, suche ich mit den Angehörigen nach lebendigen, wahrhaftigen und stärkenden Erinnerungen, mit denen sie weiterleben, ja, «auferstehen» können aus der Trauer in einen neuen Lebensabschnitt.

Manche Trauernde hoffen, den geliebten Menschen «im Himmel» oder bei einer allgemeinen, leiblichen Auferstehung der Toten «wiederzusehen» Doch sowohl Jesus wie auch der erste christliche Theologe Paulus wehren Vorstellungen ab, die irdische Verhältnisse in ein Jenseits projizieren. Menschen «leben» in den Erinnerungen der Mitmenschen weiter, bis auch sie nicht mehr sind. Auferstehung hingegen lässt sich so verstehen, dass der verstorbene Mensch in den Erinnerungen Gottes «weiterlebt». Doch wie der Verstorbene in den Erinnerungen seiner Mitmenschen kein weiterführendes Leben erhält, sondern die Vergangenheit vergegenwärtigt wird, so wird sein vergangenes Leben von Gott verewigt. Dies ist keine unendliche Verlängerung, sondern ein Aufgehobensein in der Ewigkeit Gottes. Ewiges Leben ist die Teilhabe an Gottes eigenem Leben. In ihm wird unser gelebtes Leben geborgen sein.

Der Tod setzt einer Person mit ihrem Dasein und ihrer Lebensgeschichte ein Ende. Das Leben war das, was es war. Es kommt nichts mehr hinzu, aber – so hoffe ich – es geht auch nichts verloren. Im Gegenteil: «Gott sucht, was verloren ging.» (Kohelet 3,15) Das Leben eines Menschen ist erfüllt, weil es ein Moment in der Geschichte Gottes mit allen Menschen war. In diesem Sinn hat jede Lebensgeschichte ihre einmalige Bedeutung. Als solche würdige ich sie in einer Abschiedsfeier. Weil und insofern Gott mit jedem Menschen eine Geschichte hat, «predigt» jeder Lebenslauf. Es ist meine Aufgabe, die Anhaltspunkte zu finden oder einen «roten» Faden aufzuwickeln. Wenn es gelingt, ist die verstorbene Person in den Hörenden lebendig. Auch nähren und ermutigen die Erinnerungen an das gelebte Leben zur Fortsetzung des eigenen. Bei einem Abschied geht es nicht um eine Beurteilung des gelebten Lebens, sondern um seine Vergegenwärtigung. Die Wahrheit eines Lebens ist Gottes Sache. Wir werden vor ihm entdecken, wer wir in Wirklichkeit waren und uns so erkennen, «wie wir jetzt schon von Gott erkannt worden sind» (1. Korinther 13,12).

KEINE ANGST VOR DEM TOD?

Peter Werder

Mein Vater verstarb im Jahr 2013 im Alter von 89 Jahren im Endstadium von Demenz. Ich konnte in den letzten Minuten seines Lebens nicht bei ihm sein. Der dichte Verkehr um Zürich machte meinem Halbbruder und mir einen Strich durch die Rechnung, unseren Vater in den Tod zu begleiten. Meine Mutter schaffte es, und so erzählte sie mir, dass er mehr oder weniger friedlich eingeschlafen sei. Er litt etwa fünf Jahre an einer mittleren bis starken Demenz, in seinen letzten 15 Wochen katapultierte ihn eine langwierige Darmgrippe und der damit zusammenhängende Wasserverlust in das Endstadium der Demenz, was ihn zuerst ins Spital, anschliessend ins Pflegeheim brachte. Viele wussten, dass es nur noch wenige Monate dauern würde, meine Mutter gab die Hoffnung nicht auf, dass ihr Mann wieder nach Hause kommen könnte.

Ihre Hoffnung sollte enttäuscht werden. Ich hingegen war froh, dass mein Vater nicht länger zu leiden hatte. Ob und wie er genau litt – ob er körperliche Schmerzen hatte, ob er im Rahmen der Demenz die geografischen, sozialen oder temporalen Momente der Desorientierung stärker oder weniger stark spürte als vorher –, das wussten wir nicht. Ich hielt diese letzte Phase (und bereits einige Elemente der Phase zuvor) für furchtbar, für entwürdigend und schlicht und einfach unnötig. Wie es Arno Geiger in seiner Erzählung über seinen demenzkranken Vater «Der alte König in seinem Exil» beschrieb: «Wer dement ist, stirbt in Raten, die Persönlichkeit vor dem Körper – die Krankheit tötet den Menschen von innen nach aussen.» Ich wollte, dass mein Vater gehen konnte, weil ich es für das Beste für ihn hielt. Ich sah das als klassische Erlösung und hörte mich dies bereits Wochen vor seinem Tod für die Zeit nach seinem Tod formulieren. Meine Mutter wollte die Zeit mit ihn noch nicht zu Ende sehen, auch wenn sie die mehrjährige Betreuung fast an den Rand der Verzweiflung gebracht hatte. Ich halte es noch heute für eine enorme Herausforderung, den Partner in einer solchen Krankheit zu begleiten und dabei den Rollenwechsel vom Partner zur Betreuungsperson zu vollziehen. Man begegnet sich nicht mehr auf Augenhöhe, sämtliche Regeln einer gut geführten Partnerschaft werden umgestossen, man wird zur Pflegefachkraft und gibt sein eigenes Leben praktisch auf. Ich habe mir geschworen, dass ich es nicht so weit kommen lassen will, sollte ich selbst mit dieser Diagnose (oder einer Diagnose mit vergleichbaren Konsequenzen) konfrontiert werden. Ich werde meinem Leben aktiv ein Ende setzen, auch wenn ich heute weiss, dass die Wahl des Zeitpunktes – gerade bei Demenz – wohl die grösste Herausforderung meines Lebens sein wird. Und schliesslich weiss ich nicht, was mich auf der anderen Seite erwartet, wenn es denn eine geben sollte.

Ich könnte nicht sagen, dass ich keine Angst vor dem Tod habe. Das Sterben ist in vielen Fällen wohl-begleitet, Medikamente helfen, die grössten Schmerzen zu lindern. Aber das, was nach dem Tod kommt, ist auch für mich, der agnostisch durchs Leben geht, ein schwarzes Loch hinter einer ebenso dunklen Wand.

Mark Twain hat einmal gesagt: «Ich fürchte den Tod nicht. Ich war während Milliarden von Jahren tot, bevor ich geboren wurde, und es hat mir nicht die geringsten Unannehmlichkeiten bereitet.» Das klingt wunderbar rational. Dennoch beruhigt es mich nur bedingt. Ich habe keinen religiösen Halt, der mir Hoffnung gibt, und ich habe auch die atheistische Sicherheit von Mark Twain nicht, dass mit dem Tod alles fertig sei. Ich kenne keinen empirischen Zugang, der diese Frage bereits geklärt hätte. Kurz: Die agnostische Position ist die schwierigste aller Positionen in der Frage des Todes. Genau hier unterscheidet sie sich wohl am klarsten von der atheistischen Sichtweise, und sie grenzt sich ebenso klar von einem Glauben an eine Transzendenz ab. Der Agnostiker hängt in der Luft.

Menschen, die an einen Gott glauben oder einer Religion nachleben, halten mich für einen Atheisten, der es nicht zugeben will. Atheisten wiederum meinen, dass ich eigentlich gläubig sei, da ich es nicht absolut ausschliessen will, dass es eine Art von beabsichtigter Schöpfung oder eine Form von Bewusstsein nach dem Tod geben könnte.

Um die agnostische Position zu verstehen, bedarf es einer Klärung der Frage, in welchen Punkten jemand gläubig, agnostisch oder nicht-gläubig ist. Ich unterteile dies grob in drei Stufen. Bei der Grundfrage, ob es unter Umständen eine Art von beabsichtigter Schöpfung geben könnte, verhalte ich mich agnostisch. Ich weiss es nicht, ob es eine Schöpfung oder einen Schöpfer gibt, und ich weiss, dass ich es im Hier und Jetzt nicht herausfinden werde. Deswegen lasse ich diese Frage unbeantwortet. Sie ist nicht relevant für mein Leben. Ich könnte sagen: Wenn diese Schöpfung wollte, dass ich von ihr erfahre, dann würde sie es mich schon wissen lassen. Deswegen kann ich mich getrost um andere Dinge in meinem Leben kümmern. Das ist Stufe 1. Gehe ich einen Schritt weiter zur Stufe 2, komme ich zur Frage, wie ich mich gegenüber diesem Schöpfer oder dieser Schöpfung verhalten sollte. Gibt es einen Kodex, gibt es Erwartungen, die ich erfüllen muss? Hier kommen Gläubige zur Auffassung, ihren Gott zu verehren, mit ihm in einen Dialog zu treten, zu beten, seine Allmacht zu bewundern, ihn vielleicht um Hilfe zu bitten. Viele dieser Muster sind kulturabhängig, manche Menschen legen sich einen äusserst individuellen Bezug zu ihrem Schöpfer zurecht. So gibt es die Pantheisten, die überall in der Natur Schöpfung sehen. Es kann aber auch sein, dass sie bestehende Muster übernehmen, dass sie ihren Glauben in einem sozialen Rahmen leben, womit wir im Bereich von Religion und Kirche sind. Auf dieser dritten Stufe werden Regeln definiert, die sich in Form von Religion und sehr konkret im Rahmen des sozialen Erlebnisses in Kirchen und religiösen Gruppen formiert. Die meisten Diskussionen finden auf dieser Stufe statt, hier streitet man über Unterschiede, sucht in der Ökumene Gemeinsamkeiten, befruchtet den interreligiösen Dialog, gründet bei Unstimmigkeiten neue Konfessionen oder Sekten und stellt mit Regeln einen oft sehr direkten Bezug zum täglichen Leben her. Konkrete Vorstellungen über das Leben nach dem Tod sind auf dieser Stufe zu finden.

Stufe 1 steht im Kausalzusammenhang ganz am Anfang. Ich verhalte mich auf dieser Stufe – wie eingangs geschildert – agnostisch. Anders bei den folgenden Stufen, wo man meine Sichtweise als atheistisch bezeichnen könnte – oder etwas korrekter ausgedrückt: humanistisch. Ich konzentriere mich auf das Diesseits und stelle den Menschen in den Mittelpunkt. Dies hat viele Gründe, unter anderem auch einen mathematischen. Ist nämlich die Anzahl Möglichkeiten, sich auf bestimmte Art und Weise zu verhalten und das Verhältnis zwischen Mensch und Schöpfung konkret in Schriften, Regeln oder Axiomen zu definieren, unendlich, strebt die Wahrscheinlichkeit, dass ein solches (eng) definiertes Muster zutrifft, gegen Null. Die Wahrscheinlichkeit ist mir somit zu klein, als dass ich mich mit Leib und Seele für ein solches Muster entscheiden oder gar einsetzen könnte. Ich konzentriere mich in diesen Punkten deswegen auf eine religions-freie Ethik im Diesseits, die sich auf Messbares und die Erkenntnis konzentriert. Das heisst, dass für mich religiöse Schriften und allgemein Religionen keine übergeordnete transzendentale, höchstens eine historische, ethische oder soziale Bedeutung haben. Das heisst aber auch, dass ich keine Antworten zur Frage finde, was vor dem Leben war und nach dem Tod sein wird.

Natürlich gehe ich damit auch das Risiko ein, falsch zu liegen. Guy Harrison hat in seinem Buch «50 Gründe, wieso Menschen glauben» eine Liste von Motiven zusammengetragen, wieso Menschen – egal in welcher Religion, weltweit – an einen konkreten Schöpfer glauben. Einer der Gründe hängt direkt mit der Frage nach einem Leben nach dem Tod zusammen, er heisst *«better safe than sorry»*. Die Idee: Ich bin lieber auf der sicheren Seite und glaube an Gott, als dass ich am Ende meiner Tage vor verschlossener Türe stehe. Ich halte das Argument für unlogisch, da – wie vorher ausgeführt – die Trefferwahrscheinlichkeit einer bestimmten Religion und eines konkreten Szenarios gegen Null strebt. Es ist völlig offen, für welche These man sich entscheiden müsste, um «safe» zu sein. Vor allem stellt sich die Frage, wie sich das organisatorisch darstellen würde, wenn sich kulturelle und religiöse Regionen überschneiden: Menschen, die in christlichen Regionen nicht glauben, kommen gemäss katholischer Lehre genauso nicht in den Himmel wie Menschen, die in islamischen Gegenden nicht muslimisch leben. Was passiert aber, wenn ein Katholik in einem muslimischen Land stirbt – ist die Konsequenz eine islamische (die er als Nicht-Moslem erfährt) oder eine christliche (die er als Katholik geniesst)?

Guy Harrison führt in der gleichen Publikation aus, dass er als Atheist keine Angst vor dem Tod habe, weil er wisse, dass es nach dem Sterben einfach fertig sei. Ich aber weiss es nicht. Ich kann dieses Gefühl der Sicherheit nicht teilen. Atheismus mildert die Angst vor dem Tod – wie dies auch Religion tut. Der Glaube innerhalb der Religion an ein Leben nach dem Tod hat etwas Tröstliches, auch wenn dieser Trost keine Aussage darüber ist, ob die Aussage dahinter (eben: es gebe für die Gläubigen ein schönes Leben nach dem Tod) wirklich wahr ist. Ich profitiere nicht von diesem religiösen Trost, aber auch die atheistische Sicherheit erreicht mich nicht, weil ich nicht ausschliessen kann, dass mein Bewusstsein weiter existiert. Abgesehen davon wäre die Weiterexistenz meines Bewusstseins auch ohne Gott möglich.

Der Begriff des Glaubens muss differenziert betrachtet werden, er hat mehrere Bedeutungen inne: Es für wahr halten, darauf vertrauen und es sich wünschen. Wenn ich also glaube, dass es morgen regnet, kann dies – erstens – eine Aussage darüber sein, dass es der Wetterbericht so prognostiziert und ich es für wahr halte. Zweitens kann es mein Vertrauen in das Wetter – ganz allgemein – ausdrücken. Es ist die Gelassenheit, mit der ich der Entwicklung des Wetters entgegenblicke und darauf vertraue, dass es gut kommen wird. Oder ich kann – drittens – damit meinen Wunsch ausdrücken, dass es morgen regnen möge. Etwas für wahr halten und es sich wünschen, das hat nichts miteinander zu tun. Meine persönliche Beobachtung bei gläubigen Menschen ist, dass sie sich wünschen, ihre Religion möge wahr sein, und sie deswegen auch für wahr halten. Hier tut sich ein wichtiger Unterschied zwischen Gläubigen und Atheisten auf: Der Atheist hält seine These für wahr, der Gläubige wünscht sich zudem, dass die Seinige wahr sei. Sagt also ein Atheist, dass es morgen regne, hält er dies nur für wahr – stellt dies aber der Gläubige fest, ist damit auch der Wunsch nach Regen verbunden.

Die Aussicht auf etwas, von dem ich nicht weiss, ob es wahr ist, vermittelt mir keinen Trost. Ich müsste es für wahr halten und rational erkennen können. Das ist das agnostische Grundproblem in der Haltung gegenüber Transzendenz. Meine Hoffnung auf Regen kann messbar erfüllt oder messbar nicht erfüllt werden. Anders die Hoffnung auf ein Leben nach dem Tod: Kein Mensch hat je nachvollziehbar davon berichtet. Selbst die Nahtod- und Sterbeforschung, die seit den späten 60er Jahren durch die Berichte von Elisabeth Kübler und Raymond A. Moody breitenwirksam wurde, konnte keine wissenschaftlichen Beweise bringen. Menschen mit Nahtoderfahrungen berichten von ähnlichen Erlebnissen, von Licht am Ende des Tunnels, von Glücksgefühlen. Menschen sehen sich selbst ausserhalb ihres Körpers, und sie sehen Verwandte (eher in den USA) beziehungsweise religiöse Figuren (eher in Indien), wie Karlis Osis und Erlendur Haraldsson in ihrer Studie festgestellt haben. Medizinisch lassen sich bei Nahtoderfahrungen Sauerstoffmangel, ein Überschuss an Kohlendioxid und erhöhte Hirnfunktion beobachten. Die Frage, ob dies auf ein Leben nach dem Tod hinweisen könnte, ist damit bei Weitem nicht beantwortet. Viel eher handelt es sich bei den beobachteten Phänomenen wohl um traumähnliche Zustände oder um Halluzinationen. Im Gegensatz zum Regen bleibt die Hoffnung auf ein Leben nach dem Tod bis jetzt empirisch unerwidert.

Meine agnostische Position ist, genau genommen, zweigeteilt: Ich weiss nicht, ob es einen Schöpfer gibt, und ich weiss nicht, ob es ein Leben vor dem Leben und nach dem Tod gibt. Eng damit verknüpft ist übrigens der Glaube an eine Seele und damit, ob diese Seele das irdische Leben überdaure. Man kann an ein Bewusstsein nach dem Tod glauben unabhängig davon, ob man an einen Gott glaubt oder sich argumentativ innerhalb einer Religion bewegt. Hat man sich aber für eine bestimmte Religion entschieden, wird der konkrete Glaube an das Leben nach dem Tod mitgeliefert. Christen haben davon eine andere Vorstellung als Hindus oder Buddhisten. Das christliche Jenseits ist – hat man sich konform verhalten – von einer paradiesischen, eu-topischen (also denkbar schönsten) Vorstellung geprägt. So frage ich mich, wieso sich Christen nicht freuen, wenn jemand stirbt, von dem ausgegangen wird, er habe ein gutes Leben geführt. Etwas plump könnte man sich auch fragen, wieso Christen auf dem Sterbebett nicht Grüsse an die bereits verstorbenen Verwandten mitgeben und sich für den Sterbenden freuen, da er bald bei ihnen und im Paradies sein wird. Religion müsste hier viel weitergehend Trost stiften, aber in absoluter Konsequenz wiegt der Verlust des geliebten Menschen mehr als der Glaube daran, er würde bald Gott oder Verwandten begegnen.

Der Glaube an das jenseitige Paradies spendet nur bis zu einem bestimmten Grad Trost. Eigentliche Freude über den Tod eines geliebten Menschen kommt in unseren Breitengraden kaum auf. Die persönlichen Emotionen der Trauer und des finalen Verlustes können durch die Aussicht auf das Paradies und auf den ewigen Frieden nicht wettgemacht werden. Aber sie können gemildert werden. Denn Religion ist in diesem Rahmen immer auch eine soziale Erfahrung und sie gibt Struktur vor. Wer trauert, ist in der religiösen Gemeinschaft nicht allein. Diese positive Funktion von Religion könnte auch Atheisten offenstehen. Hier stehen sich aber viele Atheisten argumentativ im Wege. Sie betonen die negativen Seiten von Religion und verknüpfen dies mit ihrer Überzeugung, der Kern von Religion sei unwahr. Das eine hat mit dem andern auch in diesem Punkt nichts zu tun. Nur, weil Religionen immer mal wieder Unfrieden über die Menschheit gebracht haben oder für Konflikte missbraucht wurden, müssen sie nicht unwahr sein. Und nur weil Atheisten Religion für unwahr halten, muss sie nicht schlecht sein.

Alain de Botton hat sich in seinem Buch «Religion für Atheisten» diesem Thema gewidmet, er tut dies respektvoll, sachlich und ergebnisoffen. Im Hinblick auf den Tod weist er auf die Funktion der religiösen Gemeinschaft hin und zeigt auf, dass Religion Struktur, Trost und Halt bieten kann – und dies völlig unabhängig von der Frage, ob es nach dem Tod weitergehe. Das Judentum beispielsweise gibt Phasen der Trauer vor und unterteilt die Zeitspanne nach dem Tod eines Freundes oder Verwandten in Perioden von sieben Tagen (Schiv'a) bis zu einem Jahr (Awelut) – ein Ritual um den Grabstein schliesst die Trauer ab. Diese begleitete Form der Verarbeitung vermittelt Halt und zeigt den Menschen, dass sie in ihrer Trauer nicht allein sind. Das ist nicht ausschliesslich davon abhängig, ob man an eine Transzendenz glaubt oder nicht.

Dennoch: Ich würde mir wünschen, daran glauben zu können, dass es ein wunderbares Leben nach dem Tod gibt. Mein Verstand hält mich aber davon ab. Ich kann mir das Leben nach dem Tod nicht vorstellen, ohne es zu konkretisieren. Ich habe als Agnostiker keine Hoffnung auf ein Bewusstsein nach dem Tod, denn würde ich darauf hoffen, hätte die Frage eine Bedeutung in meinem Leben. Woher wir kommen und wohin wir gehen – das weiss ich nicht, ich werde es im Diesseits nicht herausfinden und deswegen klammere ich diese Fragen aus meinem Leben aus. Ich formuliere dazu keine These und ich habe keinen Glauben an etwas Konkretes. Anders ausgedrückt: Jenseitsvorstellungen egal auf welcher Ebene haben in meinem Leben keine Bedeutung – ob positiv oder negativ.

Würde ich an ein Jenseits glauben, könnte ich mir vorstellen, dass mein Vater mit meiner Mutter kommunizieren kann. Sie hat sehr viel für ihn getan, und so, wie sie auch mit ihrer Mutter kommuniziert, die sie im Himmel glaubt, spricht sie auch nach dem Tod mit meinem Vater. Ob er in dieser Vorstellung von der Demenz geheilt ist? Wie er mit der Parallelität seines eventuell ewigen Lebens mit dem Zeitgebundenen meiner Mutter umgeht? Würde ich mir wünschen, dass er mich da und dort sieht, vielleicht wie ich an seiner Beerdigung auf der Kirchenorgel seine Lieblingslieder gespielt habe, die er mir als Musiker weitergegeben hat? Ob er meinen Chor hören und sehen kann, auf den er sicher sehr stolz wäre? Das würde ich mir wünschen. Aber würde ich mir auch wünschen, dass er mich sieht, wenn ich fluchend vor meinem Computer sitze, mit Blähungen ins Bett gehe und mir am morgen lustlos die Zähne putze?

Ich weiss nicht, ob es eine Schöpfung gibt, und ich weiss nicht, was nach dem Tod ist. Ich weiss nicht einmal, ob ich es je wissen, erkennen werde, da ich nicht weiss, ob mein Bewusstsein nach dem Tod noch existiert. Ich weiss nicht, ob die beiden

Fragen der Schöpfung und des Bewusstseins nach dem Tode zusammenhängen, und ich weiss nicht, ob ich vor dem Tod schon gelebt und dann alles wieder vergessen habe. Sollte es einen Schöpfer geben, weiss ich nicht, wer ihn geschaffen hat. Deswegen geniesse ich das Leben als Humanist, halte mich an die diesseitigen ethischen Vorstellungen und werde in letzter Eigenverantwortung über das Ende meines Lebens selbst entscheiden, wenn dies nötig sein wird.

DER VORGESETZTE TOD

Settimo Monteverde

Auf die Frage, ob er als alter Mann überhaupt über das Alter reden möchte, antwortete der 93-jährige Schriftsteller und Theologe Kurt Marti: «Das Alter und der Tod sind ein Thema, das man in meinem Alter halt vorgesetzt bekommt.»[7]

Alter und Tod – wahrgenommen wie ein Gericht, das einem «vorgesetzt» wird, das man vielleicht aber gar nicht mag, weil es ohnehin ständig auf dem Speiseplan steht oder weil man schwer daran zu kauen hat. Kurt Martis Worte lassen hier verschiedene Deutungen zu. Ihnen gemeinsam ist ein Moment der Unfreiwilligkeit: Alter und Tod bedürfen keiner gesonderten Einladung, fragen nicht nach, ob's gerade genehm ist, warten nicht auf den passenden Moment, drängen sich einfach auf. Ob durch das Leben selbst oder durch das suggestive Nachfragen der anderen, ist dabei von zweitrangiger Bedeutung. Sich als Individuum damit bewusst auseinanderzusetzen galt schon immer als Kunst des Lebens (*ars vivendi*) und des Alterns einerseits (*ars senescendi*), des Sterbens andererseits (*ars moriendi*). Doch obwohl sowohl Alter als auch Tod auf mannigfache Weise als «vorgesetzt» wahrgenommen werden, sind sie bekanntermassen nicht dasselbe. Für heutige Gesellschaften des langen Lebens ist charakteristisch, dass sie mit der qualitativen und quantitativen Zunahme der Lebesspanne auch den Zusammenhang zwischen Alter und Tod genauer differenzieren müssen. Sie gar in einem Atemzug zu nennen steht unter dem Ideologieverdacht eines Anti-Aging resp. eines «Ageismus», bei dem Alter und Tod so eng aufeinander bezogen sind, dass das Eine gewissermassen das Andere schon auslegt.[8]

Viertes Lebensalter

Im bewussten Gegensatz dazu bezeichnet die heutige Rede vom *vierten Lebensalter* eine politisch, ökonomisch und sozial zu gestaltende Lebenswirklichkeit einer wachsenden Anzahl von Menschen. Diese wirft aber auch neue Fragen auf: Begriffe wie Lebensfülle, Lebenssattheit oder Lebensmüdigkeit zeigen semantische Unschärfen. Sie werden kontrovers bei jedem Versuch, diese inhaltlich näher zu bestimmen. Denn sich auf solches hinauszuwagen heisst immer auch, Grundannahmen darüber zu machen, worin ein gelingendes Leben, Altern und Sterben besteht. Aus ihnen lassen sich Rechte und Pflichten ableiten, die aus der Sicht des jeweils Betrachtenden sowohl für das Individuum als auch die Gemeinschaft gelten sollen. Und genau darin liegt auch die sozialethische Brisanz: Einem alten Menschen *Alter und Tod* vorzusetzen kann leicht als moralische Forderung verstanden werden, dass dieser sich mit der Endlichkeit oder dem – primär *statistisch* wahrscheinlichen – baldigen Ableben auseinanderzusetzen habe, dass er sich darauf vorzubereiten habe, so z. B. durch stille Einkehr oder Verzicht auf Güter und Annehmlichkeiten, die man mit dem Altwerden «nicht mehr brauche». Diese Art, jemandem Alter und Tod «vorzusetzen», hat einen unverkennbar moralisierenden Beigeschmack. Sie erinnert an die mittelalterliche volkstümliche Erbauungsliteratur der *praeparatio mortis*, also der Anleitung, wie sich der fromme Mensch auf den Tod vorbereiten könne und solle. In heutigen Ausprägungen des «vorgesetzten» Todes mit den entsprechenden in- oder expliziten Verzichtsforderungen erscheint das Thema der *praeparatio* erneut, freilich in einer säkularisierten und radikal diesseitigen Form, bar jeder Anspielung auf eine jenseitig verortete Gerechtigkeit mit Fegfeuer, Strafe oder jüngstem Gericht. Harmlos ist sie deswegen aber mitnichten: An die Stelle der jenseitigen tritt die diesseitige Gerechtigkeit, mit detaillierten Kalkulationen, wie teuer das letzte Lebensjahr ist, wie viele unnötige Therapien am Lebensende durchgeführt werden, wie man die Ressourcen anderweitig einsetzen könnte und wie kostenintensiv die Pflege und Betreuung derjenigen sind, die dauerhaft darauf angewiesen sind. Doch wer als Reaktion auf solch einen ökonomisch «vorgesetzten» letzten Lebensabschnitt die Sorge äussert, «zur Last» zu fallen, erntet nicht selten Verständnislosigkeit oder empörtes Kopfschütteln. Die Vermutung, dass die Sorge, anderen «zur Last» zu fallen, ein Resultat des ökonomisch «vorgesetzten» letzten Lebensabschnitts sein könnte, beunruhigt. Am meisten dann, wenn aufgrund dieser Wahrnehmung kranke Menschen Sterbewünsche artikulieren und z. B. mittels assistiertem Suizid realisieren. Damit ist nicht gesagt, dass es nicht gute Gründe geben kann für den Wunsch nach einer frühzeitigen Beendigung des Lebens in Situationen schweren Leidens und begrenzter Lebenserwartung. Sie sind jedoch dann kritisch zu hinterfragen, wenn die Motivation dazu die soziale Wahrnehmung des Umfelds spiegelt, die dem Betroffenen Alter und Tod «vorsetzt» – besonders dann, wenn der Betroffene diese internalisiert hat und eine vertiefte Auseinandersetzung mit der eigenen Situation vermisst wird.[9]

Natürlich kann es nicht darum gehen, Entwicklungen der Gesundheitskosten im letzten Lebensabschnitt einfach zu ignorieren. Vielmehr geht es darum, auch andere Interpretationen zuzulassen. So kennt die heutige Gesundheitsökonomie auch alternative Lesearten: Anstatt von einem «rasanten Kostenanstieg» im letzten Lebensjahr ist z. B. von einer Umverteilung der Kosten die Rede. Diese Umverteilung entsteht, weil sich in Gesellschaften des langen Lebens die Sterbekosten primär ins hohe Lebensalter *verschieben* und dafür im mittleren Lebensalter nicht anfallen. Der Anstieg entsteht aber nicht, weil die Kosten dort *explodierten*.[10]

Imperfekte Autonomie

Trotzdem bleibt die sozialethische Brisanz der Frage, wie der Umgang mit Alter und Tod so gestaltet werden kann, dass die heranwachsenden, alternden und alten Generationen ihre wechselseitige Verantwortung erkennen und wahrnehmen können. Der Selbstbestimmung des Einzelnen in Fragen der Lebensgestaltung wird zu Recht ein grosses Gewicht eingeräumt, gerade auch bei schwerer Krankheit und am Lebensende. Doch gerade hier zeigt sich das Verwiesensein des Individuums auf die Gemeinschaft, die solche Selbstbestimmung erst ermöglicht, und zwar in einem doppelten Sinne: Erstens *anerkennt* die Gemeinschaft das Individuum in diesem Anspruch und bietet dadurch ein Umfeld, in dem sich das selbstbestimmte Subjekt erst konstituieren kann.[11] Zweitens *gewährleistet* die Gemeinschaft Selbstbestimmung dann, wenn das Individuum diese krankheitsbedingt nicht mehr selber wahrnehmen kann: Dies geschieht regelmässig bei der Umsetzung der Patientenverfügung in Situationen der Urteilsunfähigkeit, aber auch bei einem Sterbewunsch mittels ärztlich assistiertem Suizid bei einer unheilbarer Erkrankung mit begrenzter Lebenserwartung. Gerade diese Anerkennungs- und Gewährleistungsgemeinschaft als Rahmenbedingung von Selbstbestimmung ist es, die eine solche zwar nicht grundsätzlich als illusorisch erscheinen lässt, aber dennoch als *imperfekt*: Selbstbestimmung ist – gerade auch im Alter und am Lebensende – für ihre Entfaltung auf Dritte angewiesen.[12]

Aus diesem Grunde verwundert es nicht, dass sich am Lebensende die Spannung zwischen Sterbewunsch und Sterbewille, verbunden mit der Frage nach der Wahl des Zeitpunkts, der Mittel und Akteure, verdichtet. Jeder Versuch normativer Grenzziehungen zwischen gebotenen, erlaubten und verbotenen Formen der Sterbehilfe sorgt notwendigerweise für Widerspruch. Dieser betrifft auch die Rolle, die Arzt- und Pflegefachpersonen hier einnehmen sollen. Viele sehen in diesen Entwicklungen eine Manifestation des Wertezerfalls einer säkularisierten Zivilisation, die es verlernt habe, «auf den Tod zu warten» oder «dem Sterben Zeit zu geben». Die Prämissen, worin solch ein Warten genau besteht und wie es sich zur Erfahrung des Leidens stellt, sind schwer verifizierbar.

Eine weitaus plausiblere Interpretation besteht darin, diese Spannungen als «normale» Manifestationen des Paradoxes der imperfekten Selbstbestimmung zu sehen. Alter und Tod gehen uns alle an, denn

- sie nehmen einerseits den Betroffenen[13] in die moralische Pflicht, Selbstbestimmung in sozialer Verantwortung wahrzunehmen,

- sie auferlegen andererseits den Mitmenschen die Pflicht, Selbstbestimmung
- zu *respektieren*,
- stellvertretend für den Betroffenen zu *realisieren*, wenn dieser krankheitsbedingt nicht in der Lage ist (z. B. Umsetzung einer Patientenverfügung bei Demenz oder nach schwerem Unfall),
- zu *klären*, wenn der Patientenwille unklar ist (z. B. unklare Patientenverfügung, die nicht mehr der mutmasslichen Willen entspricht),
- oder schliessich der Realisation eines ethisch und rechtlich klaren Patientenwillens *nicht «im Wege» zu stehen*, und zwar auch dann nicht, wenn dieser den persönlichen Wertüberzeugungen widerspricht (z. B. Verzicht auf eine Ernährungssonde bei fortgeschrittener Demenz).

Sozial, biologisch und geistig

Alter und Tod – oftmals werden sie sozial «vorgesetzt», bei jeder Nachfrage nach dem Alter, nach den Kontakten, die noch bestehen, nach den Gebrechen, nach dem, was «nicht mehr so gut läuft». Trotzdem würde die Konsequenz, aus Vorsichtsgründen Alter und Tod völlig voneinander zu entkoppeln, der menschlichen Alltagserfahrung widersprechen. Denn zwischen beiden gibt es unleugbar so etwas wie eine zeitliche Korrelation, die auch in Kurt Martis Worten zu hören ist: «Vorgesetzt» sind Alter und Tod einfach schon deswegen, weil sie fest zur biologischen Konstitution des Menschen gehören, in jeder Zelle des menschlichen Organismus angelegt sind und den Menschen in seiner sterblichen Natur zeigen.

Doch darüber hinaus ist der Mensch auch ein geistiges Wesen. Er lebt zwar im jeweiligen Hier und Jetzt, denkt sich in der Zeit, aber immer auch über die Zeit hinaus. Hört er ein Memento mori, schreckt er auf, wird nachdenklich, fühlt sich angesprochen. Alter und Tod sind ihm deshalb auch im geistigen Sinne «vorgesetzt». Zunächst einmal im Werden und Vergehen des anderen, dann aber in der persönlichen Auseinandersetzung mit Alter und Tod, die er als feste Bestandteile seiner mit der Zeit und in der Zeit gewachsenen Identität erkennt und annimmt. Und mit der Frage: «Was ist, wenn ich einmal nicht mehr bin?»

denkt sich der Mensch über den Tod hinaus. Sich um solches zu sorgen, muss für denjenigen, der sich an Epikurs (341–270 v. Chr.) berühmtem Diktum[14] orientiert, als vergebliche Bemühung erscheinen. Denn – so der griechische Philosoph – das Denkenkönnen an den Tod ist an die fundamentale biologische Voraussetzung gebunden, am Leben zu sein. Und ist diese nicht mehr gegeben, entfällt sowohl die Notwendigkeit als auch die Möglichkeit, sich über den Tod Sorgen zu machen.

Trotz allem Trost ob solcher intellektueller Ent-Sorgung des Todes: Alter und Tod bleiben dem Menschen «vorgesetzt», und zwar in biologischer, geistiger und sozialer Hinsicht. Er weiss um sie. Und dieses Wissen macht ihn unter den Lebewesen nicht nur einzigartig, sondern auch eigenartig: Einzigartig insofern, als sich das Nachdenken über den Tod kulturgeschichtlich als unerschöpfliche Quelle menschlicher Schaffenskraft zeigt. Aber auch eigenartig, weil dieses «Sein zum Tode» zur existenziellen Herausforderung wird, die sich jedem Individuum von Grund auf neu stellt. In ihr zeigt sich kein soziales Lernen, gibt es weder Expertise noch Erfahrung, sondern nur unmittelbare Betroffenheit, denn vor dem Tod sind bekanntermassen alle gleich. Jede Generation muss von Grund auf damit fertig werden. Und sie tut es mit den Mitteln, die ihr zur Verfügung stehen, wozu die heutigen Möglichkeiten der Medizin und Pflege zählen, um den frühzeitigen Tod zu verhindern, freilich unter Inkaufnahme des Risikos, unnötiges Leiden zu verlängern. Doch trotz der «Zähmung» des Todes dank der Möglichkeiten heutiger Palliativmedizin: Der Tod bleibt, so Elias Canetti, das Skandalon menschlicher Existenz schlechthin.[15]

Mit dem Tod tanzen

Alter und Tod: Wenn sie dem Menschen schon «vorgesetzt» sind und alles auf deren Unabwendbarkeit hindeutet, so stellt sich heute erneut die Frage, wie er sich wenigstens angemessen darauf vorbereiten könne. Eine der prägnantesten Allegorien des «vorgesetzten» Todes findet sich in den mittelalterlichen Darstellungen des Totentanzes, wie sie für den europäischen Kulturraum bis in die Neuzeit typisch waren.[16] Die Dramaturgie ist immer dieselbe, einzig die Szenerie ändert: Der Bauer auf dem Feld, der König beim Regieren, die Frau beim Gebären oder die Äbtissin beim Beten: Sie alle werden vom Tod überrascht, der sie zum Tanz einlädt. Das dramaturgische Moment ist deshalb wichtig, weil die Einladung zum Tanze immer auch ein Moment der Freiwilligkeit, der Spontaneität, damit aber auch der Verhandelbarkeit suggeriert. Diese Illusion aber wird enttäuscht. Einer Aufforderung zum Tanz kommt man aus Gründen der Höflichkeit entgegen. Und wenn sie vom Tod in Person kommt, aus Gründen der intrinsischen Notwendigkeit – nicht aber ohne die Fasson zu bewahren. Doch das Schema von Todesvergessenheit und Überrumpelung durch die jähe Aufforderung zum Tanz wird an einer Stelle empfindlich durchkreuzt: Beim Greis ist es nicht mehr die Todesvergessenheit des Menschen, die als Cantus firmus ertönt, sondern die Menschenvergessenheit des Todes. Für alle anderen Protagonisten kommt die Aufforderung des Tanzes zu früh, nur für den Greisen kommt sie zu spät. In der Totentanz-Version des Angelus Silesius erklingt sowohl beim Tod des Greisen als auch des Kindes die leise Frage der Theodizee, doch sie geht jäh über in das Lob der Geduld und der Tapferkeit der beiden Protagonisten. Bei beiden aber wird die gegebene Ordnung ausnahmslos bestätigt.

Orthothanasie als Lebenskunst

Vieles deutet darauf hin, dass die Fragen, wann der richtige Zeitpunkt des Sterbens sei und wie sich der Mensch auf Alter und Tod vorbereiten könne, so alt sind wie die Menschheit selbst. Neu hingegen sind die technischen, ökonomischen und sozialen Rahmenbedingungen, unter denen heute diese Frage in hochindustrialisierten Ländern beantwortet wird. Dass auch in Gesellschaften des langen Lebens Menschen den Tod biologisch, sozial, ökonomisch und geistig als «vorgesetzt» erfahren, deutet auf eine postmoderne Fassung des Totentanzes hin. In ihr behält der Tod wie in den alten Darstellungen den Charakter des Unzeitigen. Neu hingegen ist der Konsens über den Stellenwert von Selbstbestimmung in wertepluralen Gesellschaften – gerade auch angesichts der Erkenntnis, dass das Subjekt sozial konstituiert ist.

Das gute Sterben, die Euthanasie, hat sich durch die Menschheitsgeschichte hindurch als ideologieanfällig erwiesen, weil sie

Alter, Krankheit und Behinderung für sozialpolitische Zwecke instrumentalisiert hat, den Tod radikal in den Bereich des Verfügbaren transponiert resp. «vorgesetzt» hat. Die Gefahren solcher Normierungsversuche des guten Sterbens erlangen heute durch eine unkritische «Ökonomisierung» des Sterbens, wie sie durch Sterbekostenstatistiken suggeriert werden können, eine neue Aktualität.

In einem Umfeld pluraler Lebensentwürfe ist es unwahrscheinlich, dass es gelingt, sich auf eine konsensfähige Vorstellung des guten Sterbens zu einigen, genauso wenig wie auf eine Vorstellung des guten Alterns. Weitaus bescheidener, aber dafür unverfänglicher als Euthanasie ist die *Orthothanasie*, verstanden als Lebenskunst des *richtigen* Sterbenkönnens, resp. der Vorbereitung auf Alter und Tod.

Orthothanasie anerkennt das Individuum als Autor des eigenen Lebensentwurfs, gerade auch im Zusammenhang mit Alter und Tod. Doch das daraus resultierende Recht auf Selbstbestimmung sieht sie eng an die *soziale* Konstitution des Subjekts gebunden. Dieses Recht kommt nur dann voll zur Geltung, wenn es in sozialer Verantwortung ausgeübt wird. Und es wird dann auf Widerspruch stossen, wenn eine solche Rückbindung fehlt. In Bezug auf die Dynamik des «vorgesetzten» Alters und Tods bedeutet Orthothanasie als Lebenskunst ein Dreifaches:

Zum einen fordert sie das Individuum auf, sich die Möglichkeiten der Medizin durchaus zunutze zu machen, fordert ihn aber gleichzeitig auch auf, ihr Grenzen zu setzen, die mit dem eigenen Lebensentwurf kompatibel sind, so z. B. im Rahmen der Erstellung einer Patientenverfügung oder der Bestimmung einer medizinischen Vertrauensperson resp. eines Bevollmächtigten.

Des Weiteren unterscheidet sie Verfügbares von Unverfügbarem, etwa wenn es darum geht, einen «schnellen» Tod in medizinisch «stabilen» Situationen einzufordern, die zwar von einem hohem Leidensdruck geprägt, für die Ausführenden aber mit einem hohen moralischen Druck verbunden sein können (z. B. eine «restriktive» Patientenverfügung bei fortgeschrittener Demenz). Soziale Verantwortung wahrzunehmen bedeutet hier, dass sowohl der verfügende (respektive betroffene) Mensch als auch der, der diesen Willen später ausführen soll (z. B. Familie, medizinische Fachpersonen) in der Patientenverfügung oder in der Vorausplanung am Lebensende (Advance Care Planning) als Partner erkannt und im Dialog verbunden sind. Idealerweise gehört dazu, dass eine Patientenverfügung aus einer Beratungssituation mit einer Fachperson aus Medizin, Pflege, Seelsorge oder sozialer Arbeit entstanden ist, die die (spätere) Gewährleistungsgemeinschaft, die den Patientenwillen «sichern» soll, auch anspricht respektive auf diese eingeht.

Schliesslich fordert die Lebenskunst der Orthothanasie, gerade angesichts vielfältiger Normierungsbestrebungen von Alter und Tod, dass Gestaltungsräume in Medizin, Pflege und Betreuung individuell gestaltet und sorgfältig ausgehandelt werden. Solche Gestaltungsräume zu erkennen ist nicht immer leicht. Gerade für institutionalisierte Formen der Betreuung ist die Tendenz charakteristisch, dass solche Freiräume aus Gründen wie Praktikabilität, Finanzierbarkeit oder gar «Sicherheit» verschlossen werden. Aus der gerontologischen Literatur ist bekannt, wie schnell solche Phänomene zu vorzeitigem körperlichem und geistigem «Abbau» führen. Freiräume der Mitbestimmung und Mitgestaltung gerade für Menschen im vierten Lebensalter offen zu halten bewirkt, dass diese nicht nur *Alter und Tod* vorgesetzt erfahren, sondern auch das *Leben* und die Gemeinschaft, an denen sie Anteil haben. Und selbst wenn diese Räume kleiner werden, bleiben sie doch bestehen. Anstatt in den Zwang, aus strukturellen oder ideologischen Gründen verzichten zu müssen, münden sie ein in die Freiheit, verzichten zu dürfen, wie Kurt Marti im selben Interview (Anm. 7) erwähnt: «Es gibt auch Dinge, die man nicht mehr tun muss, das finde ich angenehm.»

NACHDENKEN ÜBER LEIDEN, TOD UND STERBEN

Kurt R. Spillmann

«Ach, es ist so dunkel in des Todes Kammer
Tönt so traurig wenn er sich bewegt,
Und nun aufhebt seinen schweren Hammer
Und die Stunde schlägt.»
Matthias Claudius (1740–1815)

Der Schlag des schweren Hammers traf uns völlig unvorbereitet. Kurz nach meinem neunzehnten Geburtstag erlag mein Vater im Alter von nur 49 Jahren einem Herzinfarkt. Frühmorgens erwacht wegen schwerer Atemnot durchlitt er einen qualvollen langen Tag und war am Abend tot. Meine Mutter, meine Schwester und ich selbst waren wie vor den Kopf gestossen. Wir konnten die Endgültigkeit des Verlustes nicht fassen. Der Blitz hatte uns aus heiterem Himmel getroffen. Der Schmerz war nicht auszuhalten. Der feste Boden unter den Füssen war uns abhanden gekommen. Wie sollten wir weiterleben?

Das war meine erste direkte Erfahrung mit Sterben und Tod. In den seither vergangenen fast sechzig Jahren habe ich das Sterben und den Tod von vielen mir nahestehenden Menschen erlebt. Dennoch ist die Erinnerung an diese erste Erfahrung immer lebendig geblieben. Und auch die Erinnerung an die ebenso brennenden wie unbeantwortbaren Fragen: Warum gerade jetzt? Warum gerade er? Warum gerade ich? Warum überhaupt?

Der Gegensatz von Leben und Sterben, die Unbegreiflichkeit von Leiden und Tod, blieb mir als Lebensthema gestellt. Die Fragen nach dem Sinn von Leben und Tod, Leiden und Sterben, sich Behaupten und Kämpfen, haben immer wieder neue Gesichter gezeigt, sich zu verschiedenen Zeiten immer wieder anders gestellt.

Wir können es nicht fassen, das Rätsel des Todes, des endgültigen Abschieds. Wir können uns nur schwer abfinden mit dem unerbittlichen Schweigen des Dunkels gegenüber all unseren brennenden Fragen. Wir können nur versuchen, uns mit der unbeugsamen Wirklichkeit zu arrangieren, mit der Tatsache, dass wir alle als zum Leben geschaffene Wesen leben wollen und doch wissen: Jedes Leben geht unweigerlich seinem Tod entgegen.

Und dieses Bewusstsein ist für mich die grösste Herausforderung des Lebens geblieben: Wie kann man, wie soll man im Bewusstsein des unausweichlichen Todes leben? Ist alles, was wir tun, höchstens von kurzfristiger Bedeutung? Ist unser eigenes Werden und Vergehen nichts anderes als das Werden und Vergehen eines Blattes am Baum, das im Frühjahr sich reckt und streckt, gross wird, Sonnenlicht einfängt und im Herbst vom Wind weggeblasen wird und spurlos im Moder verschwindet?

Wir möchten doch wahrgenommen werden, als Menschen, als Individuen. Jedes Menschenleben – so möchten wir glauben und wir sagen es uns auch immer wieder vor – ist einzigartig und unersetzlich. Und dennoch enden alle diese Leben, das eigene wie auch das Leben geliebter Menschen, in der gleichen Finsternis und versinken im Nirgendwo?

Als Historiker weiss ich sehr wohl, wie sehr alle Kulturen der Menschheitsgeschichte geprägt wurden und geprägt sind durch das Bewusstsein von der Unausweichlichkeit des Todes. Seit dem Aufdämmern des Bewusstseins in unseren frühesten Vorfahren wurde der Tod als schmerzliches Ereignis, als Bedrohung und als Provokation empfunden. Schon vor hunderttausend Jahren kannten die Neandertaler offenbar Begräbnisrituale und gaben ihren Toten Blumen mit ins Grab, wie die Grabfunde von Shanidar im Nordirak vermuten lassen.

Das Gefühl des Ausgeliefertseins und die Suche nach einem Halt, nach einem archimedischen Punkt in der Unendlichkeit von Raum und Zeit, nach einem festen Ausgangspunkt für ein Orientierungs-, Ordnungs- und Bewertungssystem des Lebens und seiner Komplexitäten war wohl die wesentliche Wurzel alles religiösen Suchens und ist seit je rund um den Globus in allen Völkern und Kulturen zu finden. Das zentrale Versprechen jeder Religion ist denn auch das Versprechen auf eine Fortdauer der Zeit und des Lebens nach dem Tode und damit eigentlich die Negation des Todes als des endgültigen, unwiderruflichen Endes von allem. Und jede Religion hat ihre eigenen Zeugen und Zeugnisse (Propheten, Offenbarungen), um diesen Versprechungen den Gehalt absoluter Wahrheiten zu geben und die Hinterbliebenen damit zu trösten. Diese Offenbarungen wurden als gültige Botschaften aus dem Jenseits verstanden. Für grosse Gruppen gläubiger Menschen ist das heute nicht anders als in grauer Vorzeit. Doch für viele heute Lebenden wirken diese überlieferten Versprechen nicht mehr überzeugend und tröstend. Sie haben keine Antworten auf die Frage: Wohin ist der geliebte Mensch entschwunden?

Max Weber hat die immer tiefer dringende wissenschaftliche Erklärung der Vorgänge in der Natur und damit die Zurückdrängung magischer Erklärungen, wie sie in mythischen Weltbildern vorherrscht, als Kennzeichen der westlichen Modernität und als «Entzauberung der Welt» bezeichnet. Doch auch wenn wir die Vorgänge des Lebens naturwissenschaftlich verstehen und erklären können und bis ins mikroskopische Detail Bescheid wissen über Werden und Vergehen der Lebewesen, so beschäftigt uns das Rätsel des Todes doch nicht weniger intensiv als es denkende Wesen seit je beschäftigt hat. Ist der Tod das endgültige Ende, oder gibt es in irgendeiner Form ein «Nachher»?

Die Vorstellungen von einem «Nachher» haben sich im Laufe der Menschheitsgeschichte kristallisiert in Variationen von Bildern, die entweder verlocken oder abschrecken. Menschen in Not und Elend haben in ihrem Leid, in ihrer existenziellen Verlorenheit auf irgendeine Form der Kompensation in einem Jenseits gehofft, das dann im Christentum zum festen Bild des Paradies-Gartens wurde, abgeleitet vom persischen Wort *paradeisos*, mit dem der umgrenzte und bewässerte Palastgarten der assyrischen und persischen Könige bezeichnet wurde, der Fruchtbarkeit und Wohlergehen des ganzen Volkes darstellen und garantieren sollte. Andere wurden von unerwünschtem

Handeln abgeschreckt durch die Drohung, im Jüngsten Gericht verurteilt zu werden und in Fegefeuer und Hölle dafür büssen zu müssen.

Die Bilder vom Jenseits, von Himmel und Hölle, haben – unter verschiedensten Bezeichnungen – Menschen durch alle Zeiten und Kulturen hindurch beschäftigt, eingeschüchtert oder angespornt, auf jeden Fall durch Angst und Versprechungen nachhaltig in ihrem Verhalten beeinflusst.

Und beide Zukunftsbilder, die positiven wie die negativen, sind von klugen Religionsorganisatoren auch immer als Mittel zur Machtausübung und Verhaltenssteuerung eingesetzt worden. Und in den um diese Fragen herum konstituierten Religionsgemeinschaften übernahmen charismatische Einzelne, die die richtige Lehre von der falschen Lehre zu unterscheiden wussten, führende Rollen, gaben den Gläubigen die Richtung vor und vermochten auf diese Weise ihre Lehre und das Verhalten ihrer Gefolgschaft entsprechend zu formen. Damit übernahmen sie auch die Deutungshoheit über den Sinn von Leben und Tod, über gottgefälliges oder sündhaft verwerfliches Handeln. Ohne «richtiges» Verhalten, ohne institutionelle Hilfe, ohne Zugehörigkeit zu einer Religionsgemeinschaft gab es über viele Jahrhunderte keinen Sinn des Lebens, keinen Zugang zum Jenseits, musste man mit ewiger Verdammnis rechnen.

In der westlichen Welt begann mit der Reformation des 16. Jahrhunderts die Befreiung aus dem eisernen Griff der institutionellen Dogmen. Luther fühlte sich in seiner Angst vor ewiger Verdammnis nicht beruhigt dadurch, dass ihm sein Beichtvater die kirchliche Absolution erteilte. Die institutionelle Lossprechung von seinen Sünden genügte ihm nicht. Er war umgetrieben von der Frage: «Wie kriege ich einen gnädigen Gott?» Er fühlte sich selbst verantwortlich für all sein Tun, bis zum Letzten, und glaubte nicht, dass die Institution Kirche ihn von dieser Verantwortlichkeit entbinden könne. Damit begann sich im Protestantismus die Verantwortung für das Seelenheil von der Institution Kirche auf den Einzelnen zu verlagern, die Funktion des Priesters als Spender der Gnadenmittel der Kirche entfiel.

Auf diesem Boden wuchs die Auffassung der Aufklärung, dass es «Wahrheiten nur im Plural» geben könne, wie Pierre

Bayle formulierte, und jeder Einzelne in neuer Mündigkeit und Selbstverantwortung auch für die Wahl «seiner» religiösen Wahrheit selbst verantwortlich sei. Damit war die Deutungshoheit über die Fragen von Leben und Tod ebenfalls dem Einzelnen übergeben. Allerdings blieben die grossen und traditionsreichen Sinndeutungsorganisationen – also die Kirchen – weiterhin Zufluchtsort für viele Menschen. Dennoch: Mit der Reformation und der Aufklärung begann die Freiheit und Selbstverantwortung des modernen Menschen, wie sie unserer westlichen Sicht von Gesellschaft und Staat zugrunde liegt und die für mich auch die Selbstbestimmung in Bezug auf den eigenen Tod umfasst.

In dieser Vorstellungswelt lebe ich und versuche mich darauf vorzubereiten, die Privilegien dieser Freiheit und Selbstverantwortung auch im Leiden und Sterben aufrechtzuerhalten.

Als junger Mensch wurde ich von der Tatsache des Todes in meiner unmittelbaren Nähe getroffen wie von einem Hammerschlag. Heute, nachdem ich ein halbes Jahrhundert Zeit hatte, über Leiden, Sterben und Tod nachzudenken, mich mit allen möglichen Vorstellungen aus den Religionen und Philosophien auseinanderzusetzen, fühle ich immer noch die Ohnmacht gegenüber dem Unabänderlichen und Endgültigen des Todes. Doch ich habe gelernt, ihn zu akzeptieren. Aber nach wie vor beschäftigt mich das Ausmass an Leiden, das vielen Menschen im Leben widerfährt und oft auch mit dem Prozess des Sterbens einhergeht. Ich kann dem Leiden keinen Sinn abgewinnen. Deshalb ist auch meine persönliche Ethik auf dieses Thema konzentriert: Leiden verhindern und Leiden vermindern. Auch in meiner beruflichen Tätigkeit als Konfliktforscher ist die Suche nach der Reduktion des Leidens in Ursprung, Verlauf und Folgen von Konflikten meine innerste Motivation.

Ich kann mich auch nicht auf meinen Tod «freuen», wie es in der Bach-Kantate und typisch für die pietistische Frömmigkeit des 18. Jahrhunderts heisst. Schon eher kann ich jene andere Zeile «Ich habe genug» – aus der gleichen Bach-Kantate Nr. 82 – nachvollziehen: Ich habe es erlebt im Leiden und Sterben meiner Mutter, dieses Gefühl «Ich habe genug». Im hohen Alter von 94 Jahren, seit einem halben Jahrhundert verwitwet, fühlte sie sich «lebens-satt», und immer deutlicher eingeschränkt durch abnehmende Sehkraft, abnehmendes Gehör, abnehmende Beweglichkeit, abnehmende Fähigkeit, allein und ohne Unterstützung leben zu können. Sie wollte selbstbestimmt und würdig aus dem Leben gehen, so wie sie auch gelebt hatte. Der Entschluss zum Sterben reifte langsam, wurde immer wieder erwogen, mit den Ärzten und Angehörigen besprochen und schliesslich in die Tat umgesetzt. Und so schied sie auch aus dem Leben, zu einem Zeitpunkt ihrer Wahl, mit Hilfe jener Sterbehilfeorganisation, deren Mitglied sie schon vor vielen Jahren in nüchterner Vorausschau auf das Ende geworden war. Auch sie sah keinen besonderen Sinn im langen Dulden und Leiden. Friedlich und von uns darin bestärkt, sie sei ihre eigene letzte Entscheidungsinstanz, starb sie dann auch.

Wenn ein Mensch ein höheres Alter erreicht – und über 90 Jahre alt zu werden ist im Zeitalter einer immer raffinierteren Medizintechnologie je länger je weniger ein auffälliges Schicksal –, ein erfülltes Leben gelebt hat und sich nun nur noch von einer zunehmenden Last von Beschwerden und gesundheitsbedingten Einschränkungen eingeengt fühlt, dann kann sich dieses Gefühl der Lebenssattheit einstellen, von dem auch der bekannte Theologe Hans Küng im dritten Band seiner Erinnerungen im Kapitel «Zu allem bereit» schreibt:

«Wie lange also soll mein Leben menschenwürdig lebbar bleiben? […] eines weiss ich auch: Ich will nicht als Schatten meiner selbst weiter existieren […] wo steht denn geschrieben, dass der Mensch für seine letzte Lebensphase die verantwortliche Verfügung verlöre? […] Der Mensch hat ein Recht zu sterben, wenn er keine Hoffnung mehr sieht auf ein nach seinem ureigenen Verständnis humanes Weiterleben; wenn sich der Sinn seines Lebens erfüllt hat und der Tod gewünscht wird. Er selber und nicht ein anderer Mensch, eine andere Autorität oder Organisation hat darüber zu entscheiden.»

«Ich lebe auf Abruf: ich bin bereit, noch eine Weile weiterzuleben, weiterzuarbeiten, aber ich bin auch bereit, jederzeit Abschied zu nehmen. Es war mir ein in jeder Hinsicht reiches Leben geschenkt. Ich bin nicht ‹lebensmüde›, doch ‹lebenssatt›.»

«Ich lasse mich nicht gehen, gehe selber den Weg, den ich für mich als richtig erkenne.»

«Ich gehe selber den Weg, den ich für mich als richtig erkenne.» – Dieses Motto gilt nicht nur für Hans Küng (der sich klar zur Mitgliedschaft in einer schweizerischen Sterbehilfeorganisation bekennt). Immer mehr Menschen möchten heute autonom handeln bis zuletzt und sich nicht die Art und den Zeitpunkt ihres Sterbens vorschreiben lassen. Zusammen mit meiner Frau bin ich deshalb Mitglied des Patronatskomitees der Sterbehilfeorganisation EXIT und trete vorbehaltlos für die dort angebotene Hilfe beim selbstbestimmten Sterben ein. Wir empfinden die Mitgliedschaft in der Vereinigung EXIT als befreiende Möglichkeit, bis zuletzt entsprechend unserer Befindlichkeit entscheiden und auch in Würde gehen zu dürfen, nicht aus einem Gefühl der Frustration und der Enttäuschung heraus, sondern aus einem Gefühl der Dankbarkeit und des Reichtums.

Und das *Danach*?

Ich empfinde mich selbst als Agnostiker, als Nicht-Wissenden, der aber die Möglichkeit offen lassen will, dass jenseits des Todes ein Etwas sein könnte, das mein Denkvermögen nicht erfassen kann. Ich kann den christlichen Glauben, in dem ich aufgewachsen bin, nicht mehr nachempfinden, weil ich das Menschengemachte aller Religionen und Heilslehren zu sehr empfinde.

Aber ich erkenne an, dass es einen echten Glauben an ein eigenes ewiges Leben im Jenseits gibt.

Wir Menschen sind Lebewesen dieses Planeten. Wir sind – wie unsere Verwandten im Tierreich – aus einer langen Evolution des Lebens unter den besonderen Umständen dieses Planeten hervorgegangen: War das ein gewollter Schöpfungsakt oder das Ergebnis verketteter Reaktionen, die wir in ihrer Gesamtheit als «Zufall» bezeichnen? Wir kennen nicht alle Möglichkeiten des Seins. Unser Denkvermögen ist nicht allumfassend. Deshalb dürfen oder können wir nicht ausschliessen, was wir nicht denken können oder was jenseits der uns bekannten Regelmässigkeiten auch noch sein könnte.

Mehr als die Sorge um meines eigenes *Danach* beschäftigt mich die Sorge um ein durch uns selbst herbeigeführtes Ende der Menschheit und der wunderbaren Lebenswelt auf diesem Planeten. Wir scheinen als Menschen tatsächlich ein Spitzenprodukt der Evolution zu sein, begabt mit unglaublichen Möglichkeiten des Denkens und Handelns. Wir können Probleme der natürlichen Grundlagen des Lebens auf diesem Planeten tiefer analysieren als irgendein anderes Lebewesen. Wir könnten theoretisch auch unser Verhalten ändern, so, dass unser kollektives Wirtschaften vom Reichtum dieses uns als Heimat dienenden Himmelskörpers zehren kann, ohne ihn zu zerstören. Doch die Menschheit scheint nicht fähig zu sein, mit Hilfe ihrer eigenen Möglichkeiten der rationalen Problemanalyse und der daraus abgeleiteten Anweisungen zu *gemeinsamem* Handeln die Rückkehr des Planeten Erde in den Zustand eines lebensfeindlichen Steinklotzes zu verhindern. So steht für mich bei der Frage nach dem *Danach* die Frage im Vordergrund: Wollen wir und können wir als Menschheit unser Handeln in nützlicher Frist so an unsere Lebensgrundlagen anpassen, dass wir diesen Planeten und uns selbst nicht zerstören?

Über ein Danach in einem Jenseits können wir nichts sagen und nicht verfügen. Aber zum Danach – gemeint ist nach unserem individuellen Tod – auf dieser Erde können wir sehr wohl etwas sagen und auch versuchen, den Weg dahin mitzugestalten. Es lohnt sich meiner Meinung nach, in dieses Danach zu investieren.

EINE ANDERE SICHT AUF STERBEN UND TOD

ANDREAS KRUSE

«Denn er hat seinen Engeln befohlen über dir, dass sie dich behüten auf allen deinen Wegen, dass sie dich auf Händen tragen und du deinen Fuss nicht an einen Stein stossest.»
Psalm 91,11–12

Die Bezogenheit des Menschen im Prozess des Sterbens
Die letzte Lebensphase eines Menschen bildet eine für das Verständnis des ganzen Lebens bedeutsame Phase: In ihr kann sich das Leben abrunden, mit ihr wird das Leben erst im eigentlichen Sinne vollständig, in ihr gewinnen Gedanken, inwieweit das individuelle Leben Teil einer umfassenderen göttlichen Ordnung ist, möglicherweise zusätzlich an Aktualität, in ihr wird auch die Frage thematisiert, inwieweit man selbst in den nachfolgenden Generationen fortlebt. Die grosse Bedeutung der letzten Lebens-phase für die gesamte Lebensgestalt sollte uns besonders motivieren, alles dafür zu tun, damit sich Menschen auf das Lebensende einstellen und dieses bewusst gestalten können. Aus der Barockzeit kennen wir Gebete, in denen sich der Mensch an Gottes Gnade wandte, auf dass dieser ihm «einen langen Tod gebe» und das Leben «nicht plötzlich beende». Denn die Vorstellung, das Leben nicht mehr ordnen, von nahestehenden Menschen nicht mehr bewusst Abschied nehmen, sich nicht auf den Übergang – als der Sterben und Tod gedeutet wurden – vorbereiten zu können, war dem Gläubigen geradezu fremd. Den thematischen Kern dieses Bittens bildete dabei die Bezogenheit – auf

Gott, auf nahestehende Menschen, auf das eigene Leben als «Werk».

Diese Bezogenheit ist auch heute bei Sterbenden ein bedeutsames Motiv. Wenn in diesem nicht die Bezogenheit auf Gott und die Schöpfung angesprochen ist (etwa weil dem Individuum religiöse Gedanken immer fremd waren oder weil sich dieses der Religiosität immer mehr entfremdet hat), so doch zumindest die Bezogenheit auf die Biografie und auf andere Menschen, wobei wir auch immer wieder auf den Wunsch, auf die Hoffnung stossen, in den nachfolgenden Generationen fortzuleben.

Bezogenheit meint, sich immer auch von etwas her zu verstehen, das über einen selbst oder über die aktuelle Situation hinaus ist. Sofern die Bezogenheit auf Gott, sofern die Bezogenheit auf andere Menschen angesprochen ist, steht auch die *Resonanz*, die seelisch-geistige Antwort im Zentrum: Ich erlebe mich als bezogen, auch weil ich erfahre, dass ich eine Antwort erhalte. Mit Blick auf das *Leben als Werk* meint Bezogenheit, dass die wachgerufenen Erinnerungen, dass die aufsteigenden biografischen Bilder in mir selbst ihren Resonanzboden finden, in mir selbst etwas zum Klingen bringen.

Die Bezogenheit des Menschen auch am Ende seines Lebens hervorzuheben: Wie wichtig ist dies für die Verwirklichung des Bedürfnisses sterbender Menschen, auch am Ende des Lebens in Beziehungen zu stehen, in denen sie Zustimmung, Bekräftigung, lebenspraktische Unterstützung und Trost empfangen, auch am Ende des Lebens über dieses hinausblicken können – in eine kosmische, ich möchte hier sagen: in eine göttliche Ordnung, aber auch auf das Leben der nachfolgenden Generationen, denen man noch im Sterben selbst etwas geben kann, so zum Beispiel den Segen (man denke hier nur an das schöne Bild von Rembrandt von Rijn: «Joseph segnet seine Enkel»), aber auch wertvolles Wissen über die innere Überwindung von Grenzsituationen.

«Denn er hat seinen Engeln befohlen über dir ...» – hier wird die *Bezogenheit auf Gott* besonders anschaulich zum Ausdruck gebracht, hier wird die Antwort Gottes auf das Bitten des Menschen besonders deutlich akzentuiert.

Die *Bezogenheit auf nachfolgende Generationen* – und zwar im Sinne der Sorge *für* diese und *um* diese – kommt in einem Brief von Matthias Claudius (1740–1815) an seinen 16jährigen Sohn Johannes zum Ausdruck, den er diesem auf den Weg nach Hamburg (wo er eine Kaufmannslehre antrat) mitgegeben hat:

«Die Zeit kommt allgemach heran, dass ich den Weg gehen muss, den man nicht wiederkömmt. Ich kann Dich nicht mitnehmen und lasse Dich in einer Welt zurück, wo guter Rat nicht überflüssig ist.»

Wenn ich die in Psalm 91,11–12 getroffene Aussage auf Sterben und Tod beziehe, dann fühle ich mich erinnert an die Unterscheidung zwischen *restitutio ad integrum* und *restitutio ad integritatem*, die gerade mit Blick auf Sterben und Tod grosse Bedeutung gewinnt: *Restitutio ad integrum* meint bei der ärztlichen Behandlung eines Patienten, dass dieser seine frühere körperliche Unversehrtheit weitgehend wiedererlangt. Mit *restitutio ad integritatem* ist hingegen die Wiedererlangung der existenziellen Unversehrtheit gemeint: Auch im Prozess des Sterbens soll – bei aller körperlichen, kognitiven und seelischen Verletzlichkeit – das Innerste meiner Existenz keinen Schaden nehmen, sodass ich existenziell unversehrt durch das Sterben gehe. Diese Hoffnung, die häufig in Gesprächen mit Schwerstkranken und Sterbenden anklingt oder auch ganz offen angesprochen wird, wird dabei durch die religiöse Bezogenheit des Menschen noch einmal verstärkt – unter der Voraussetzung, dass die Religiosität intrinsisch motiviert ist, der Glauben also um seiner selbst willen praktiziert wird.

Die Selbst- und Weltgestaltung im Sterben

«Wir sterben, und wir können dem Tod nicht mit Freude begegnen, da wir im Prozess des Sterbens den Qualen der Krankheit ausgesetzt sind; wir sind von der Krankheit gepeinigt. Wir können nicht gefasst warten, bis die Qualen schliesslich kommen, sondern Vorahnungen und Befürchtungen nehmen diese Qualen bereits vorweg, die ihrerseits darauf deuten, dass der Tod bevorsteht. Unsere Auflösung nehmen wir bereits in diesen ersten Veränderungen wahr, doch wird die erlebte Auflösung im Prozess der Krankheit nur noch beschleunigt. Die Auflösung, die eigentlich erst mit dem Tode beginnt, ist bereits vom Zeitpunkt dieser ersten Veränderungen an vorgezeichnet.»[17]

Dieses Zitat ist dem im Jahre 1624 entstandenen Buch «Devotions upon emergent occasions» (Die Hingabe an neue Erlebnisse und Erfahrungen) des englischen Theologen und Schriftstellers John Donne (1572–1631) entnommen. Die Entscheidung, dieses Buch zu schreiben, traf John Donne, als er von seinem Arzt erfahren hatte, dass er an einer zum Tode führenden Erkrankung leide. In dieser Todeserwartung entschied sich John Donne, seine Empfindungen, Gefühle und Gedanken niederzuschreiben, wobei diese in allen Kapiteln des Buches – es sind deren 24 – jeweils in grundlegende Überlegungen zum Menschsein und in Gebete münden. Es sei hervorgehoben, dass John Donne – als er dieses Buch abgeschlossen hatte – von seinem Arzt darüber in Kenntnis gesetzt wurde, dass er doch nicht an einer zum Tode führenden Erkrankung leide; er hat noch weitere sieben Jahre gelebt.

Aus diesem Zitat geht eine bemerkenswerte, mich nicht nur persönlich berührende, sondern auch wissenschaftlich und praktisch überzeugende Deutung des Sterbens und des Todes hervor: Sterben und Tod können – vor allem, wenn Sterbende diesen Teil des Lebens als Übergang deuten – eine ganz neue Qualität in deren Erleben gewinnen. Wir assoziieren mit Sterben und Tod gemeinhin schwere, immer weiter zunehmende Krankheitssymptome und Funktionseinbussen sowie das wachsende, schliesslich völlige Angewiesensein auf umfassende medizinische und pflegerische Massnahmen. So wichtig diese Massnahmen sind, so sehr können sie – in der Sprache John Donnes – möglicherweise das Wesen des Sterbens und Todes verdecken, wenn nämlich ausschliesslich die Krankheitssymptome und Funktionseinbussen im Zentrum der Aufmerksamkeit und Kommunikation stehen.

Mir geht es darum, deutlich zu machen, dass sich Palliativmedizin und Palliativpflege von dem grundlegenden Ziel leiten lassen sollten, Patienten darin zu unterstützen, sich auf ihr

Sterben einzustellen, ja, so möglich, ihr Sterben zu gestalten. Palliativmedizin und Palliativpflege sind also nicht Selbstzweck; vielmehr liegt deren Aufgabe darin, durch Schmerz- und Symptomkontrolle dazu beizutragen, dass auch im Sterben das Potenzial der Selbst- und Weltgestaltung verwirklicht werden kann. *Selbstgestaltung* meint hier, dass der Sterbende in einer innerlich gefassten, konzentrierten Art und Weise auf das Ende seines Lebens zugeht und dabei seine Empfindungen, Gefühle und Gedanken ausdrückt, mitteilt. In diesem Prozess der Selbstgestaltung liegt durchaus ein Potenzial zu seelisch-geistiger Differenzierung, das sich in der Sprache Michelangelo Buonarrotis (1475–1564) wie folgt umschreiben lässt: «Des Todes sicher, nicht der Stunde, wann; das Leben kurz, und wenig komm ich weiter; den Sinnen zwar scheint diese Wohnung heiter, der Seele nicht, sie bittet mich: stirb an». *Weltgestaltung* meint hier, dass der Sterbende die ihn begleitende «sorgende Gemeinschaft»[18] an seinem Sterben bewusst Anteil nehmen lässt; dies auch mit dem Ziel, durch Mitteilung seiner Empfindungen, Gefühle und Gedanken das Lebenswissen der Mitglieder dieser sorgenden Gemeinschaft zu erweitern und zu vertiefen. In der auf den griechischen Rhetor und Historiker Dionysios von Halikarnassos (54 v. Chr. – 8 n. Chr.) zurückgehenden Aussage: «meine Leiden werden zu Lehren für andere» drückt sich diese Form der Weltgestaltung aus. Das Motiv der symbolischen Immortalität – das heisst des Weiterlebens in den nachfolgenden Generationen – bildet dabei *eine* psychologische Grundlage für diese Form der Weltgestaltung.

Bleiben wir noch bei John Donne und dem von ihm verfassten Buch «Devotions upon emergent occasions». In diesem Buch findet sich eine Aussage, die das grundlegende Motiv dieser Weltgestaltung beschreibt: nämlich die Überzeugung, Teil der Welt zu sein, zur Menschheit zu gehören, mit dieser auf das Engste verbunden zu sein, mithin Mitverantwortung für die Schöpfung zu tragen:

«Die Menschheit verdankt sich einem Autor, sie bildet ein Buch; wenn ein Mensch stirbt, dann wird nicht ein Kapitel aus diesem Buch herausgetrennt, sondern vielmehr wird dieses in eine bessere Sprache übersetzt; und jedes Kapitel muss in dieser Weise übersetzt werden. [...] Niemand ist eine Insel, nur für sich selbst; jeder Mensch ist ein Teil des Kontinents, ein Teil des Ganzen. [...] Wenn irgendwo und irgendwann ein Mensch stirbt, dann schwächt dies auch mich, da ich doch Teil der Menschheit bin. Darum verlange nie zu wissen, wem die Stunde schlägt; schlägt sie dir doch selbst.»[19]

Was diese Aussage zu einer besonderen macht, ist das hier ausgedrückte Erleben der Zugehörigkeit, des Eingebundenseins in die gesamte Menschheit – und dies in der unmittelbaren Konfrontation mit Verletzlichkeit, Vergänglichkeit und Endlichkeit. Auch wenn ich nach gründlichem Studium der Biografie John Donnes davon ausgehe, dass dieser immer schon eine grosse Offenheit für andere Menschen und deren Lebenssituation gezeigt hatte, so ist doch bemerkenswert, dass in der inneren Auseinandersetzung mit dem (von ihm und den Ärzten vermuteten) Lebensende das Erleben der Bezogenheit auf die Menschheit und die erlebte Mitverantwortung ein solches thematisches Gewicht gewinnt.

Die Bezogenheit wie auch die erlebte Mitverantwortung sind, und dies ist mir nun besonders wichtig, sehr viel stärker zu betonen, wenn es um die Frage geht, wie das Leben an seinem Ende gestaltet werden könnte. In den öffentlichen Diskursen wird diese Frage ausschliesslich mit Blick auf die Wahrung der *Selbstbestimmung* des Individuums diskutiert: Es sei, so wird gemeinhin gefordert, sicherzustellen, dass die Selbstbestimmung des Menschen – und damit dessen *Würde* – nicht verletzt wird. Ich möchte hier eine Ergänzung vornehmen, und zwar in der Richtung, dass sich die Würde des Menschen auch am Lebensende verwirklicht, oder anders ausgedrückt: dass die Würde des Menschen auch am Lebensende «leben» kann, und eben dies geschieht vor allem in Beziehungen. Das Leben ist ein Leben in Beziehungen, was bei einer einseitigen Betonung von Selbstbestimmung in Vergessenheit gerät. Wie dieses Leben in Beziehungen aussehen kann, davon geben die Gedanken des John Donne eindrucksvoll Zeugnis.

Warum die palliative Versorgung zunehmend an Bedeutung gewinnt

Es sind drei Krankheitsverläufe, die in der letzten Lebensphase dominieren: (I) Tumorerkrankungen sind zunächst durch eine relativ lange Zeit mit wenigen Einschränkungen im Alltag charakterisiert; innerhalb weniger Monate treten körperlicher Abbau, Funktionsverlust und Tod ein; (II) Herz-, Lungen- oder Nierenerkrankungen erstrecken sich über mehrere Jahre mit mehr oder minder stark ausgeprägten Einschränkungen im Alltag; gelegentlich treten akute Verschlechterungen ein, die einen Krankenhausaufenthalt notwendig machen; die sich anschliessende Erholung erreicht das frühere Funktions- und Leistungsniveau nicht mehr; (III) Gebrechlichkeit, die vielfach mit einer demenziellen Erkrankung einhergeht, ist mit einem über mehrere Jahre bestehenden, kontinuierlich steigenden Niveau der Hilfsbedürftigkeit verbunden. Untersuchungen über das Krankheits- und Symptomspektrum von Patientinnen und Patienten auf Geriatrischen Palliativstationen zeigen, dass die häufigsten Diagnosen nicht-onkologischer Natur sind: Zu diesen Diagnosen zählen der Schlaganfall, die Pneumonie, die Demenz, die Herzinsuffizienz. Die Patientinnen und Patienten sind funktionell vielfach stark eingeschränkt (ungefähr bei 60 Prozent der Patienten besteht Pflegebedarf) und weisen im Durchschnitt fünf Begleiterkrankungen auf. Während bei Tumorpatienten die Schmerzsymptomatik ganz im Vordergrund steht (fast 90 Prozent dieser Patienten leiden an Schmerzen), sind es bei Patienten auf Geriatrischen Palliativstationen Schluckstörungen, Fieber, Verstopfung, Unruhe, Atemnot. Wenn eine Schmerzsymptomatik besteht, so lässt sich diese bei den nicht-onkologischen Patientinnen und Patienten mit konservativen Mitteln oftmals gut behandeln.

Die Versorgung schwerstkranker Menschen gewinnt zunehmend an Bedeutung, da durch den Einsatz intensivmedizinischer Massnahmen jene Schwerstkranken, die in den vergangenen Jahrzehnten die bestehende Krankheit nicht überlebt hätten, nun über Monate oder Jahre mit der Krankheit leben können. Damit ist allerdings auch das Risiko verknüpft, dass Patienten über viele Monate, wenn nicht sogar über mehrere Jahre schwerste körperliche und psychische Symptome wie auch ausgeprägte funktionelle Einschränkungen bewältigen müssen. Die Familien können vielfach die Versorgung schwerstkranker und sterbender Menschen nicht mehr leisten – sei es, weil aufgrund der gestiegenen Erwerbstätigkeit von Frauen in der Lebensmitte potenzielle pflegerische Ressourcen nicht mehr vorhanden sind, oder sei es, weil die Familien aufgrund gewachsener räumlicher Mobilität zunehmend an verschiedenen Orten leben, was die praktische Unterstützung eines schwerkranken oder sterbenden Menschen deutlich erschwert. Die palliative Versorgung wird sich zudem mehr und mehr von der Klinik in pflegerische Einrichtungen verlagern. Entsprechend wird die Bedeutung professioneller Pflege sowohl im stationären als auch im ambulanten Sektor wachsen, um eine bedarfsgerechte, an den Bedürfnissen älterer Menschen und ihren Vorstellungen von Lebensqualität orientierte Betreuung am Lebensende zu gewährleisten.

Vor dem Hintergrund dieser Entwicklungen tritt die Aussage des Psalms 91,11–12 noch deutlicher in ihrem Anspruch hervor: Kann angesichts einer über viele Jahre bestehenden, symptomreichen und mit zahlreichen Funktionseinbussen verbundenen Krankheit die in diesem Psalm ausgedrückte Zusage auf Bewahrung der existenziellen Integrität getroffen werden? Sehen wir diesen Anspruch zum Beispiel bei einer weit fortgeschrittenen Demenzerkrankung erfüllt? Meine Antwort darauf ist: Wenn es gelingt, die empathische, wahrhaftige und nachhaltige Kommunikation mit einem demenzkranken Menschen aufrechtzuerhalten, so trägt man in hohem Mass dazu bei, dass dieser immer wieder Augenblicke erlebt, in denen er Freude empfindet, in denen er sich wohlfühlt. Der in Psalm 91,11–12 hervortretende Anspruch nimmt auch die Menschen in die Pflicht, die durch ihr Handeln dazu beitragen, dass der Demenzkranke trotz der schweren Erkrankung existenziell unversehrt bleibt.

Wie die eigene Endlichkeit erlebt und verarbeitet wird

In meinen Untersuchungen zur hausärztlichen Versorgung sterbender Menschen wurden sehr verschiedenartige Gedanken, Hoffnungen und Ängste offenbar, die mit dem herannahenden Ende verbunden sind. Hier sind mir drei Beobachtungen wichtig. Die erste Beobachtung: Im Falle einer nachhaltigen Schmerzlinderung durch gute Schmerzmittel-Einstellung und einer nachhaltigen Symptomreduktion (durch stimulierende und aktivierende Pflege, durch Physiotherapie und Krankengymnastik sowie durch medikamentöse Behandlung) kann ein Grad an Entlastung von körperlichen Symptomen erzielt werden, der es Sterbenden ermöglicht, sich bewusst auf das herannahende Ende einzustellen, ja, dieses bewusst zu gestalten. Auch die (vorsichtige, sensible) Anwendung psychopharmakologischer Substanzen im Fall übermässiger Angst, Erregung und Niedergeschlagenheit dient diesem Ziel. Dieses bewusste Sich-Einstellen auf das herannahende Ende werten alle Patientinnen und Patienten als grossen Gewinn der Palliativversorgung. Die zweite Beobachtung: Auch bei bester medizinisch-pflegerischer, psychosozialer und seelsorgerischer Begleitung unterscheiden sich die Patientinnen und Patienten deutlich in ihrer Einstellung zum herannahenden Lebensende: Manche versuchen Gedanken an das Lebensende zu verdrängen, andere sind von der Erwartung bestimmt, wieder zu genesen, wieder andere reagieren niedergeschlagen. Die grösste Gruppe bilden Frauen und Männer, die das herannahende Ende bewusst annehmen («akzeptieren») oder die – über diese Annahme hinaus – in ihrer Situation eine Quelle der Wert- und Zielverwirklichung erblicken («Sinn-Erleben»). Zu diesen Werten und Zielen gehört vor allem die Weitergabe persönlicher Erfahrungen an Angehörige nachfolgender Generationen (dies bisweilen auch im Sinne einer symbolischen Segnung oder der Überreichung eines persönlich kostbaren Geschenks), sodann die Vermittlung von Dank an Menschen, die einem viel bedeutet haben oder aktuell viel bedeuten, und schliesslich der Versuch, mit jenen Menschen «ins Reine zu kommen», zu denen (nicht selten über Jahre) ein konfliktbesetztes Verhältnis bestanden hat. Einige Frauen und Männer sind zusätzlich von dem Bemühen bestimmt, ein Werk – zum Beispiel ein wissenschaftliches, literarisches oder autobiografisches Werk – zu Ende zu führen, was durchaus das Leben noch einmal um mehrere Wochen verlängern kann. Die dritte Beobachtung: Vor allem jene Patientinnen und Patienten, die sich als bezogen erleben – im Hinblick auf andere Menschen, auf ihr Werk,

auf Gott oder, unspezifischer, auf Transzendenz –, zeigen sehr viel häufiger eine akzeptierende beziehungsweise eine wert- und zielverwirklichende Haltung im Sterben als jene, bei denen eine derartige Bezogenheit nicht erkennbar ist.
Wenn Schmerz- und Symptomkontrolle gelingen, wenn Sterbende die Zuwendung finden, die sie suchen und benötigen, dann kann sich ihr Blick, dann kann sich aber auch der Blick ihrer Bezugspersonen auf das Sterben noch einmal erheblich wandeln. Das Sterben kann dabei – neben einer persönlichen Krise – als ein Prozess erlebt werden, der das eigene Leben zu einer Rundung bringt.

Wodurch die Annahme der eigenen Endlichkeit gefördert wird
Blicken wir nun auf drei wissenschaftliche Argumentationslinien, die ein tieferes Verständnis der Einstellung älterer Menschen zur eigenen Endlichkeit fördern. Die erste Argumentationslinie betont die *Offenheit* des Menschen, das heisst dessen Fähigkeit und Bereitschaft, sich neuen Entwicklungsmöglichkeiten und Entwicklungsanforderungen gegenüber zu öffnen – und dies in allen Lebensaltern, in allen Lebenssituationen. Die Offenheit des Menschen bildet die Grundlage für die seelisch-geistige Entwicklung des Menschen, und dies bis in das höchste Alter. Sie fördert das Erleben ganz neuer personaler Qualitäten, wie sich diese auch im Alter, wie sich diese auch im Vorfeld des Todes einstellen können. Das Erleben dieser neuen Qualitäten wirkt sich positiv auf die Bereitschaft aus, die eigene Endlichkeit anzunehmen und bewusst zu gestalten. Die zweite Argumentationslinie betont die *Generativität*. Hier wird hervorgehoben, dass auch im Alter das Motiv, sich für andere Menschen zu engagieren, in anderen Menschen fortzuleben, anderen Menschen eigenes Wissen weiterzugeben und sich mit deren Zukunft vermehrt zu identifizieren, grosses Gewicht besitzt – dies unter der Voraussetzung, dass mitverantwortliches Leben auch in früheren Lebensaltern ein zentrales Lebensthema bildete und sich im Alter entsprechende Möglichkeiten zum Engagement für nachfolgende Generationen ergeben. Die in der Generativität aufscheinende «symbolische Unsterblichkeit» bildet dabei eine bedeutende Rahmenbedingung für die Deutung der eigenen

Endlichkeit: Das Fortleben in anderen Menschen transzendiert in gewisser Hinsicht die eigene Endlichkeit und fördert damit deren Akzeptanz. Die dritte Argumentationslinie betont schliesslich die *Ich-Integrität* des Menschen, mit der das Motiv umschrieben wird, das eigene Leben mit seinen Entwicklungsmöglichkeiten wie auch mit seinen Beschränkungen und Grenzen als etwas Notwendiges, als etwas Gutes zu begreifen. In dem Mass, in dem das eigene Leben (mit seinen Höhen wie mit seinen Tiefen) angenommen werden kann, nimmt auch die Bereitschaft zu, die eigene Endlichkeit zu akzeptieren.

Wie sich schöpferisches Leben am Lebensende zeigen kann

In dem Buch «Die Grenzgänge des Johann Sebastian Bach – Psychologische Einblicke»[20] habe ich die körperliche, die seelische und die geistige Entwicklung Johann Sebastian Bachs (1685–1750) in den letzten Jahren seines Lebens ausführlich dargestellt. Johann Sebastian Bach litt in diesen Jahren an einem Diabetes mellitus Typ II, der seinerseits mit Schädigungen der Nervenzellen und Sinneszellen einherging; weiterhin waren bei ihm stark ausgeprägte motorische Läsionen erkennbar, die ihn mehr und mehr daran hinderten, seine Kompositionen selbst aufzusetzen (hier war er auf die Unterstützung durch seine Schüler angewiesen); schliesslich traten eine Erblindung sowie ein Schlaganfall hinzu. Trotz dieser körperlichen Verletzlichkeit unterrichtete Johann Sebastian Bach Schüler (was damals hiess, diese bei sich aufzunehmen) und arbeitete an zwei Werken, die mit zu den grössten gehören, die in der europäischen Kompositionsgeschichte je geschaffen wurden: «Die Kunst der Fuge» (BWV 1080) und «Missa in h-Moll» (BWV 232). Nun muss man wissen, dass sich Johann Sebastian Bach am Ende seines Lebens vor allem mit dem ersten Satz des Glaubensbekenntnisses «*Credo in unum deum*» und dem «*Confiteor in unum baptisma*» aus dem Gloria beschäftigt hat, also mit zwei Teilen innerhalb seiner h-Moll-Messe, die in besonderer Weise auf seinen Glauben an den Grossen Gott verweisen. In beiden Sätzen baut er über das jeweilige Cantus-firmus-Motiv eine Fuge auf, die jeden Hörer in ihren Bann zieht: Hier wird das «Ich glaube» (*credo*), hier wird das «Ich bekenne» (*confiteor*) mit einer musikalischen

Kraft deklamiert, dass man nie glauben würde, ein körperlich hoch verletzlicher, die Endlichkeit schon sehr deutlich spürender Mensch hätte diese Sätze geschrieben. Die darin zum Ausdruck kommende seelisch-geistige Energie kontrastiert mit der immer schwächer werdenden körperlichen Leistungsfähigkeit. Dies zeigt, dass im Angesicht des eigenen Todes Entwicklungsschritte vollzogen werden können – so bei Johann Sebastian Bach die Bekräftigung seines Glaubens an den Grossen Gott bei wachsender Erkenntnis, bald zu sterben.

DER KREIS SCHLIESST SICH

Ingrid Grave

Wer kann schon etwas Gültiges zum grossen Thema dieses Buches sagen? Etwas End-Gültiges? Etwas, das ganz am Ende unseres Lebens von Gültigkeit ist?

Und doch stehen wir seit unserer Geburt vor diesem Thema. Oder anders: Steht dieses Thema vor uns. Denn die einzige Gewissheit des Lebens ist der Tod. Nur wissen wir nicht, wann und wie der Tod in unser Leben treten wird. Wie wird unser Sterben sein, dieser leib-seelische Prozess vor dem Tod?

In meiner Kindheit und Jugend kam es mir nicht in den Sinn, mich mit Fragen rund um mein eigenes Sterben zu beschäftigen. Es schien mir sehr fern. Sterben war etwas für alte Leute.

Ich war etwa 33 Jahre alt, als mir ganz unvermittelt bewusst wurde, dass mit jedem Tag der Zeitpunkt meines eigenen Todes unaufhaltsam und unausweichlich näher rückt. Dieser Gedanke überfiel mich im wahrsten Sinne des Wortes bei bester Gesundheit. Mich bedrängten keinerlei Ängste. Wohl aber erwachte mein Interesse für den Sterbeprozess des Menschen und den Übergang in das Danach.

In unserer Klosterbibliothek entdeckte ich zu jener Zeit Ladislaus Boros, einen Jesuiten, der sich genau mit diesen Fragen auseinandergesetzt hatte. Zeitgemäss, wie ich damals fand. War ich doch durch mein katholisches Umfeld geprägt von Vorstellungen über Himmel, Hölle, Fegefeuer. Vorstellungen, die mich nicht befriedigten, eigentlich nie ganz befriedigt hatten. Dank Ladislaus Boros fand ich einen neuen befreienderen Zugang zu den «letzten Dingen». Warum sollte das Sterben nicht als Prozess zu verstehen sein? Könnte es nicht sein, dass er sich noch fortsetzt, wenn die Zurückgebliebenen bereits eindeutig den Tod festgestellt haben? Natürlich hat Boros diese Fragen nicht beantwortet, wohl aber mein Nachdenken in diese Richtung gelenkt. Und was kommt danach? Auch diese Frage blieb offen. Wohl aber wurde mir klar, dass der Prozess des Sterbens ein Prozess ist, der im Heute beginnt. Jeder Tag gehört am Abend der Vergangenheit an. Jeder Tag ist unwiederbringlich. Er «stirbt» dahin.

Ich kann mich nicht erinnern, deswegen ein Gefühl der Trauer empfunden zu haben. Wohl trat mir deutlicher die Chance vor Augen, im Heute, im gegenwärtigen Augenblick, Zukunft gestalten zu können. Die ganze Schöpfung, in die ich eingebunden bin, ist seit ihrem Ursprung im Werden. Nichts ist abgeschlossen. Auch ich habe einen *Werde*gang. Der im Tod sein Ende findet? Für mich habe ich es nie so sehen können, obwohl Menschen in meiner Umgebung diese ihre Auffassung mir gegenüber gelegentlich durchblicken liessen. War ich naiv?

Zeitweilig schien es mir einfacher und leichter zu sein, bei dem stehenzubleiben, was so offensichtlich als Tatsache erschien: Der Tod ist das Letzte.

Doch erfordert es nicht Mut, über diese Grenze hinaus zu denken, sich im Denken über das «sichtbare» Ende hinaus zu begeben, zu glauben und zu hoffen? Wie geht es mir dabei? Fühle ich mich gut? Oder gerät mein Denken in die Welt irgendwelcher Fantastereien? Ist es vernünftig, an etwas zu glauben, das mir noch kein Mensch bewiesen hat und wohl auch nie beweisen wird?

Meine Gedanken bewegten sich zunächst im Aussen; genauer müsste ich sagen: Meine Gedanken kreisten um das Wahrnehmbare am Tod, um das Sichtbare; sie kreisten in meinem Kopf. Doch als Mensch habe ich auch ein Innen, wo Trauer spürbar wird, Verlassenheit, wo ich Freude empfinde und wo Liebe wohnt. Ich beschäftigte mich immer wieder mit Texten der Mystik. Als Dominikanerin entdeckte ich nach und nach die Mystiker meines Ordens: Meister Eckhart, Johannes Tauler, Heinrich Seuse. Ich habe sie nicht «studiert», sondern mich von bestimmten Textstellen oder Textabschnitten ansprechen lassen. Ich bin dabei zu der Gewissheit gelangt, es gibt im Innern des Menschen eine Quelle im Seelengrund, die fliessen will, die in «Form» von Impulsen an die Oberfläche drängt. In dem Mass, wie ich die Impulse wahrnehme und sie Einfluss nehmen lasse auf meine alltäglichen Entscheidungen, gestalte ich Zukunft, und zwar anders, als wenn ich vom Kopf her die im Kopf gesetzten Ziele angehe und so auf die Zukunft einwirke. Das Leben wird reicher, nicht unbedingt immer einfacher und leichter, wenn die Stimme von innen zu Wort kommen darf. Sie lehrt mich Geduld, denn sie «spricht» nicht auf einen Knopfdruck hin. Gleichzeitig aber wächst dabei so etwas wie eine Haltung der Gelassenheit gegen die Umtriebigkeit des Planens, die uns durch unsere Kultur und eine entsprechende Erziehung beigebracht wurde.

So wie uns ein Ritual im katholischen Gottesdienst am Aschermittwoch sagt: Du bist Staub, und wirst wieder zum Staub zurückkehren, so muss auch – denke ich – für die geistige Komponente unseres Menschsein etwas Ähnliches gelten: Du wurdest aus einem Mysterium heraus ins Leben gesprochen und wirst wieder dahin zurückgerufen.

Nichts von all dem lässt sich beweisen, weder das, was in meinem Innern zu mir «spricht», noch ein Eingehen in das Mysterium des Danach. Wage ich es, mich bewusst in diesen Spannungsbogen hineinzustellen, empfinde ich den Zeitlauf meines Lebens nicht mehr linear, von A nach B, sondern ausfliessend aus etwas Umfassendem und wieder einmündend in dieses grosse Ganze; der Kreis «schliesst» sich. Für diese Sicht von Leben und Welt erbringt auch die Mystik keinen Beweis, sondern eröffnet nur ein Ahnen.

«Auf dem tiefsten Grund meiner Seele
wohnst du in deinem Schweigen,
atmest du in deiner Treue,
wirkst du durch deine Kraft,
mein Gott in mir.

Im innersten Raum meines Herzens
wachst du in aller Stille,

wartest du in unendlicher Geduld,
bist du wahrhaft gegenwärtig,
mein Gott in mir.

Auf dem heiligen Boden in mir
erscheinst du im dornigen Feuer,
suchst du das Gespräch mit mir,
offenbarst mir deinen Namen,
mein Gott in mir.

Auf meinem inneren Weg
gehst du mit mir,
stehst du zu mir,
führst du mich zum Licht,
verlässt du mich nicht,
mein Gott in mir.»
Paul Weismantel

Wenn ich sage, dass tief im Menschen etwas «spricht», so hat die christliche Religion – und nicht nur sie – diese Stimme Gott genannt, ihn verstanden als Ursprung und Ziel alles Seins.

Doch dieser Gott ist nicht einfach verfügbar. Er ist ein Gott, der uns auch im Stich lässt. So empfinden wir als Menschen sein immer wiederkehrendes Schweigen. Er spricht eben nicht auf einen Knopfdruck hin. Im Laufe des Lebens lerne ich, dass er unerwartet wieder da sein kann, erfahre so seine Treue und weiss, dass er sich mir nicht aufdrängt, erfahre ihn neu – stets unerwartet und je anders in seiner Art, mit mir umzugehen.

Mein Seelengrund ist heiliger Boden. Alles Dornengestrüpp, das sich dort breit macht, will Gott durch-flammen mit sich selbst. Hinter dieser Vorstellung verbirgt sich ein Bild aus der jüdisch-christlichen Tradition, überliefert im Buch Exodus (Ex 3): Mose «sieht» in der Wüste einen brennenden Dornbusch. Aus dem Feuer heraus erfährt Mose, dass er auf heiligem Boden steht. Auf dem Grund seiner Seele? Das dornige Feuer sucht das Gespräch mit Mose, bezeichnet sich selbst als der Ich-bin-da und gibt ihm einen Auftrag, den er ausführen soll. Vielleicht darf man sagen: Mose erkennt seine Lebensaufgabe.

Alles, was dann im Leben des Mose folgt, ist das, was jeder Mensch, der auf das dornige Feuer in seinem Herzen hört, erfahren kann: Gott spricht, entschwindet mir wieder, lässt mich im Stich, scheint inexistent zu sein, zeigt sich erneut als Wegweiser, als Begleiter und als derjenige, der sich wieder zurückzieht, um in dramatischen Momenten meines Lebens als Lichtblick seine Treue unter «Beweis» zu stellen.

Die jüdische Tradition verbietet es, sich von Gott Bilder zu machen. In meinen Augen steht dahinter eine grosse Weisheit und tiefe mystische Erfahrung. Gott ist nie in einem Bild fassbar, ebenso in keinem Begriff.

Die christliche Tradition hat sich vom Bilderverbot sehr bald verabschiedet. Leichtfertig? Ich weiss es nicht. Meister Eckhart, der mittelalterliche Mystiker, greift – so könnte es scheinen – auf die jüdische Tradition zurück, und zwar ganz radikal: Lass Gott um Gottes willen! Er denkt dabei nicht an Gottesbilder der religiösen Kunst. Er spricht klar von den Bildern, die wir uns selbst machen. Es geht um unsere Gottesvorstellungen. Wer Gott erahnen will, muss ein Leben lang immer wieder sein Bild von Gott loslassen. Um Gottes willen!

Loslassen ist ein grosses Thema bei Meister Eckhart. Wir tun gut daran, bei ihm zu lernen. Wer ganz allgemein anfängt, im Alltag loszulassen, arbeitet an seinem Lebensglück. Dabei geht es noch gar nicht um das Loslassen von Gottesbildern. Es geht manchmal um ganz kleine Dinge, die uns verloren gehen, und zwar unwiederbringlich. Es liegt an mir, ob ich den Verlusten in meinem Leben endlos nachtrauern will oder ob ich mich entscheide, loszulassen. Lasse ich los, gewinne ich Freiheit, bin offen für ein neues Glück. Das gilt für die kleinen wie für die grossen Verluste. Wer Zukunft will, muss Vergangenheit loslassen.

Ich persönlich glaube, dass dieses stets neue und oft schmerzliche Loslassen eine Einübung ins Sterben ist. Die Erfahrung, dass sich im Loslassen neue und erfüllte Zukunft eröffnet, nährt das Vertrauen, auch im Sterben noch eine Zukunft zu haben. Nicht eine dunkle Zukunft, sondern eine offene. Ich denke, dass jeder Mensch in dieser neuen Existenz, nachdem er alles losgelassen hat, ein neues individuelles Glück findet. «Im Hause meines Vaters gibt es viele Wohnungen», vom Evangelisten Johannes (14,2) als Wort Jesu überliefert, bezieht sich auf die jenseitige Existenzweise des einzelnen Menschen. Wohnung, und sei sie noch so bescheiden, ist etwas individuell Gestaltetes.

Es kann kaum ein «einheitliches» Glück für alle geben, es sei denn, die Individualität eines jeden Menschen geht ein in eine Art ewiges Meer, wo alles seine Konturen verliert. Mein Hoffen und Glauben geht nicht in diese Richtung. Ich bin keine Naturwissenschaftlerin. Aber es interessiert und fasziniert mich, wie sich in der modernen Naturwissenschaft ganz neue Fragen auftun in Bezug auf Zeit, Zeitlosigkeit und Ewigkeit.

Ich glaubte zu wissen, was Materie ist im Gegensatz zu Geist, zum Geistigen. Eine neuere Richtung in der Naturwissenschaft sagt mir, dass die Übergänge fliessend sind. Wie lässt sich dann im Tod Geist und Materie «sauber» trennen? Ich denke dabei an die Auferstehungsberichte der Bibel. Frauen sind die Ersten, die den am Kreuz gestorbenen Jesus als Auferstandenen erfahren. Er ist anders als zuvor, aber unverwechselbar derjenige, den sie als Toten ins Grab gelegt hatten.

Auch die Naturwissenschaft sagt mir: Nichts geht verloren, alles wird verwandelt. Warum soll nicht auch mein individueller Leib als «Sitz» meines Geistes, meiner Seele, verwandelt werden? Trotzdem bleiben die Fragen: Wie werde ich sein? Wo komme ich hin?

Wo komme ich hin? Natürlich weiss ich es nicht. Ganze Generationen von Menschen stellten sich einen Ort vor. In der Antike war es die Unterwelt, das Christentum sprach vom Himmel; das gläubige Volk lokalisierte ihn hoch über dem Sternenzelt.

Das Universum, soweit es erforscht ist, weist einen solchen Ort nicht auf. Wohl aber gibt es moderne Naturwissenschaftler, die glauben, der Urgrund des Universums muss Liebe sein.[21]

Diese Sicht kommt mir sehr entgegen. Leider ist in den Kirchen viel zu lange einseitig vom Thron Gottes und anderen bildlichen Vorstellungen die Rede gewesen.

Gottesbilder! Sie bestimmen sehr stark unser Leben. Auch jene Menschen, die sich, wie sie mir im Gespräch sagen, von allem religiösen Zwang befreit haben, werden nicht selten von ihren Gottesbildern eingeholt. Viele Moralvorstellungen sind von Gottesbildern geprägt. Ein Gott, der alles sieht, alles ahndet und entsprechend bestraft, «verfolgt» oft gerade jene, die glauben, sie hätten sich von ihm «befreit». Dieser Gott wirkt nach wie vor in das Leben hinein. Auch in das Sterben?

Es gibt andere Gottesbilder, die naiv anmuten. Ich fühle mich nicht berechtigt, gläubigen Menschen diese Gottesbilder zu nehmen, sie zu zerstören. Wird nicht auch mein – sich stetig wandelndes – Gottesbild am Ende naiv und unzureichend sein im Vergleich zu dem, was sich mir eröffnet im Tod?

Wenn ich spüre, dass Menschen mit ihrem Gottesbild, wie auch immer es sei, ihr Leben gut zu gestalten vermögen, wenn es ihnen verhilft zu einem angstfreien offenen Leben, das Liebe kennt und Toleranz, dann erkenne ich ein Durchscheinen dessen, woran auch ich glaube.

Suspekt sind mir jene Menschen, die wissen, was Gott denkt, wie der Himmel aussieht und wem nach diesem Leben die Hölle beschieden sein wird.

Ich habe kaum Erfahrung in der Begleitung Sterbender. Wohl aber bin ich vor einigen Jahren ganz unverhofft selbst mit einer Krankheit konfrontiert gewesen, deren Ausgang völlig offen war. Wie viel Lebenszeit würde mir noch bleiben? Ein Jahr? Ein Jahrzehnt? Was würde das eine Jahr oder würden die zehn Jahre mit einer Krankheit mir bringen? Die Ermutigung der Ärzte bestand einzig darin, mich rasch behandeln zu lassen: «Wir tun, was wir können!»

Um mich herum spürte ich den Schock der Menschen, die mir nahestanden. Ich fing sogar an, sie zu «schonen», ihnen nicht alles zu sagen, was ich über meine Krankheit wusste.

Es war eine intensive Zeit, in der ich mich auseinandersetzte mit Abschied, Sterben, Tod und dem, was danach kommt.

Was kommt danach? Diese Frage wurde ganz aktuell, obwohl ich mich im Laufe meines Lebens in Gesprächen und durch Lektüre immer wieder damit beschäftigt hatte. Allerdings ganz «unbedroht», denn meine Gesundheit war stabil.

Jetzt aber war ich ernsthaft bedroht. Das Danach weitete sich aus zu einem grossen Fragezeichen. Wo komme ich hin? Ich liess es so stehen, ich akzeptierte es, eigentlich nichts darüber zu wissen.

In der ersten längeren Konsultation erklärte mir der zuständige Arzt, wie er vorzugehen gedenke und was auf mich zukommen könnte. Die Krankheit würde für mehrere Monate meine Planungen weitgehend zunichte machen.

Als ich nach dieser Besprechung das Spital verliess, fühlte ich mich beschwingt. Ich fand keine Erklärung dafür.

Überraschenderweise bin ich nie in panikartige Angstzustände geraten. Die Qual der schlaflosen Nächte ist mir erspart geblieben. Ich habe mich hineinbegeben in die Verbindung meines Menschseins mit einem grösseren Ganzen, von dem ich nichts anderes als nur eine Ahnung hatte. Dieses Ganzsein – die Religion nennt es Gott – wohnte, lebte, webte ja auch in mir. So ging ich – im wahrsten Sinne des Wortes – in mich. Ich hatte viel Zeit, bei mir selbst zu sein. Das hat mich offenbar getragen, auch aufgrund der Erfahrung, dass es nach jedem Tief im Leben wieder in ein Hoch geht, in eine neue Weite, in der sich Zukunft eröffnet. Warum sollte es im Tod anders sein?

Im Nachhinein frage ich mich, ob vielleicht mein Unbewusstes mehr «gewusst» hat und – für mich nicht wahrnehmbar – positiv auf mein Bewusstes eingewirkt hat? Doch was ist mein Unbewusstes? Trotzdem: Ich begann aufzuräumen. Welche Briefe sollten noch vor meinem Tod vernichtet werden? Plötzlich der Impuls: Was mache ich da eigentlich? Hör auf damit! Du weisst ja gar nicht, ob es so bald mit dir zu Ende geht.

Ich folgte dem Impuls. Es ging mir gut dabei, obwohl sich von Zeit zu Zeit Phasen der Beunruhigung einstellten. Doch sie währten nicht lange, manchmal ein paar Tage. Ich geriet dabei nicht wirklich aus dem Gleichgewicht. Ein Gedanke ist mir während dieser ganzen Zeit nie gekommen: Der Gedanke an eine Sterbehilfeorganisation. Vielmehr habe ich mir vorgestellt, in meinen letzten Wochen, Tagen und Stunden jene Menschen um mich zu haben, die mir nahestehen, die ein Stück weit mit mir durchs Leben gegangen sind.

Völlig angstfrei sterben? Ich glaube, das gibt es nicht. Es ist ja im alltäglichen Leben schon so, dass ich mit einer gewissen Angespanntheit, Unruhe oder gar Angst in etwas Neues, mir noch ganz und gar Unbekanntes, hineingehe. Der Tod ist und bleibt für jeden Menschen ein dunkles Tor. Da hilft mir auch das schöne Wort «Der Tod ist das Tor zum Leben» nicht automatisch weiter. Worte dieser Art müssen wie abgedeckt oder gestützt sein durch persönliche Erfahrungen, die einem solchen Wort Glaubwürdigkeit verleihen.

Nahtod-Erfahrungen von Menschen, die mir persönlich darüber berichtet haben, machen mich nachdenklich, sind aber nicht einfach *der* Beweis für ein Leben nach dem Tod.

Abschliessend darf ich sagen: Für mich ist der Tod am Ende eines Lebens nicht ein endgültiger Tod. Ich glaube daran, dass meine ganz persönliche Existenz sich fortsetzt in einer anderen Daseinsweise, die umfassender sein wird als meine jetzige. Eine Daseinsweise, die mir Entfaltungsmöglichkeiten offen hält für all das, was ich jetzt nur ansatzweise oder bruchstückhaft leben konnte. Und schliesslich haben viele Momente in meinem Leben mich bestärkt in dem Vertrauen, dass meine Ahnungen von der Möglichkeit absoluter Schönheit und unerschütterlicher Liebe sich erfüllen werden.

NUR DIE SPRACHE DES LEBENS

Andrea Silvio Mathis

Der Tod existierte in meiner Gedankenwelt lange Zeit kaum. Oder zumindest nur sehr entfernt. Er hielt sich gewissermassen zurück, hielt eine komfortable Distanz, so wie es bei Kindern oder jungen Menschen, die noch voll aufs Leben vertrauen, wohl üblich ist. Manchmal gab es zwar Erlebnisse, die zeigten, dass es ihn immerhin gibt, und die andeuteten, dass er irgendwann an Bedeutung gewinnen könnte. Prägend in Erinnerung geblieben ist etwa, als das Fernsehen im April 1975 den Tod von Josephine Baker vermeldete und Bilder zeigte, wie sie in den 20er Jahren mit ihrem berühmten Bananenröckchen tanzte. Dass diese mir bis dahin unbekannte, offenbar aber berühmte Frau, diese bewegliche und von Vitalität geradezu strotzende junge Tänzerin plötzlich tot sein sollte, erschien mir unfassbar, ja, mysteriös und brachte mich ein erstes Mal ins Nachdenken. Diese Erinnerung ist dann auch geblieben, geändert hat sich über die nächsten Jahre hinweg dann aber doch nicht viel. Der Tod blieb in mehr oder weniger sicherer Distanz. Trotz weiterer Todesfälle im Bekanntenkreis, auch von jungen Menschen – so richtig nahe kam er vorerst nicht. Es gelang ihm nicht, meine noch voll auf das Leben ausgerichtete Aufmerksamkeit zu gewinnen. Er winkte gelegentlich gewissermassen aus der Ferne, und dort hielt ich ihn auch, ahnend allerdings, dass er zu gegebener Zeit wohl näher kommen würde.

Diese Zeit kam dann auch. 1991 lag meine mir sehr nahestehende Grossmutter im Sterben. Ein unheilbares Krebsleiden raubte ihr im 85. Lebensjahr zunehmend die Kraft. Sie wurde bettlägerig, und ich sah den ersten, mich wirklich näher berührenden Todesfall auf mich zukommen. Dabei fühlte ich mich vorerst einfach nur hilflos. Ich wusste nicht, wie mit einer solchen Situation – mit dem Sterben – umzugehen. Was es in mir auslösen könnte, war eine völlig offene Frage. Wie bisher versuchte ich daher, weiterhin Distanz zum Tod zu wahren. Meine Grossmutter lebte ja noch, und es war da ja immer noch Zeit, um mit ihr zu sprechen, um von ihr Abschied zu nehmen. Noch war es nicht so weit. Und da ihr doch ein langes, reich erfülltes Leben – wenn auch nicht ohne einschneidende Schicksalsschläge – vergönnt gewesen war, hatte die Sache irgendwo auch ihre Richtigkeit, und ich liess die Dinge einigermassen offen, wenn auch hilflos, auf mich zukommen.

Dann eines Morgens der Anruf meiner Schwester. Ob ich schon gehört habe, was geschehen sei, fragte sie mich. Ich verneinte, doch innerlich war ich mir sicher, dass nun meine Grossmutter gestorben sein musste. Doch die Nachricht war eine andere. Diesen Morgen, so meine Schwester, hätte sich unser Vater das Leben genommen.

Nun war auf einen Schlag jegliche Distanz weg. Der Tod hat sich plötzlich und mit aller Gewalt ins Zentrum meines Erlebens gedrängt. Getroffen wie ein Blitz hat mich diese Nachricht. Fassungslos musste ich mich hinsetzen, für eine Weile gänzlich sprachlos.

Es waren nicht nur der Schock und der Schmerz über den Tod des Vaters oder die absolute Unverständlichkeit des Suizids, sondern auch die völlige Unbegreiflichkeit, dass ausgerechnet er, mein Vater, den ich zu kennen glaubte und bei dem ich solches für absolut ausgeschlossen hielt, so etwas getan haben sollte. Dies widersprach gänzlich jedem Bild, das ich bis dahin von ihm hatte. Es war wie etwas, das gar nicht sein konnte. Etwas passte nicht zusammen. Und dies veränderte das gesamte Bild über meinen Vater. Plötzlich verstand ich ihn und sein Leben besser denn je zuvor. Es fiel mir gewissermassen wie Schuppen von den Augen. Ich sah plötzlich die Bedeutung von Dingen, über die ich, obwohl sie mir bewusst waren, vorher nie tiefer nachgedacht hatte. Zum Beispiel die Tatsache, dass sein eigener Vater auf genau dieselbe Art aus dem Leben geschieden war – Suizid mit einer Schusswaffe. Und dass in seiner Familie und auch in unserer nie darüber gesprochen wurde. Es musste hier noch eine unverarbeitete, bisher latente Problematik am Werk gewesen sein, die erst mit dem Sterben meiner Grossmutter, der Mutter meines Vaters, an die Oberfläche treten konnte.

Da realisierte ich, dass die Themen Sterben und Tod viel stärker auf meiner Familie lasteten und viel präsenter waren, als es mir bis dahin bewusst gewesen war. Sie waren irgendwie auch immer schon näher, als ich geahnt hatte. Und in den Jahren danach wurde mir klar, dass solche Ereignisse über Jahre, ja, über Generationen hinweg nachwirken können. Meine Schwester, die mir an jenem Morgen die Hiobsbotschaft mitgeteilt hatte, konnte danach im Leben kaum mehr richtig Tritt fassen. Sie verfiel einer Reihe von schädlichen Lebensgewohnheiten, die zu ihrem frühen Tod mit 50 Jahren führten. Ein Tod, den man zwar förmlich hat kommen sehen und den es – obwohl bis zum Schluss Auswege möglich gewesen wären – trotzdem nicht abzuwenden gelang.

Vor diesem Hintergrund fällt es mir schwer, Vorbilder im Umgang mit Sterben und Tod zu nennen, weder im Kreis der nahen Angehörigen und Freunde noch bei allgemein bekannten Personen des öffentlichen Lebens. Geblieben ist, dass meine Grossmutter, die dann drei Wochen nach meinem Vater starb, mir bei unserem letzten Gespräch vor allem viel Glück wünschte. Vor dem nahenden Tod war ihr das Leben ihrer Angehörigen offenbar ebenso wichtig, wenn nicht wichtiger als das, was auf sie selbst zukommen würde. Das war ebenso schön wie beeindruckend.

Dennoch könnte ich nicht sagen, dass die Todesfälle in meiner Familie, so einschneidend und schmerzend sie auch gewesen sein mögen, meine Einstellung zu Sterben und Tod oder den Umgang damit in besonderer Weise geprägt hätten. Aber sie haben mich, der diese Themen zuvor stets auf sichere Distanz gehalten hatte, dazu gebracht, ja, gezwungen, mich vertieft mit ihnen auseinanderzusetzen und über den Tod als solchen wie auch über das eigene Sterben und die Frage, was danach kommt, nachzudenken.

Anfänglich diente diese Auseinandersetzung vor allem der unmittelbaren Verarbeitung und der schnellen Suche nach Trost und Hoffnung – erste Hilfe, sozusagen. Und so sog ich – mehr oder weniger ziellos – zunächst alles auf, was über den Tod und das Leben danach geschrieben wurde. Bücher von Elisabeth Kübler-Ross und Dr. Raymond Moody, die den Tod als neue Geburt oder Metamorphose darstellten, vergleichbar mit der verpuppten Raupe, die sich zum Schmetterling erhebt, brachten anfänglich hilfreiche Unterstützung und Trost. Aber das Mysterium des Todes konnten sie nicht lösen, den Schmerz nicht dauerhaft lindern, geschweige denn beheben. Dass das Leben nur als Zustand in der Puppe gelten sollte, während man erst danach zum Schmetterling wird, war zwar ein schöner Gedanke für die Verstorbenen, vermochte mich aber nicht wirklich zu überzeugen. Zu schön waren doch dieses Leben und all die Erinnerungen, auch an meinen Vater und die gemeinsam verbrachten Zeiten. Ich suchte also weiter. Mit der Zeit kam ich zu einer rationaleren, mehr philosophischen Betrachtung, und diese hat mir letztendlich mehr geholfen und mich weitergebracht. Dabei kam mir sicherlich mein beruflicher Hintergrund als Jurist zu Hilfe, um nicht zu sagen in die Quere.

Als Jurist neigt man dazu, einer Sache analytisch und begrifflich auf den Grund zu gehen. Das mag in diesem Zusammenhang zunächst irritieren, denn auf rein rechtlicher Ebene lassen sich die Probleme Sterben und Tod ja kaum lösen. Der Stachel des Todes – wie es Paulus im Ersten Korintherbrief Vers 56 ausdrückt – kann nicht mit juristischen Mitteln oder Verfahren gezogen werden.

Aber auch wenn sich nun diese Probleme nicht wie juristische Fälle durch reine Begriffsumschreibungen oder -interpretationen lösen lassen, so kann nicht wegdiskutiert werden, dass wir es, wenn wir über Sterben, Tod und darüber sprechen, was danach kommt, zunächst doch einmal mit Begriffen zu tun haben. Und über Begriffe zu reden und zu schreiben ist des Juristen täglich Brot. Und somit bleibe ich, ganz im Sinne der Maxime «Schuster, bleib bei deinen Leisten» zunächst bei diesem begrifflichen Ansatz.

«Der Tod ist kein Ereignis des Lebens. Den Tod erlebt man nicht.»

Ludwig Wittgenstein: Tractatus Logico-Philosophicus 6.4311

Diese beiden Sätze mögen zunächst ziemlich formal und nüchtern daherkommen. Und doch bergen sie für mich tiefere Wahrheiten, die bei der Behandlung der Themen Sterben, Tod und dessen, was danach kommt, von erstaunlichem Wert sein können.

Sterben und Tod, obwohl scheinbar so nahe beieinander liegend, sind zwei Dinge, über die kaum in gleicher Weise gesprochen werden kann. Ja, bereits wenn man hier von zwei *Dingen* spricht, unterstellt man eine Gleichartigkeit, die fundamental hinterfragt werden muss.

Zunächst kann über das Sterben viel sinnvoller gesprochen werden als über den Tod. Warum? Weil das Sterben, wie auch immer man es definiert, letztendlich – und im Gegensatz zum Tod – eben noch zum Leben gehört. Und als solches ist es etwas, das erlebt werden kann und erlebt wird, sei es das eigene Sterben oder dasjenige eines nahen Menschen. Es ist Teil des Lebens. Es ist eine Erfahrung, die *im* Leben stattfindet und auch mit diesem endet. Dabei spielt es keine Rolle, was wir genau als Sterben betrachten. Beginnt dieses bereits mit der Geburt, da es von da an – zumindest zeitlich gesehen – unweigerlich auf den Tod zugeht? Oder mit einer unheilbaren Krankheit, an deren Ende früher oder später der Tod eintritt? Oder sind es die buchstäblich letzte Stunde im Leben oder der Vorgang, bei dem die körperlichen Funktionen enden und der Tod eintritt? All dies ist unerheblich. Denn da es im Leben stattfindet, lässt sich auch darüber sprechen. Es lässt sich darüber berichten. Man findet Worte dafür, denn es ist eine Erfahrung aus unserer Welt. Es ist wie beim Sprechen über eine Krankheit oder, um auch einmal ein positives Beispiel zu geben, über eine Bergwanderung. Man kann sagen, wie man sich dabei fühlt, ob schwach und traurig oder ruhig und zuversichtlich, ob müde und ängstlich oder froh und wohlgemut. Man kann also Aussagen darüber machen, wie man eine Krankheit, eine Bergwanderung oder eben das Sterben *erlebt* und wie man damit umgeht oder umgehen möchte, wenn es dann soweit ist. Kurz, es kann in sinnvoller Weise darüber gesprochen werden.

Nicht so aber beim Tod. Hier wird es viel schwieriger oder zumindest ganz anders. Denn der Tod gehört gerade nicht zum Leben selbst. Er ist zunächst einfach das, was *nach* dem Leben ist – oder auch nicht ist. Er ist ausserhalb des Lebens und in diesem Sinne gewissermassen auch ausserhalb dieser Welt, zu deren Beschreibung unsere Sprache ja letztendlich einzig taugt. Und so fragt sich, ob er mit dieser unserer Sprache überhaupt erfasst werden kann und ob man über ihn, den Tod, oder das Danach überhaupt sinnvoll sprechen, schreiben oder denken kann? Sinnvoll nicht nur in dem Sinne, dass das Gesagte über reine Spekulation, die man entweder annehmen oder verwerfen kann, hinausgeht, sondern auch in dem Sinne, dass das Gesagte – aus logischer Sicht – auch wirklich einen Sinn macht und sich nicht einfach als «unsinnige», nicht weiterführende Tautologie erweist, also als Aussage, die sowieso immer wahr ist.

Zur Veranschaulichung sei an dieser Stelle als kleiner Exkurs die Auseinandersetzung des Juristen mit dem Begriff der Gerechtigkeit aufgegriffen. Was ist Gerechtigkeit? In einem einzelnen Fall mag diese Frage klar zu beantworten sein. So erscheint es als gerecht, dass jemand, der einen anderen vorsätzlich in den Tod befördert, ein Mörder also, mit langjährigem Gefängnis bestraft wird. Wohl die meisten würden in diesem Fall das Vorliegen von Gerechtigkeit heute bejahen. Früher aber oder an anderen Orten würde es indes als möglicherweise völlig ungerecht empfunden, wenn der Mörder nicht ebenfalls das Leben lassen müsste, das heisst mit dem Tod bestraft würde.

Dies wiederum zeigt, dass das, was man als gerecht betrachtet, nicht nur wandelbar ist, sondern dass es so etwas wie die Gerechtigkeit als solche, d. h. etwas, das dem Wort Gerechtigkeit entspricht, in der Welt an sich gar nicht gibt. Man kann «Gerechtigkeit» zu definieren versuchen, aber dann ersetzt man einfach einen Begriff durch weitere Begriffe, die es wiederum zu definieren bzw. interpretieren gilt. Weiter kommt man damit nicht. Gerechtigkeit ist nichts, was irgendwo da draussen in der Welt herumgeistert. Es gibt kein Ding, das dem Wort entspricht. Es ist letztendlich immer nur das, was drinnen, in unseren Köpfen stattfindet, das, was wir mit dem Begriff anfangen. Sie ist das Bild, das wir uns – jeder für sich – von ihr machen. Und wenn wir mit ihr kämpfen, dann kämpfen wir mit dem Bild, das wir uns selbst von ihr gemacht haben. Und wenn wir sagen, Gerechtigkeit ist etwas, das es gibt, dann ergibt das – logisch gesehen – keinen Sinn, denn es ist immer nur das, was wir uns zuvor als gerecht zurechtgelegt haben.

Und ist es nicht genauso mit dem Tod? Auch den Tod findet man ja nicht im Leben selbst, das heisst irgendwo da draussen in der Welt. Natürlich gibt es den Tod, das heisst das Ende des Lebens in dieser Welt. Nicht umsonst heisst es ja, gleichermassen schön wie seltsam, jemand habe den Tod gefunden – als ob er ihn gesucht hätte ... Und natürlich werden wir immer wieder mit dem Tod in diesem Sinne konfrontiert, sei es in den täglichen Nachrichten, sei es durch den Tod von Angehörigen oder Freunden, mit dem es umzugehen und fertig zu werden gilt. Man mag sich dabei fragen, ob eine verstorbene Person in irgendeiner anderen Weise, d. h. nicht mehr als Mensch aus Fleisch und Blut, sondern quasi als aus der Puppe metamorphisierter Schmetterling weiterlebe und man ihr vielleicht, wenn man ebenfalls diese Metamorphose durchgemacht habe, wieder begegnen werde. Aber trotzdem, mehr als den Endpunkt des Lebens drückt dieser Begriff des Todes doch nicht aus. Der Tod, verstanden als Zustand – welcher Art auch immer – *nach* dem Leben auf dieser Welt, wird dadurch in keiner Weise erklärt, sondern bleibt weiterhin mysteriös.

Über die Frage, was der Tod ist, können wir somit letztendlich genauso wenig sagen wie über die Gerechtigkeit. So wie wir nichts finden werden, was die Gerechtigkeit als solche ist, so werden wir in der Welt nicht fündig werden, wenn wir nach dem Tod suchen. Oder wie es Ludwig Wittgenstein ausgedrückt hat: «Der Tod ist kein Ereignis des Lebens. Den Tod erlebt man nicht.»

Ist nicht dies bereits eine sehr tröstliche Erkenntnis? Den Tod an sich gibt es gar nicht – in unserem Leben! Wir erleben ihn gar nicht. Zwar müssen wir hinnehmen und trauern darüber, dass uns lieb gewordene Personen nicht mehr da sind. Und wir wissen, dass auch unser Leben hier in dieser Welt begrenzt ist und eine Zeit kommt, in der wir nicht mehr (hier) sind. Aber können wir darüber noch viel Sinnvolleres wissen oder sagen?

All das, was über den Tod gesagt wird, hat mit den Bildern zu tun, die wir uns zuerst selbst in unserem Kopf über den Tod gemacht haben. Und die Bilder sind letztendlich nichts anderes als Beschreibungen, die sich immer auf das Leben beziehen, denn unsere Sprache ist notgedrungen und zwangsläufig durch dieses begrenzt. Sie ist einzig ausgerichtet auf Dinge, die sich in unserer Welt abspielen und die wir entsprechend beschreiben können. Wir können noch so viel über den Tod schreiben oder sprechen, berichten, was wir darüber glauben, was uns Hoffnung gibt, immer werden wir Bilder oder Gleichnisse benutzen, die aus dem Leben stammen oder auf dieses verweisen. In diesem Sinne bleibt unsere Sprache immer im Leben gefangen, und nie gelingt es ihr, darüber hinauszugehen.

Entsprechend kommen wir, wenn wir über den Tod nachdenken, meist nicht über das hinaus, was uns auch im Leben beschäftigt oder wichtig ist. Was wollen wir im Leben? Wir wollen leben, nicht tot sein. Und genau das wünschen sich viele gerade auch für den Tod – Begriffe wie ewiges Leben oder die Frage nach dem Leben nach dem Tod zeugen davon. Und wir wollen nicht leiden im Leben. Doch obwohl viel Leid im Leben gerade durch den Tod verursacht wird, wünschen viele sich gerade in diesem die Erlösung von allem Leiden. Wir streben im Leben nach Glück, aber viele erwarten das absolute Glück, die Erlösung von jedem Unglück oder das Ende alles Leidens, darin eingeschlossen die stetige – wenn auch oft unterschwellige – Präsenz des Todes mit seinem Stachel, gerade erst im Tod selbst. Und auch der Schmetterling schliesslich, zu dem man nach dem Tod werden soll im Unterschied zur Puppe, die man hier auf Erden sei, ist doch an sich auch nur hier in diesem Leben sinnvoll denkbar.

Wir stehen somit vor einem Paradox. Wir sprechen über den Tod immer in der Form von aus dem Leben entlehnten Gleichnissen. Aber ein Gleichnis sollte letztendlich eine bildhafte Veranschaulichung eines bestimmten Sachverhalts sein. Wenn dies aber so ist, dann sollte dieser Sachverhalt auch ohne das Gleichnis oder ein anderes beschrieben werden können. Aber beim Tod gelingt uns das nicht. Sobald wir das Gleichnis fallen lassen und versuchen, den Tod ohne es zu beschreiben, stossen wir an unüberwindbare Grenzen. Wir bleiben, auch wenn wir über den Tod sprechen, grundsätzlich in der Sprache des Lebens verhaftet, und das Gleichnis erweist sich somit, auch wenn ich es nicht unsinnig nennen möchte, doch in gewisser Weise als ohne eigentlichen Sinn.

Nun, was soll denn an alldem hilfreich sein? Wie soll denn der Schluss tröstlich sein, dass man gerade über das, worüber man etwas Hilfreiches, Weiterführendes zu erfahren erhofft, gar nichts Sinnvolles sagen kann? Aber liegt nicht gerade darin der eigentliche Trost? Die Tatsache nämlich, dass uns das Nachdenken und Sprechen über den Tod immer wieder und geradezu zwangsläufig zum Leben zurückführt, erscheint mir wie ein Wink, sich immer und immer wieder dem Leben selbst zuzuwenden. Mit ihm sollen wir uns in erster Linie beschäftigen, mit den Erfahrungen, die wir im Hier und Jetzt in Raum und Zeit machen. Hier sollen wir versuchen, glücklich zu sein, und zwar solange das Leben dauert. Und alles andere können wir *getrost* – ja: getrost – auf uns zukommen lassen oder dem überlassen, das sich unserem Einfluss entzieht. Nicht als Puppe sollen wir uns fühlen, sondern schon jetzt als Schmetterling.

Es ist dies letztendlich ein Ausdruck von grösstem Vertrauen, Vertrauen darauf, dass es schon gut und richtig kommt. Man kann es auch Gottvertrauen nennen. Vertrauen heisst auch gerade, sich in etwas schicken, ohne es stets zu hinterfragen oder zu bezweifeln.

Damit ist auch die Antwort auf die Frage, ob ich mir etwas für die Zeit nach dem Tode erhoffe, eigentlich vorgezeichnet. Denn erhoffen heisst immer auch, das Erhoffte denken und beschreiben zu können. Und dies geschähe wieder mit Begriffen unserer Sprache, die aber nur auf das Leben auf diese Welt ausgerichtet und auch darin gefangen bleibt. Ich kann hoffen, dass ich weiterlebe, aber leben ist das, was ich hier vor dem Tod tue. Kann ich diesen Begriff auf etwas übertragen, was gerade nach dem Leben kommt? Es bliebe auch hier bei einem an sich nicht weiterführenden Gleichnis. Ich kann mir ewige Ruhe in Frieden wünschen. Aber auch Ruhe und Frieden sind Begriffe, die Aspekte des Lebens beschreiben. Ich kann mir wünschen, dass ich als Seele auf irgendeine Weise weiterexistiere. Aber wie existiere ich als Seele, so dass es mir auch gefallen würde? Kann ich beispielsweise weiterhin die verschiedenen geliebten Käsesorten degustieren? Man kann es formulieren, wie man will, immer stösst man an die Grenzen der Sprache, und als Schlussfolgerung bleibt, dass, sich etwas für die Zeit nach dem Leben zu erhoffen, an sich keinen Sinn macht, denn was immer ich mir auch erhoffe, irgendwie scheint es nur zum Leben zu passen, nicht aber zum Danach. Damit ist aber keineswegs gesagt, dass es in diesem Danach nichts gibt, denn auch diese Aussage, oft zu hören von Exponenten der Naturwissenschaften, macht ebenso wenig Sinn. Auch sie bleibt im Leben gefangen und beschränkt sich im Grunde auf die Aussage, Leben gebe es nur im Leben. Wohl wahr, soweit man eben vom Leben hier in dieser Welt spricht, aber ansonsten auch nur eine nicht weiterführende Tautologie.

Auch das Hoffen auf irgendetwas danach steht, da es Denken über etwas an sich Undenkbares und Sprechen über etwas Unsagbares ist, damit im Gegensatz zum reinen Vertrauen. Denn Hoffnung birgt immer auch den Zweifel in sich, die Angst, dass das Erhoffte sich nicht erfüllen könnte. Würde ich nicht zweifeln, sondern nur vertrauen, dann erübrigte sich in diesem Sinne auch das Hoffen.

Nun liegen aber Zweifeln und Hoffen, irgendwie untrennbar zusammengehörend, in der menschlichen Natur. Doch sollten nicht auch sie, angesichts ihrer eigentlichen Sinnlosigkeit, zum Anlass genommen werden, sich dem Leben im Hier und Jetzt zuzuwenden? Und liegt damit nicht der eigentliche Sinn des Hoffens darin, die Hoffnungen, die man für die Zeit nach dem Tod allenfalls hegt, auf das Leben in dieser Welt umzulenken und sie in diesem Leben umzusetzen? Denn letztendlich sind es doch immer «Lebenshoffnungen». Wenn ich mir also für den Tod die Metamorphose zum Schmetterling erhoffe, sollte ich mir dann nicht besser überlegen, wie ich bereits in diesem Leben eine solch wundersame Entwicklung erreichen könnte? Unmöglich kann es jedenfalls nicht sein, denn die Puppe schafft dies ja offensichtlich auch. Und wäre dann, wenn ich mich in diesem Sinne dem Leben zugewandt habe, nicht auf alles andere, das heisst auf das, was nach dem Leben kommt, einfach nur zu vertrauen? So bekäme das Hoffen doch noch einen Sinn.

Und genau in diesem Moment hat man wohl zu einem richtigen Leben im Hier und Jetzt gefunden. Dies mag nicht immer gelingen, aber es mag manchmal gelingen. Und es mag mit der Zeit öfter und länger gelingen. Und man wird sich dabei immer mehr dem Leben zuwenden. Man wird sehen, dass das Leben das Entscheidende ist. Dieses gilt es zu verstehen, früh genug, nicht erst wenn eine Person gestorben ist. Nicht der Tod soll einem das Leben einer Person entschlüsseln. Im Leben selbst soll dies geschehen. Die Frage nach dem Danach wird dabei verblassen. Zu Recht, denn darauf gibt es keine sinnvolle Antwort – nur ein begriffloses Vertrauen. Und jeder, der dieses Vertrauen hat, dem gebührt grosse Bewunderung und Respekt.

DAS GEHEIMNIS DES LEBENS LIEGT IM TOD

Jean Ziegler

«Lasst euch nicht betrügen!
Das Leben wenig ist.
Schlürft es in vollen Zügen!
Es wird euch nicht genügen.
Wenn ihr es lassen müsst!»
Bertolt Brecht[23]

Um die Angst vor dem eigenen Tod wenigstens teilweise zu mindern, gibt es nur einen Weg, den ich mühsam zu beschreiten versuche: Jeden Tag – durch Gedanken, Taten und Träume – so viel Glück und so viel Sinn für mich und andere Menschen zu schaffen, dass, am Ende des Lebens, dieses Leben der eigenen Negation so viel Sinn wie möglich entgegenzusetzen vermag. Dieses durchaus rationale Unternehmen der Sinngebung wird begleitet von wiederkehrenden Intuitionen. Vernunft allein bestimmt nicht die Perzeption des eigenen Lebens. In seltenen, aber doch wiederkehrenden Momenten spüre ich, dass in mir eine Unendlichkeit, eine Kraft wohnt, die man Liebe nennen könnte. Ein Leben lebt in uns, das unsere eigene Singularität durchbricht, eine Unendlichkeit, die die Endlichkeit unserer Existenz überwindet. Ich bin der andere, der andere ist ich.

Das Bewusstsein der Identität aller Menschen macht uns fähig zu Liebe, Mitleid, Solidarität. Auf Kosten anderer zu leben – in Konkurrenzneid, Profitgier, Verachtung oder Indifferenz – versperrt nur den Zugang zum Leben. Jeder ist verantwortlich vor allen für alles. Ich bin frei. Der Mensch ist, was er tut. Aber gleichzeitig spüre ich eben auch, dass eine Macht mich behütet, eine Vorsehung mein Leben leitet und eine Gewissheit in mir wohnt: Ich bin kein Produkt des Zufalls, meine so unglaublich kurze Existenz auf diesem Planeten birgt einen Horizont, einen Sinn, ein Ziel. Dass der Tod nicht das letzte Wort des Lebens sein kann, scheint mir eine intuitiv erfahrbare Evidenz.

Im ehemaligen Steinbruch von Golgatha, heute mitten in Ostjerusalem liegend, geschah vor über zweitausend Jahren etwas Seltsames. Am dritten Morgen nach Jesu Kreuzigung kamen drei Frauen zum Eingang der Steingrotte, wo der Tote beerdigt worden war. Das Grab war leer. Die Frauen waren verstört. Meine eigene Überzeugung ist identisch mit der Erfahrung dieser Frauen. Das Leben wird vom Tod nicht endgültig zerstört. Die singuläre Existenz des Menschen endet nicht im Grab. Was danach kommt, weiss keine Vernunft.

Die Kinder von Kinshasa

Als kleiner UNO-Beamter lebte ich Anfang der sechziger Jahre im ehemals belgischen Kongo. Patrice Lumumba, der erste Ministerpräsident der jungen unabhängigen Republik Kongo, war am 17. Januar 1961 ermordet worden. Grausame Massaker und Hungersnöte verwüsteten damals den Kongo. In weniger als vier Jahren verlor das Land mehr als zwei von seinen damals vierzehn Millionen Einwohnern.

Die UNO-Beamten arbeiteten, assen und schliefen im Hotel Royal, dem letzten noch intakten Gebäude von Kalina, einer Vorstadt von Kinshasa. Unter den Fenstern des Royal wiederholte sich allabendlich dasselbe Schauspiel: Die schwarzen Köche leerten die Kübel mit den Essensresten auf den Stacheldrahtverhau, der die von weissen Siedlern und von den Gurkha-Soldaten[24] bewachte Enklave umgab.

Aus der fernen Stadt kamen über den Boulevard Albert (heute Boulevard de la Liberté) die Hungerzüge: Frauen, Männer und vor allem Kinder mit fast zu Skeletten abgemagerten Körpern und grossen schwarzen Augen. Abend für Abend stand ich mit anderen UNO-Beamten am weiten Fensterflur unseres Speisesaals im zweiten Stock und schaute auf die Strasse hinunter. Die Kinder näherten sich der Sperre, versuchten auf den Stacheldrahtverhau zu klettern und ein Stück Fleisch, ein wenig Brot, einen Rest Gemüse zu erhaschen. Hinter dem Zaun die Gurkhas. Einer von ihnen richtete manchmal seine Maschinenpistole in den Himmel. Eine Salve krachte. Aber die vom Hunger gequälten Kinder kletterten weiter auf die Barrikade. Einige brachen zusammen und fielen auf den Asphalt zurück. Sie blieben liegen, von Krämpfen geschüttelt. Bis an mein Lebensende werde ich den Blick ihrer Augen nicht vergessen. Ich habe mir geschworen, nie wieder, auch nicht zufällig, auf der Seite der Henker zu stehen.

Die Tradition des Candomblé

1968 reiste ich zum ersten Mal nach Brasilien. Der Schweizer Nationalfonds für wissenschaftliche Forschung hatte die Finanzierung eines Projekts übernommen, aus dem die vergleichende Untersuchung der politischen Hierarchien im Kongobecken und der nicht weniger komplexen Gesellschaftsstrukturen der afrikanischen Diaspora im Nordosten von Brasilien hervorgehen sollte. Unmerklich veränderte sich mein Vorhaben. Eine Verlagerung vollzog sich. Ich erlebte keine umwerfenden Erkenntnisse oder plötzlichen Entdeckungen, sondern vielmehr das langsame und wohltuende Eindringen in eine andersartige Gesellschaft: jene der afrikanischen Diaspora. Diese afrikanische Gesellschaft betrachtete ich fortan als meine eigene, denn ihr verdanke ich diesen Frieden, den ich vorher nicht gekannt hatte, auch diese Lebenskraft und die Einsicht in das zerbrechliche Geschick des Menschen, die seither mein Dasein nähren.

«Die Yawalorixás[25] sind Ihre Lehrerinnen geworden», sagte mir Roger Bastide[26], der Sohn des Shango[27], bei unserer letzten Begegnung im September 1973. Tatsächlich war das eine merkwürdige Ausbildung! Die Yawalorixás erzählten mir fast ausschliesslich vom Tod. Selbst wenn sie mir die komplizierten Dramen der Orixás näherbrachten, mich in die Geheimnisse der Trance und in die prachtvollen Feste einweihten, die den kurzen Lauf des Menschen auf der Erde begleiten, beschrieben sie lediglich die verschiedenen Masken des Todes. Òrun und Ayé,[28] die beiden Hälften des Universums, das heisst die Welt der Gottheiten und die der Menschen, ihre nächtliche Vereinigung in der Trance und ihre brüske Trennung, speisen heute meine schöpferische Kraft. Wo die analytische Vernunft aufhört, beginnt das Wissen der Yawalorixás. Mein begriffliches Denken stösst an seine Grenzen. Mein Initiationswissen überprüft es, fordert es heraus, führt es langsam, Schritt um Schritt, weiter. Der Sinn, der Rhythmus meines Alltags im Candomblé, im Haus, in dem die Feste der Orixás, der Yorùbá-Gottheiten, gefeiert werden, unter dem zerlumpten Volk der schwarzen Subproletarier von São Salvador da Bahia, der Bettelkönige im Dienste der Götter, bestimmen heutzutage mein Leben.

Verführung? Illusion? Neurose eines abendländischen Menschen, der durch das Eintauchen in eine aufnahmefreudige Gesellschaft geheilt wird, in der der Neurotiker im Trancezustand und in den Kaurimuscheln[29] eine Aufwertung erfährt? Das glaube ich nicht! Roger Bastide ist vor mir diesen Weg gegangen. Er ist bis zum Schluss Professor an der «Université Paris-Sorbonne» geblieben und hat seine doppelte Identität eindeutig erklärt: «Durch einen Schritt zur Verinnerlichung, der bis zu den existenziellen Wurzeln zurückführt, bis zu der Stelle, wo das Gelebte nur noch ein Miteinander möglicher virtueller Kräfte ist, wird uns die Möglichkeit gegeben, von da aus an uns selbst religiöse Formen zu erproben, die wir bisher nur von aussen erfahren haben und die wir nun – gewissermassen experimentell – von innen heraus kontrollieren.»[30] Im Übrigen bedeuten mir die Interpretationen des zurückgelegten Weges wenig. Wie Claude Lévi-Strauss nehme ich für mich das «Recht auf freie Identifizierung»[31] in Anspruch. Von da an betrachtete ich meine ursprüngliche Kultur als feindlich; ich habe mich der afrikanischen Welt wie einer lang ersehnten Frau verbunden.

Der Tod schenkt uns das Leben

Der Tod schenkt uns das Leben. Denn der Tod macht uns die Endlichkeit unserer Existenz bewusst. Er begründet unsere Freiheit. Er verleiht jeder unserer Handlungen eine unvergleichbare Würde und jedem Augenblick seine Einmaligkeit. Er hebt uns aus der verrinnenden Zeit hervor. Ohne ihn wären wir – im präzisen Sinn des Wortes – niemand. All das haben mich die Yawalorixás gelehrt.

Mit vierzig Jahren derartige Entdeckungen zu machen, bringt einige Probleme mit sich. Als ich die Schicksalsfreiheit meiner Existenz eroberte, entdeckte ich gleichzeitig das Verbot, mit dem der Tod in der Gesellschaft meiner Herkunft belegt ist. Ich las darüber nach: «La mort»[32], «Le retour du tragique»[33], «Essai sur l'expérience de la mort»[34], «L'homme et la mort»[35]. Meine in Genf verbrachten Winter füllten sich allmählich mit Büchern; denn wie jeder Lebende komme ich vom Schrecken des Todes nicht los noch vom Schwindel, der mich ergreift, wenn ich an ihn denke. Dieser Schrecken bleibt jedoch unfassbar, da die Gesellschaft meiner Herkunft, die jede Diskussion über das Ereignis des Sterbens verbietet, den Tod tabuisiert und mit Schweigen belegt, mir kein Mittel in die Hand gibt, meinen sicheren Tod zu begreifen und die Angst, die er hervorruft, zu bekämpfen und zu lenken. Ich wurde mir, zuerst dunkel, dann immer klarer, bewusst, dass ich wie Millionen andere hinsichtlich des Todes das Opfer einer gezielten sozialen Strategie war, die in allen Bereichen menschlichen Wirkens, einschliesslich des Denkens, von der herrschenden kapitalistischen Klasse ins Werk gesetzt wird, mit dem Ziel, ihre Privilegien aufrechtzuerhalten. Diese Klasse verhängt über Hunderte von Millionen von Menschen ein Leiden, das aus unserem Planeten ein Massengrab macht.

Die Macht symbolischer Gewalt

Nach und nach entdeckte ich, dass von allen Waffen der Ausbeutung die symbolische Gewalt die wirksamste, die heimtückischste und am wenigsten erkennbare ist. Sie ist die Gesamtheit der Bilder und Darstellungen, die diese Klasse zu ihren Zwecken schafft und den abhängigen Klassen aufdrängt. Wie definiert sich die symbolische Gewalt? Pierre Bourdieu gibt die Anwort: «Alle Macht symbolischer Gewalt, das heisst alle Macht, der es gelingt, den Menschen Symbole aufzuzwingen und sie als legitim auszugeben, indem sie die Machtbeziehungen, welche die Grundlage ihrer Macht bilden, verschleiert, fügt ihre eigene Macht diesen Machtbeziehungen hinzu.»[36] Diese symbolische Gewalt, die unter dem Anschein einer unangreifbaren universellen Kultur jenen, die sie ausüben, die Beständigkeit ihrer Privilegien und ihre politische, wirtschaftliche und soziale Herrschaft über die Mehrheit zu sichern erlaubt, geht Hand in Hand mit anderen Mitteln der Ausbeutung und reduziert den Menschen in seinem Leben und angesichts des Todes auf seine schlichte Warenfunktion.

Jeder Tod ist eine Vernichtung, ein Herausreissen, ein Bruch. Ernst Bloch drückt es so aus: «Denn wenn wir sterben, auch wenn wir, wie stets, als solche sterben, die noch viel Leben brauchten, um «fertig» zu werden, so bleibt doch die Erde, und die Waffen lassen sich weitergeben.»[37] Im Augenblick des Sterbens müssen wir uns, ob wir es wollen oder nicht, zurückgeben, das heisst, unser Ich den anderen überantworten, den Überlebenden, denen, und es sind Milliarden, die nach uns kommen, weil sie und nur sie allein unser unvollendetes Sein vollenden können. Das Schicksal des Bewusstseins ist kumulativ: Ein siebzigjähriger Mensch weiss mehr als ein Kind von sieben Jahren. Nur das physische Schicksal des Körpers, das heisst der sich stets verlangsamende Rhythmus der Zellerneuerung, ist auf den Tod hin programmiert, nicht aber das Bewusstsein.

Die Reintegration des Todes in das kollektive Bewusstsein

Nun beschränkt sich aber die kapitalistische Herrschaftsklasse nicht darauf, den Menschen seiner Agonie, seiner Trauer und des klaren Bewusstseins seiner eigenen Endlichkeit zu berauben; sie begnügt sich nicht damit, den Tod aus dem kollektiven Bewusstsein zu verdrängen und ihn mit einem Tabu zu belegen, den Sterbenden einen sozialen Status zu verweigern, das Alter zu pathologisieren und die Ahnen zu verleugnen; sie stellt vielmehr die Existenz des Todes selbst in Abrede. Der Tod ist das Nichts. Der Mensch ist der Produzent von Waren oder genauer: die Ware selbst. Indem sie den Tod und seine Funktion als hinderliches Ereignis verleugnet, vollzieht die Warengesellschaft eine eigentliche «Neuschaffung» des Menschen. Wie soll man gegen einen solchen Gegner ankämpfen, wie die Undurchsichtigkeit seiner Ideologie entlarven, wie die symbolische Gewalt, die seine Praxis beherrscht und legitimiert? Eines ist mir jedenfalls klar geworden: So kostbar mir die Unterweisungen der Yawalorixás waren, so wenig hinreichend sind sie als Waffen, die Gewalt der Symbole anzugreifen, die den Tod negieren.

Das Tabu, mit dem die kapitalistische Warengesellschaft den Tod belegt, ist nur ein Aspekt einer viel weitergehenden Verschleierungsstrategie: einer kulturellen Strategie, die die herrschende Klasse anwendet, um das System der Ungleichheit, das sie privilegiert, zu erhalten, zu verdecken und zu verhärten. Die Gesamtheit der Symbole, die die Warengesellschaft leitet, wird damit gewissermassen überdeterminiert. Die Wiedereinbeziehung des Todes in den Bereich zeitgenössischen Denkens stellt deshalb von sich aus die Totalität des Menschen noch nicht wieder her. Damit dieser Mensch, der des klaren Bewusstseins seiner Endlichkeit und dadurch seiner Freiheit beraubt und verstümmelt ist, seine schicksalshafte Existenz wieder finden kann, muss das alte Realitätsfeld Stein um Stein zerstört werden, denn die totale Entfremdung der menschlichen Existenzen durch die Warengesellschaft kann nur durch eine neue Totalität alternativer Bedeutungen zunichte gemacht werden.

Allein die Revolution, das heisst die Übernahme der politischen, sozialen und wirtschaftlichen Macht durch Menschen, die entschlossen sind, sich ihre Freiheit und ihre Gleichheit zu erobern, kann dem Tod und damit dem Leben seinen ihm bestimmten Wert und seinen kollektiven Sinn zurückgeben. Die Menschen der westlichen Industriegesellschaften müssen den Tod zurückerobern, ihn wieder in ihr Leben einbeziehen. Nur im vollen Bewusstsein unserer Sterblichkeit können wir ein angstfreies, menschenwürdiges und damit sinnerfülltes Leben leben. Der Kampf für die Reintegration des Todes in das westliche Kollektivbewusstsein könnte der Ausgangspunkt werden für die bedeutsamste Revolution unseres Jahrhunderts.

LEBEN AUFS ENDE HIN!

Judith Giovannelli-Blocher

«Es wird vielleicht auch noch die Todesstunde uns neuen Räumen jung entgegen senden.»
aus dem Gedicht «Stufen» von Hermann Hesse

Im hohen Alter lernen wir, mit kleinen Schrittchen durchs Leben zu trippeln. Auf grosse Würfe müssen wir verzichten, was nicht leicht ist. Wehmütig betrachten wir die Ansichtskarten, die uns unsere Lieben aus den Ferien schicken. Da waren wir auch mal, aber jetzt leider nicht mehr … Wir lernen zu verzichten, zurückzutreten, langsamer zu gehen, loszulassen. Eine Lebensaufgabe, die man widerwillig befolgt. Wenn dann noch chronische Schmerzen und finanzielle Sorgen dazu kommen, kann es auch bitter werden, besonders wenn in der Folge Vereinsamung eintritt. Das Loslassen, her-geben fällt mir etwas leichter, weil ich weiss, dass wir nicht ins Unbestimmte loslassen, sondern weitergeben, Platz frei machen für die, die nachkommen, die auch von uns nehmen, was wir bis zuletzt gelebt haben. Die Genügsamkeit ist just das, wonach sich eine jüngere Generation in einer Zeit des «Übergenug» sehnt. Dazu brauchen wir aber Alte, die auch zu ihrem Alt-Sein stehen und es selbstbewusst leben mit allen als «Einschränkungen» apostrophierten Begleiterscheinungen!

Freilich, nur von Verzicht und Wehmut allein können wir fragilen Alten nicht leben. Nachdem wir noch und noch «hergeben» müssen, treue Weggefährten wegsterben und die Umwelt sich so schnell verändert, dass wir uns kaum mehr in ihr wiederfinden dürfen, ist es notwendig, dass wir uns täglich durch kleine und nahe Lebensereignisse auffrischen und erfahren können. Was tut sich zum Beispiel nicht alles auf unserm Balkon, wo alles durcheinander wuchert und man immer wieder darüber staunen kann, dass eine Pflanze, von der man dachte, dass sie «vorüber» ist, plötzlich ausschlägt und Knospen bildet! Es ist gewiss ein Irrtum, zu glauben, je älter man werde, desto mehr befasse man sich mit Sterben und Tod! Im Gegenteil: Je näher das Unvermeidliche rückt, desto intensiver erfreut man sich am neuen *Werden*, an spontaner, uneingeschränkter Lebenslust, zum Beispiel an der Fasnacht, beim Walzer Tanzen oder beim Geschichten Erzählen, Erinnerungen Austauschen oder gemeinsamen Singen, vielleicht auf einer Schifffahrt entlang eines Flusses. An die Alterssiedlung mir gegenüber ist bewusst ein Kinderhort angegliedert. Wenn ich dort vorübergehe, bleibe ich immer stehen und schaue vergnügt zu, was die Knirpse so treiben, wie wagemutig und hartnäckig sie sind beim Erkunden des Lebens! Ich beobachte auch Jugendliche, die an einem Jugendhaus die Wände gestalten dürfen. Ich weiss nicht, was ihre Fresken darstellen und in ihren Köpfen beim Malen vorgeht, nehme aber intensiv wahr, dass sie etwas im Sinn haben, sorgfältig und hartnäckig korrigieren, bis das, was sie sich vorgenommen haben, auf der Wand steht. Ich bewundere sie, und wenn sie dann auf ihren Brettern ihre tollkühnen Sprünge vollführen, weiss ich: Sie kommen nach! Alte brauchen das junge Leben und Lebens-Stoffe müssen an sie herangetragen werden, wenn sie nicht mehr in der Lage sind, sie selbst aufzuspüren. Betuliche Altersbetreuung, wo man bei jedem Kontakt zuerst mit schräg gehaltenem Kopf mitleidig gefragt wird: «Wie geht es?», stellt den Wegweiser falsch, denn logisch beantwortet man eine solche Frage mit dem Erwähnen der nur zu zahlreich vorhandenen Gebrechen, inklusive der Salben und Pillen, die nichts nützen, und dem Arzt, der einem nicht zuhört. Damit ist man mittendrin in einem Dilemma, das so viele Alterskontakte mühsam und sinnlos macht.

Sicher gehört Anteilnahme an körperlichen Leiden zum Grundprogramm der Altersbetreuung, aber ebenso wichtig ist es, dass die Alten das Lachen, diese Grundquelle menschlicher Gesundheit, nicht verlernen. Ich unterstütze deshalb auch eine Stiftung, die die Ausbildung und den Einsatz von Clowns in Spitälern und Altersheimen fordert. Lebensqualität im hohen Alter ist die Fähigkeit, vorhandene Einschränkungen ertragen zu können, dazu müssen ihre Betreuenden und Besucher voller Lebensenergie sein, die sie in irgendeiner Weise mit den Betroffenen teilen können. Was für einen Witz haben doch manchmal uralte Greise, und wie viel Lebensweisheit steckt oft in dem, was sie erzählen! Und ihr Langzeitgedächtnis! Eine Neunzigjährige kann Schillers Glocke auswendig aufsagen. Andere sind dement und leben mit ihren Sinnen anderswo. Ich schaue oft in ihre Gesichter, die vollkommen leer scheinen, weil in ihrem Inneren Vieles eingestürzt ist, was früher das Bewusstsein ausmachte, oder sie leben im Verborgenen, ohne dass wir eine Ahnung davon haben.

Im Alter lebt man oft leicht und unbeschwert. Man muss nicht mehr müssen, man darf sich auch einfach freuen, dass man nochmal einen Tag gelebt und erst noch gut geschlafen hat. In 1. Korinther 7,29–32 schreibt Paulus verschiedene Sätze unter dem Stichwort: «Haben, als hätte man nicht!»

«Ich sage euch, liebe Geschwister: Die Zeit ist kurz. Fortan sollen auch die, die Frauen haben, sein, als hätten sie keine; und die weinen, als weinten sie nicht; und die sich freuen, als freuten sie sich nicht; und die kaufen, als behielten sie es nicht; und die diese Welt gebrauchen, als brauchten sie sie nicht. Denn das Wesen dieser Welt vergeht. Ich möchte aber, dass ihr ohne Sorge seid.»

Wer so leben kann, dem geht es gut!

Das «piece de resistence»

Sich von Sterben und Tod berühren zu lassen gelingt vielleicht nur dem, der das Sterben und den Tod anderer erlebt hat. Ich würde sagen, die Sterbephase ist «bebildert» von Erfahrungen, die wir beim Leiden und Sterben anderer mitgetragen, oder in Worten der Bibel, der Literatur und Philosophie, in Werken der Musik und Malerei verinnerlicht haben.

Zwei Ereignisse aus meinen jungen Jahren haften tief in meiner Erinnerung: Ein jugendlicher Selbstmörder, der sich von der Rheinbrücke gestürzt und via Rheinfall ans Ufer geschwemmt wurde, liegt, nachdem seine Leiche geborgen und in die Waschküche des Pfarrhauses gebraucht worden war, auf dem Boden. Mein Vater steht dabei und sagte: «Vielleicht hat ihn niemand geliebt!»

Einige Jahre später: Auf dem Friedhof von Muttenz wird ein Säugling bestattet, der auf einem Frachter im Rheinhafen tot aufgefunden wurde. Ich bin als Sozialarbeiterin bestellt, den düsteren Akt zu begleiten. Vor mir die kleine Kinderleiche in einem behelfsmässigen Sarg, jemand hat ein Blümchen neben das Köpfchen des voll ausgebildeten Knaben gelegt, daneben die Eltern und in einem Abstand hinter einem Gebüsch warten zwei Kantonspolizisten, die das Paar anschliessend verhaften werden, wegen der Vermutung, dass es bei dem Tod nicht mit rechten Dingen zugegangen ist.

Zwei Leben, die verlöscht sind – zwei Menschen, die dazu nichts mehr sagen können. Ratlosigkeit und Stille vor der Majestät des Todes; aus und fertig, nichts mehr zu wollen! Aber in meiner Verzagtheit eine innere Stimme, die flüstert: «Gott weiss alles!» Und eine Ahnung von der unantastbaren Würde des Menschen, auch in einer Kultur, die noch nicht ganz verschwunden ist: Dieser unbekannte kleine Leichnam durfte nicht einfach verscharrt oder gar in den Rhein geworfen werden. Zu seiner Bestattung waren der Pfarrer, der Totengräber, die Gerichtsinstanzen und ich aufgeboten worden. Christlich ausgedrückt war es ein Kind Gottes, das wir mit allen Ehren zu Grabe trugen, egal welche Umstände es an das Rheinufer bei Basel geschwemmt hatten.

Darum sah ich auch in meinem «Dabeistehen» einen Sinn, obwohl ich nachher keine Aufgabe mehr hatte. Lauter Nichtwissen, lauter scheinbare Ohnmacht vor dem Tod. Auch bei Menschen, die friedlich vom Leben in den Tod gleiten, werden wir gepackt von Staunen, Respekt, Nichtwissen, oder vielleicht plötzlich erfasst von einem grösseren Verstehen angesichts dessen, dass alles an ihnen erstarrt ist und schweigt.

Meine Eltern starben beide einen guten Tod, haben ihr Sterben gewünscht und ihr Leben dankbar abgelegt, aber nicht irgendwohin, sondern in «Gottes Hand», für sie war das «handgreiflich». (Meine Mutter freute sich zum Beispiel – kurz vor ihrem Tod – aufs Wiedersehen mit ihrem vor zwanzig Jahren verstorbenen Mann, hatte nur ein wenig Angst, «dass er mich vielleicht nicht mehr kennt nach so vielen Jahren!»). Bei meinem Vater war nach seinem Tod wie eine Verklärung auf seinem Gesicht zu sehen, wie eine ungeheuerliche Erleichterung. Ohne Zweifel hatte er unter der Last seines Lebens-Alltags schwer gelitten und lag jetzt wie erlöst da, aber nach meinem Eindruck, hatte er eben von einer andern Welt immer gewusst, in die er nun eingegangen war.

Dass meine Eltern so geborgen gestorben sind, empfinde ich bei allen Widersprüchen, die ihr Leben begleitet haben, als ein grosses Vermächtnis.

Und ich? Mir ist ein so «handgreiflicher Glaube» nicht mehr möglich. Ich beschäftige mich nicht gross mit der Frage, was nach dem Tod wird, für mich ist zentral, wofür ich lebe im Hier und Jetzt. Ich spüre aber die Gegenwart der Liebe und Güte von nächsten und lieben Verstorbenen. Wie ein Segen ist diese unbestimmte Gegenwart vorhanden, aber sie drückt sich nicht durch konkrete Ereignisse aus, ist einfach da.

Als ich vor 20 Jahren von meinem Arzt erfuhr, dass sich in der Nähe meines Gehirns ein daumengrosser Tumor gebildet hatte, der zwar gutartig, dessen notwendige Entfernung aber mit Lebensgefahr verbunden war, wusste ich, dass ich mich «auf alles vorbereiten musste». Aber wie macht man das?

Mein Mann, zwar aus der Kirche ausgetreten und Atheist, aber vertraut mit meinen seelischen «Bedürfnissen», schlug vor: «Du brauchst auch etwas Geistiges! Reisen wir nach Chartres!» Ich war noch nie dort. Als wir dann vor der uralten Kirche auf dem Hügel standen, auf einer Seite umgeben von einem goldgelben Weizenfeld, empfing uns im Innern der Kathedrale Dunkelheit, blass erleuchtet nur von den berühmten blauen hohen Fensterscheiben. Vorn am Eingang befindet sich in den Boden eingelassen ein grosses Labyrinth, dessen Symbolik in die vorchristliche Zeit zurückreicht. Ich trippelte auf seinen Kreislinien hin und her, meinen Platz suchend. War er schon ganz nahe dem Zentrum – also dem Tod? Oder war doch noch ein Abstand, stand ich also noch auf einer Kreislinie vielleicht ungefähr in der Mitte des Lebenskreises? Das Labyrinth gab keine Antwort.

Ich setze mich ins Dunkle auf eine Kirchenbank und verharrte in der Stille. Ab und zu hob ich den Kopf und gewahrte das Licht, das durch die blauen Scheiben drang. Und allmählich geschah mir etwas Seltsames; ich erlebte, wie ich nach meinem möglichen baldigen Tod durch diese Fensterscheiben in eine mir geweissagte andere Welt entwich. Dieses Bild verfestigte sich in mir zu einer strahlenden Gewissheit, die mich dann durch die gefährliche Kopfoperation hindurch begleitete. Der Eingriff glückte. Geholfen hat mir sicher auch das Wissen, dass diese Botschaft durch Jahrhunderte hindurch immer wieder Menschen in bedrängten Situationen getragen hat. Obwohl ich eine Kindheit, verstrickt in religiöse Krämpfe mit dauernden Schuldgefühlen und immerwährendem Eindruck zu versagen erlebt habe, ist die Rettung aus dieser Hölle (nebst einer Psychotherapie und kräftigem Eintauchen in die Realität des realen sozialen Lebens mit seinen Existenzkämpfen und Ungerechtigkeiten) seltsamerweise durch eben das gleiche Evangelium geschehen, untermauert auch durch die gleichen Eltern, die mich durch gut gemeinte, aber falsche Erziehung fast zum Ersticken gebracht haben. Durch ein langes Leben ins fragile Alter eingetreten, hat die Bibel den Schrecken für mich verloren, aber sie bleibt in allen Entscheidungssituationen grundlegend.

Letzthin erlitt ich einen Oberschenkenhalsbruch. Dieses Ereignis hat mich schwer betroffen: Ich konnte nicht nur nicht mehr gehen, sondern in mir aktivierte sich auch ein jahrzehntelanges Leiden am linken Bein. Da nun mein Standbein rechts, immer als Kompensation des Beinschadens links eingesetzt, gebrochen war, hatte ich wahnsinnige Schmerzen. Ungünstig untergebracht im Spital in einem Zimmer mit einer psychisch gestörten Patientin, kam ich an den Rand der Verzweiflung. In einer Nacht fühlte ich, dass vielleicht «das Leben vorbei ist». Da stieg in mir unverhofft der Anfang eines Psalms auf, ich wusste nicht, dass dieser wohl seit meiner Kindheit in mir vorhanden war.

«Ich bin der Herr, dein Hirte, dir wird nichts mangeln.
Ich weide dich auf grüner Aue und führe dich zum frischen Wasser.»
nach Psalm 23,1–2

Ich habe den 23. Psalm wegen seiner maskulinen Bildsprache nie gemocht: Herr, Hirte, Schafherde (Frauen?), für eine Feministin unbrauchbar! Aber jetzt in meiner Verzweiflung, wiederholte ich diese Worte unaufhörlich. Diese Zusage: «Dir wird nichts mangeln!» Das habe ich auch in meinem sozialen Leben, in meinen Kämpfen um soziale Gerechtigkeit immer wieder erfahren, in den Demütigungen und Niederlagen: «Dir wird nichts mangeln! Dir wird nichts mangeln!» Das braucht weder Fussnoten noch irgendwelche Erklärungen. Und diese wunderbare Sprache! Sie berauschte mich; zwischen Apparaturen und Schläuchen liegend und Krankenpflegepersonal, das mit Computern bewehrt ans Krankenbett trat, galt dieses: «Dir wird nichts mangeln!» Kurz: Ich war aufgehoben. Ich bin aufgehoben.

Ist das nun fundamentalistisch? Esoterisch das Bild mit den blauen Fensterscheiben? Was uns in Extremsituationen des Lebens widerfährt, ist nicht voraussehbar. Der Überlieferung nach hat der Reformator Martin Luther in seiner Todesstunde nach Maria gerufen.

Der Schriftsteller Otto F. Walter, Bruder von Silja Walter, stand in seinem Erwachsenenalter immer profiliert links. In seiner schweren Krankheit vor dem Tod hat er aber für seine Beerdigung das pietistische Lied «So nimm denn meine Hände» gewünscht. Andere, lebenslang als «senkrechte Christen» bewundert, bekennen in den letzten Tagen ihres Lebens vor ihrem Tod, dass sie den Glauben längst abgelegt hätten und wüssten dass alles «nichts» ist.

Nach meiner Erfahrung läutert sich am Ende des Lebens vieles. Wir werden unabhängig von Denkkategorien, denen wir uns verpflichtet gefühlt hatten. Neue Freiheiten werden möglich, neue Erfahrungsräume tun sich auf. Man braucht vielleicht den haltgebenden «Stecken» des Glaubens gar nicht mehr.

GLAUBE ICH, WAS ICH SAGE? SAGE ICH, WAS ICH GLAUBE?

Michel Müller

Als Pfarrer werde ich immer mal wieder gefragt: Glauben Sie wirklich an Gott? Es wird mir Zweifel zugetraut, und wenn ich solchen äussere, so entlastet das oft die Fragenden in ihren eigenen Zweifeln. Würde ich aber sagen: He, weisst du, nicht wirklich, wer kann das heute noch, aber es ist mein Job – es wäre wohl auch eine grosse Enttäuschung, ja, doch eigentlich die Verfehlung meines Berufs. Deshalb ist oft damit die Frage verbunden: Warum sind Sie eigentlich Pfarrer geworden?

Mit ein Grund war für mich meine erste Begegnung mit der Todesangst. Als Achtzehnjähriger hatte ich mich mit drei etwa gleichaltrigen Freunden aus einer christlichen Jugendgruppe auf eine Bergtour begeben, auf meinen ersten und einzigen Viertausender. Das Bishorn war damals an sich kein allzu schwieriger Gipfel, abgesehen von der Eisnordwand. Die nahmen wir als unerfahrene Unterländer natürlich nicht, trotzdem verkletterten wir uns, so ohne Bergführer. Ungesichert steckten wir in einer Felswand fest, wussten nicht vorwärts und rückwärts, hinter uns Hunderte von Metern Abgrund. (Als Vater von Teenagern hoffe ich, dass die nicht auf solche Ideen kommen). Ich fühlte mich plötzlich ziemlich auf mich allein gestellt, als ich eine exponierte Stelle zu überwinden hatte, bevor wir zurück auf den sichereren Gletscher zu finden hofften. Ich bat einen der Kollegen, mir zuzuschauen mit der Begründung, dass ich dann einen Zeugen für meinen Absturz hätte. Galgenhumor, die Angst war gross, warum wir uns nicht gegenseitig sicherten, ist mir heute noch ein Rätsel. Vielleicht aus Sorge, uns gegenseitig in den

Abgrund zu reissen. Jedenfalls wollte ich meinen letzten Mut zusammennehmen, dazu gehörte auch ein Stossgebet. Und da vernahm ich tief in mir drinnen die Stimme, die mir sagte: Geh nur, ich habe noch etwas mit dir vor.

Ich studierte dann Theologie, weil mich die Bibel faszinierte (tut sie immer noch) und weil ich das Berufsbild Pfarrer vielseitig und attraktiv fand. In der Kirchgemeinde Thalwil fand ich schliesslich für 17 Jahre meine Traumstelle. Dort durfte ich während dieser Jahre als Gemeindepfarrer bei über 250 Beerdigungen mitwirken. Ich schreibe bewusst «durfte», denn es ist ein Privileg, das Vertrauen von Menschen zu spüren, um sie in ihren manchmal schwersten Stunden zu begleiten. Viele der Verstorbenen kannte ich zwar nicht persönlich, wie das in städtischen Gebieten typisch ist. Gerade dieses Nichtwissen half mir aber, unbefangen nachzufragen oder auch etwas stehen zu lassen, vor allem aber half es mir, emotional gefasst meiner Aufgabe nachzugehen und zur würdigen Gestaltung der Situation beizutragen.

Zur Würdigkeit trug bei, dass ich nicht einfach als Person da stand, sondern ein «Amt» zu vertreten hatte, im Auftrag einer Kirche mit ihren Traditionen und Überzeugungen arbeitete. Ich musste nicht bloss meine ganz persönlichen Gedanken vertreten, womöglich den Angehörigen überstülpen. Ich musste nicht allein auf meine mehr oder weniger reiche Erfahrung oder gesammelte Weisheit vertrauen. Das Vertrauen nicht einfach mir gegenüber als Person, sondern gegenüber der Institution, die ich vertrat, gab mir gerade bei meinen allerersten Beerdigungen Kraft. Aber auch die Angehörigen waren davon entlastet, nur ihre ganz persönlichen Überzeugungen auszubreiten. Selbst in ihrer Überforderung, ja Furcht, in diesen intimen Momenten stark exponiert zu sein, konnten sie eine Gemeinschaft als tragend und schützend erfahren.

Bei so vielen Einsätzen in all den Jahren kann sich freilich die Gefahr entwickeln, den Tod routiniert abzuhandeln. Ich konnte es nicht ändern, dass gewisse Bibeltexte immer wieder vorkamen, die einfach auch hilfreich sind. Aber auch die Musiker und Musikerinnen spielten ab und zu Stücke, die ich nicht zum ersten Mal gehört hatte, natürlich oft auch auf Wunsch der

Angehörigen. Es gab Momente, in denen ich fast Mühe hatte, uns zuzuhören. Deshalb blieb es mir wichtig, dass jeder einzelne Verstorbene und seine Angehörigen das Recht auf eine ganz individuelle Note hatten. Ich wollte mich also immer wieder auf die jeweilige Lebensgeschichte einlassen und sowohl von der Trauer als auch der Distanz der Angehörigen berühren lassen. Es machte für mich die Faszination der Aufgabe als Pfarrer aus, zu sehen, wie vielfältig Lebensschicksale sein können und wie unterschiedlich Menschen darauf reagieren.

Ich hatte also gelernt, Motive aus der Bibel zu finden, um das Geschehen in passende Worte zu kleiden, oder auch im richtigen Moment zu schweigen. Damit ich mir nicht bloss als Funktionär vorkam, musste ich mir immer wieder die Frage stellen, ob ich das selber glaubte, was ich da verkündigte. Diese Frage stellten mir direkt oder indirekt auch die Hunderte von Kindern und Jugendliche, die ich im Unterricht auf das Thema Sterben und Tod angesprochen hatte. Ich konnte ja nicht einfach mathematische Wahrheiten lehren, bei denen man sich kaum fragt, ob man das auch glaubt. Der Unterricht in der Kirche erfordert eine persönliche Glaubwürdigkeit. Andererseits konnte ich meinen Unterricht auch nicht dauernd verändern, weil ich, herausgefordert von aktuellen Erfahrungen, Mühe mit dem bisherigen Glauben hatte. Obwohl ich aus der Bibel weiss, dass Zweifel zentral zum Glauben gehört, und zwar gerade im Zusammenhang mit dem Sterben und dem, was danach kommt. Aber wie kann man Zweifel unterrichten? Andererseits: Wenn wir als Kirche nur fragen, zweifeln oder gar schweigen, überlassen wir das Feld denen, die selbstbewusster, aber kaum wahrer behaupten zu wissen, wie es sei.

Ich begegnete auch in der Seelsorge natürlich vielen Vorstellungen davon, was nach dem Sterben kommt. Menschen berichteten eindrückliche eigene Erfahrungen oder Überzeugungen. Wer war ich, da zu widersprechen, vor allem wenn mir etwas hilfreich erschien? Andererseits: Ist Religion einfach ein Selbstbedienungsladen oder eben ein Patchwork, wie man heute sagt, wo sich jeder und jede seine Vorstellung selbst zusammensetzt? Ist das überhaupt sinnvoll und möglich, dass ich mir selbst sage, was ist und sein wird? Wie kann man etwas vertrauen, was man selbst erfunden hat? War und ist es nicht gerade auch meine Aufgabe als Seelsorger, kritisch zu bleiben und den Menschen nicht bloss nach dem Mund zu reden?

Kurz gesagt: Es stellte sich mir jeweils die eine Frage, ob ich persönlich das glaubte, was ich im Namen der Kirche zu sagen hatte. Und umgekehrt die andere Frage, ob ich jeweils auch das zu sagen wagte, was ich persönlich oder im Namen der Kirche glaubte.

Glaube ich, was ich sage?

Glaube ich, was ich sage? – diese Frage brach besonders dann in meinen Berufsalltag ein, wenn die eigenen Gefühle viel stärker hineinspielten, weil ich jemanden kannte oder wegen der besonderen Tragik der Situation. Da war keine hilfreiche Distanz des Nichtwissens, im Gegenteil eine fast brutale Nähe des Mitfühlens. Nicht mehr die Routine, sondern der Schrecken liess mich fast sprachlos werden. Das ist zwar herausfordernd, aber nicht besonders schlimm. Wenn eine Trauergemeinde spürt, dass der Pfarrer da ganz persönlich betroffen ist, dann verzeiht sie Pausen beim Sprechen oder wenn seine Stimme bricht. Das gemeinsame Trauern verbindet gerade auch im Verstummen. Verstummen und Schweigen sind ja überhaupt oft die am ehesten angebrachten Reaktionen auf das Versterben eines Menschen, ohne dass ich jetzt besonders dramatische Beispiele aus meiner Berufserfahrung aufzuzählen brauche. Wir kennen aus den Medien diese Beispiele, wenn selbst eine Boulevard-Zeitung nur noch gross titeln kann «Warum?» (Meist versucht sie dann aber trotzdem, reisserisch und spekulativ Antworten zu geben).

Und doch verstand ich es als meine Aufgabe, nicht nur zu schweigen, sondern Worte oder Zeichen zu finden. In einer immer individualistischeren Gesellschaft verbinden alte Rituale nicht mehr selbstverständlich, was in einer Krise eben ein grosses Problem darstellt. Warum Bibelworte, warum Orgel, warum Talar, warum und welche Kerzen, Foto oder nicht, Urne, Erdgrab, Waldgrab, kein Grab? Der Fragen sind unzählige, die heute in kürzester Zeit zu beantworten sind. Gerne half ich beratend als Vertreter einer Glaubens- und Wertegemeinschaft, der Kirche, auf der Basis unserer Traditionen. Es half mir als persönlich Betroffener und ins Trauergeschehen mit hinein Gezogener, nicht nur meine eigenen Worte finden zu müssen, sondern zuallererst in der Bibel nachschauen zu dürfen. In der Trauer wegschauen von mir selbst kann mich zu mir zurückführen. Die Frage nach dem, was ich als Christenmensch zu glauben habe, führt mich zurück zu dem, was ich glauben darf. Ich frage nicht zunächst mich selbst, was ich glaube, aber der Glaube muss *mir* zur *Gewissheit* werden.

Der christliche Glaube bot über die Jahrhunderte eine Fülle von Interpretationen an: Die Sterblichkeit als blosses Faktum ohne besondere Auszeichnung bis hin zum Verständnis des Sterbens als Erlösung oder auch als Drohung vor dem ewigen Gericht. Was von all dem habe ich am Grab zu sagen? Bin ich Diener einer Kirche, die ihre ewigen Wahrheiten an den Menschen zu bringen hat? In vielen Fällen wäre das herzlos, sogar rücksichtslos. Andererseits: Verkündige ich nur das, was ich in dem Moment gerade selbst glaube, wäre das nicht auch rücksichtslos, weil egoistisch und narzisstisch und auch ziemlich beschränkt? Es ist also meine Aufgabe, das konkrete Geschehen auf die Tradition und die Lebenserfahrung zu beziehen und umgekehrt.

Ich will das an der Frage illustrieren, ob etwas nach dem Tod komme. Wer kann darauf Antwort geben? Als ehemaliger naturwissenschaftlicher Gymnasiast mit Bergtour-Erfahrung verleugne ich nicht meine Skepsis gegenüber allen auf mich esoterisch wirkenden Konzepten, die mehr zu wissen vorgeben als das, was man wissen kann, nämlich nahezu nichts. Ich versuche vernünftig zu bleiben: Nach dem Tod lebt ein Mensch in den Erinnerungen und Gedanken, Träumen und körperlichen Empfindungen der Angehörigen weiter. Das ist sozusagen eine physische Wahrheit: In den Synapsen und chemischen Prozessen des Gehirns der Mitmenschen. Eine weitere physische Wahrheit ist, dass die Atome und Moleküle (oder all die noch kleineren Elementarteilchen, die man heute zu glauben hat) ja ebenfalls weiter-«leben», übernommen in andere Existenzformen der Materie: Friedhofspflanzen, Würmer, bis hin zur Atemluft, die ich bei einem Gang über den Friedhof einatme. Das ist es, was wir heutzutage wissen und uns vorstellen können. Gibt es darin oder darüber hinaus eine «Seele», die weiterlebt? Wer weiss es?! Und was wäre die? Andererseits: Wenn Religionen und Philosophien seit Jahrtausenden verschiedene Konzepte dazu entwickelt haben, warum sollte es nicht mehr oder anderes geben, als wir uns hier und heute vorstellen können? Es ist also ebenfalls geradezu vernünftig, auch gegenüber einer allzu materialistischen Sicht der Dinge skeptisch zu sein. Über ein wie auch immer geartetes «Weiterleben nach dem Tod» lässt sich zwar kaum etwas spekulieren, aber es lässt sich auch nicht einfach ausschliessen.

Skepsis scheint mir eine gesunde Haltung, die auch im Leben hilft. Ich lasse mir keine Angst einreden. (Darin haben die Kampfatheisten recht, die schreiben: Glaube nicht an Gott, und du musst dir keine Sorgen machen.) Was soll eine Religion, die die Probleme löst, die ich ohne sie nicht hätte? Die Religion bietet aber auch Lösungen an, die ich ohne sie nicht hätte. Indem eine Religion das faktisch gelebte Leben eines einzelnen Individuums nicht für gänzlich in sich abgeschlossen hält, hält sie auch die Frage nach einem Sinn offen, konkretisiert etwa in der Frage nach der Gerechtigkeit. Die Frage nach einer letzten Gerechtigkeit ist nicht primär ein Mittel der Drohung, mit der zugegebenermassen Religionen während Jahrhunderten Menschen unterdrückt haben, sondern vor allem eine ganz persönliche Frage, wie mit den offengebliebenen Dingen im Leben und in den Beziehungen eines jeden Menschen umzugehen ist. Drastisch zugespitzt: Der Amokläufer, der zuerst ein Dutzend Menschen erschiesst und sich dann «richtet», darf nicht einfach «Recht» behalten.

Darf ich sagen, was ich (nicht) glaube?

Und doch: Wir wissen es nicht. Darf ich das sagen? Das ist ja meine andere Frage: Darf ich sagen, was ich (nicht) glaube? Als Christenmensch weiss ich doch um die eigene Glaubenstradition, die behauptet, dass da einer den Tod überwunden habe: Jesus der Christus. Zwar kann ich auch dieser Tradition letztlich lediglich Glauben schenken («selig sind, die glauben, ohne zu sehen», sagt Jesus dem zweifelnden Jünger Thomas), sie lässt sich ja nicht beweisen, da sie einmalig ist, sie lässt sich deshalb aber auch nicht widerlegen. Die Auferstehung Jesu ist ein singuläres Ereignis, das seine Wirkung erst entfalten muss. Die Auferstehung Jesu ist aber zugleich auch das Fundament, auf dem der christliche Glaube aufgebaut ist. Ich bin also als Pfarrer nicht einfach frei zu glauben und zu sagen, was ich will, ich würde sonst ja das Fundament meiner Berufung verleugnen. Wie gehe ich also damit um?

Immerhin behauptet der christliche Glaube nicht ein System von dem, was nach dem Tod kommen mag (die Aussagen dazu sind in der Bibel nicht besonders zahlreich und auch dann nicht einheitlich!), sondern bindet vielmehr seine Überzeugung an den einen Sohn Gottes. Wenn es «etwas gibt», dann nur «in Christus». Nicht in mir, nicht in der Kirche, nicht in einem von menschlicher Weisheit rekonstruierten «Heilsplan», auch nicht in einem ewigen Kreis von Wiedergeburten oder in einem bipolaren System von Himmel und Hölle, sondern «in Christus». In Christus ist sowohl Himmel als auch Hölle, Gericht und Erlösung, Wiedergeburt und ewiges Leben. Wie es Paulus im Römerbrief 14,7–8 schreibt:

«Keiner von uns lebt für sich selbst, und keiner stirbt für sich selbst. Leben wir, so leben wir dem Herrn, sterben wir, so sterben wir dem Herrn. Ob wir nun leben oder sterben, wir gehören dem Herrn.»

Diese einfache Wahrheit kann ich sowohl glauben, wenn ich sie am Grab sage, und ich kann damit auch sagen, was ich glaube. Ich muss weder beweisen noch überzeugen, noch verschweigen. Ich kann aber bezeugen, nicht was in mir selbst ist, sondern was ich in Christus glaube.

Mit dieser einfachen Wahrheit lässt sich vor allem aber leben. Es gibt ja so vieles, was ich im Leben nicht im Griff habe, entweder nur hoffen kann und vertrauen muss oder auch verdanken darf. Dass ich nicht mir selbst gehöre, ist daher eine Wahrheit, die nur scheinbar der modernen individualistischen Haltung widerspricht. In Wirklichkeit erfahren wir uns alle so, von Geburt an, durchs Leben hindurch als Teil einer Gemeinschaft in Vergangenheit, Gegenwart und Zukunft. Dann bedeutet «meine Seele» gerade nicht «ich», sondern über mich hinaus die eigene Persönlichkeit, die verbunden ist mit Mitmensch, Schöpfer und Erlöser.

Damit verlieren auch in meinem eigenen Leben Ereignisse und Entscheidungen ihre Letzt- und Endgültigkeit. Meistens kann man aus Fehlern lernen oder mindestens um Verzeihung bitten und einen Neuanfang wagen. Bevor ich meine Traumstelle als Pfarrer bekam, war ich arbeitslos. Bevor ich in mein Amt als Kirchenratspräsident gewählt worden bin, wurde ich als Kirchenrat nicht gewählt. Ich musste aus diesen Erfahrungen eine Haltung der Gelassenheit entwickeln, dass das Leben verschiedene Möglichkeiten bereit hält. Auch die Geburten zweier meiner Kinder waren von grossen Gefahren für Mutter und Kind begleitet. Würde es in ihrem Leben je anders sein? Ist das Leben «meiner» Kinder wirklich planbar und nicht immer wieder ein Geschenk? Diese Haltung des Vertrauens hindert mich nicht, mich auf Freuden und Leiden meiner Mitmenschen einzulassen, im Gegenteil: Gerade weil nichts endgültig ist, kann ich es wagen.

«Ich habe noch etwas vor mit dir.» – Deshalb gehöre ich nicht mir, sondern Christus. Dieser Satz, der freilich immer nur eine persönliche Glaubensüberzeugung sein kann, bereitet mich also nicht bloss aufs Sterben vor. Vielmehr lerne ich hoffentlich das Sterben, wenn es soweit sein soll, weil ich den Satz im Leben geübt habe. Und dann mache ich mir auch keine Sorgen, was sein wird, da ich «in Ihm» bin, der sein wird.

«Zu Gott allein sei still, meine Seele».
Psalm 62,6

BLEIBE BEI UNS

Klaus Merz[38]

Eigentlich wusste ich während meiner ganzen Kindheit nie so recht, was an Sonntagen zu tun war, da es ja sozusagen nichts zu tun gab, zu tun geben durfte, ausser ausruhen und beten. Wir versuchten uns in unserer Familie jedenfalls immer wieder danach auszurichten, so gut es ging. Vor allem Mutter. «Bleibe bei uns, denn es will Abend werden», sagte sie manchmal schon am Morgen.

Gegen zehn Uhr stand Vater jeweils hinterm Tüllvorhang am Fenster und sagte, alle anderen seien schon wieder unterwegs. Durchs offenstehende Oberlicht vernahmen wir das Rauschen des Strassenverkehrs. Mein kleiner Bruder seufzte und legte seinen schweren Kopf neben den blauen Dinky-Toy-Peugeot aufs Holzbrett, das wir ihm als improvisiertes Tischchen an seinen Rollstuhl montiert hatten. In seiner kranken Unverbesserlichkeit hing er, zusammen mit mir, am stärksten an unseren Sonntagsfahrten. Sie ersetzten uns – und dem insgeheim mit uns verbündeten Vater, muss ich von heute her denken – im Grunde den Kirchgang, der uns bei verschiedenen Gottesdienstversuchen allzu oft nur als ein einziges Spiessrutenlaufen vorgekommen war.

«Wem Gott will rechte Gunst erweisen, den schickt er in die weite Welt», sangen wir darum dreistimmig, wenn Mutter zu Hause die Beine hochlegte und wir zu dritt ins Gehölz hinterm Dorf einfuhren. Vater überliess mir das Steuer bis Schwarzenbach, und singend dankten wir Gott, dass er uns nach einer arbeitsreichen Woche hinausgeführt hatte unter sein Blätter- und

Himmelszelt. – Die Sonntagsfahrten waren für uns ein bewegtes Innehalten unter freiem Himmel. Unser Peugeot hatte ein Schiebedach.

So leicht wie auf diesen Sonntagsausflügen war es um uns und unsere Familie sonst allerdings nie bestellt. Und dafür, so dachte ich mir, würden wir ja ab Montag ohnehin wieder büssen müssen. Mutter mit ihren offenen Beinen, Vater mit seiner schweren Arbeit und den epileptischen Absenzen, mein kleiner Bruder mit seinem zu grossen Kopf – und ich als «mitgegangen, mitgefangen».

Und heute, da wir keine Kinder mehr sind, der Sonntag schon fast ein gewöhnlicher Werktag mit vollem Betrieb geworden ist und die Ausfahrten sich sozusagen von selbst erledigt haben, was treibt uns zuweilen dennoch zum Innehalten – vor Sätzen wie diesem zum Beispiel, den wir von früher her schon kennen:

«Bleibe bei uns, denn es will Abend werden,
und der Tag hat sich geneigt.»
Lukas 24,29

Dieses unvollständige Zitat aus dem Lukasevangelium hängt bereits seit Jahrzehnten am Kopfende meines Bettes. Der Satz, der einmal Mutters Satz war, ist längst zu meinem eigenen geworden, nachdem er von einem befreundeten Maler fast beiläufig in einen Holzschnitt hineingearbeitet worden war. Und er ist für mich, der ich ja eigentlich nicht bete, schon oft zu meinem Abendgebet geworden: «Bleibe bei uns, denn es will Abend werden, und der Tag hat sich geneigt.»

Immer wieder vibriert etwas in mir, wenn ich diese paar Worte lese. Und darum setze ich den Text für mich auch nicht, wie es sich im Grunde gehörte, in seinen Gesamtzusammenhang zurück, sondern verbleibe stets bei der verkürzten – und gerade dadurch erweiterten – urmenschlichen Bitte: Ach, dass wir doch jemanden hätten, der bei uns bliebe, wenn es um und in uns nachtet.

Ich habe das vor Kurzem so erlebt, als mich nach einer missglückten Operation meine Frau und meine beiden erwachsenen Kinder buchstäblich im Leben zurückbehielten. Sie kamen zu mir und blieben bei mir, Tag um Tag. – Während ich selbst die

Worte «und dann übernahm ihn die Strömung», einen Vers von Franz Wurm zu Paul Celans Tod, vor mich hin wälzte, hielten mich meine Nächsten, auch nahe Freunde, mit aller Kraft zurück. Kraft ihrer Gedanken und Worte hauchten sie mir Mut, neuen Lebensmut ein. – Worte und Gedanken erlebte ich so als eigentlichen Widerstand und Halt gegen den banalen Tod, gegen die grosse Strömung, nachdem die Taten und jedes medizinische Tun an ihre Grenzen gestossen waren.

Eigentlich, muss ich heute denken, ging es in jenen Ostertagen um einen regelrechten Neuanfang. Und dem Anfang, wir wissen es, dem Anfang unserer Schöpfungsgeschichte steht «das Wort» eingeschrieben. «Im Anfang war das Wort», heisst der erste Satz des Johannesevangeliums, ein weiteres Bibelfragment also, das meinem eigenen Leben im Grunde schon früh die Richtung gegeben hat.

Worte reichen hinter die Dinge, sie schaffen Verbindungen zum Unerhörten und Unsichtbaren, sie reichen in unsere Geschichte, in unsere tiefsten persönlichen und gemeinsamen Schichten hinab, bauen Brücken zu unserem Nächsten und zu uns selbst. Wäre ich ein religiös aktiver Mensch, müsste ich in diesen Zusammenhängen wohl von «Glauben» reden, glaube ich.

Der Pfarrer, die Pfarrerin, sie stellen die Heilige Schrift auf, legen sie aus; der ihnen verwandte Schriftsteller stellt der Schrift nach, auch dem profanen Wort, horcht und lotet es aus, sinnt ihm nach:

Sogar das Erlebte müsse zuerst beschrieben sein, hielt ich vor Jahren in einem Gedicht fest. Sogar das Erlebte will zuerst beschrieben sein, damit wir unser Erleben – im Spiegel des Wortes, also auch im Spiegel unserer Mitmenschen, im Spiegel der Kunst – überhaupt erst richtig erkennen und ganz begreifen, davon ergriffen werden können. Darum ist auch das älteste Buch, die Bibel, so wichtig, nicht nur für Pfarrerinnen und Schriftsteller. Es ist wichtig für unsere menschliche Spurensicherung und um gleichzeitig zu erkennen, wohin es mit uns geht.

Wie der Basso continuo oder der Generalbass das harmonische Gerüst in der Barockmusik bildet, bildet die Sprache der Bibel, will mir manchmal scheinen, den geheimen Grundton jeder wahrhaft menschlichen Kommunikation. Es ist diese Vibration, die auch von unserem Satz «Bleibe bei uns, denn es will Abend werden, und der Tag hat sich geneigt» ausgeht. Er hält auf Gläubige und Nichtgläubige gleichermassen zu. Und er hält, wenn alles gutgeht, seinen geistigen Schild bannend vor unsere alte, unsere uralte Grundangst, hoffnungslos verloren zu gehen in der Welt.

«Man sah es den Wegen am Abendlicht an, dass es Heimwege waren», heisst es bei Robert Walser. Das ist auch so ein Satz, zwar nicht aus der Bibel, der aber diese Kraft ebenso in sich trägt.

Wir gehen «heim», sagt er uns, wir gehen nicht verloren. Der Satz selbst spendet Licht – und Zuversicht. Worte haben, wenn sie richtig geerdet sind, etwas mit Wärme zu tun, mit einem Wärmestrom von dort nach hier, von mir zu dir; sie überbrücken Abgründe, können heilen.

«Kommt, reden wir zusammen / wer redet, ist nicht tot, / es züngeln doch die Flammen / schon sehr um unsere Not»,[39] heisst es darum bei Gottfried Benn. Dem Tod können wir unseren guten Glauben an ein ewiges Leben entgegenstellen und, wenn uns das (wie mir persönlich) nicht möglich ist, vielleicht das eine oder andere Wort entgegenhalten, das sich in uns festgesetzt hat als Anker, als Widerpart gegen die heillose und bedrohliche Bodenlosigkeit unserer irdischen Existenz. – Bleibe bei uns, denn es will Abend werden, und der Tag hat sich geneigt.

Diese Aufforderung ist ja nicht bloss ein Zeichen von Verzagtheit und Angst vor der Nacht, sondern auch von entschlossener Gastfreundschaft, ein Zeichen von Mut, aufeinander zugehen zu wollen und zueinander Sorge zu tragen. Auch zum Fremden, der vor unserer Tür steht oder rat- und rastlos an unseren Häusern vorüberzieht: Bleibe bei uns, denn es will Abend werden.

Der Gedanke gefällt mir gut, dass wir auch Jesus, diesen gnädigsten unter uns Menschen – ohne ihn vorerst noch als Herr oder Meister oder Messias erkannt und benannt zu haben –, zu uns hereinbitten. Zu unserem eigenen Beistand in der Nacht – und als unseren «Schutzbefohlenen»:

Du, sagen wir also zueinander, bleibe bei uns, denn es will Abend werden, und der Tag hat sich geneigt.

STERBEN, TOD UND WAS DANN?

Rifa'at Lenzin

Zum Was-Dann gehört für einen in der Schweiz lebenden Muslim, männlich oder weiblich, fast zwingend die Frage: Wo werde ich begraben, wo kann ich begraben werden? Als Muslim kann ich nicht selbstverständlich davon ausgehen, dass ich da, wo ich jahrzehntelang gelebt (und Steuern bezahlt) habe, auch islamkonform bestattet werden kann. Die wenigsten Gemeinden in der Schweiz verfügen auf ihren öffentlichen Friedhöfen über ein Grabfeld für Muslime.

Ich wohne seit einiger Zeit in Montreux. Hier an den Gestaden des Lac Léman haben viele grosse Persönlichkeiten – Jean-Jacques Rousseau, Lord Byron oder Igor Strawinski – zeitweise gelebt. Einige sind auch da beerdigt. Von der Präsenz der Engländer und Russen zeugen anglikanische und russisch-orthodoxe Kirchen. Einen muslimischen Friedhof gibt es jedoch auch hier nicht. Noch nicht. Von muslimischer Seite ist eine Anfrage an die Gemeinde ergangen, auf dem öffentlichen Friedhof ein Grabfeld für Muslime einzurichten. Die Antwort ist noch ausstehend. Für mich wird es ein Wettlauf gegen die Zeit werden – in Zürich hat die Einrichtung eines entsprechenden Grabfeldes auf dem Friedhof Witikon mehr als acht Jahre gedauert. In der Zürcher Vorortgemeinde Schlieren wurde ein entsprechendes Begehren vor Kurzem vom Stimmvolk abgelehnt. Friedhöfe sind kommunal, und manchmal will es scheinen, dass es schwieriger ist, eine kommunale Friedhofsordnung zu ändern als die Schweizerische Bundesverfassung.

Und so werden mehr als siebzig Prozent der in der Schweiz verstorbenen Musliminnen und Muslime in ihr Herkunftsland zurückgebracht. Teils weil sie das so gewünscht haben, teils weil in der Schweiz, dort wo sie gelebt haben, entsprechende Grabfelder fehlen. Kürzlich ist eine Bekannte von mir gestorben. Sie war jünger als ich und hat ihr ganzes Leben in der Schweiz verbracht. Sie war Schweizerin, auch wenn ihre Eltern ursprünglich aus Pakistan stammten. Da es aber im Aargau, wo sie gelebt und gearbeitet hat, kein muslimisches Grabfeld gibt, war die einzige Möglichkeit, diese Schweizerin pakistanischer Abstammung würdig und ihrer Religion entsprechend zu bestatten, sie nach Rheinfelden, Deutschland, zu bringen und dort auf dem muslimischen Friedhof beizusetzen. Möglich wurde dies dank einer grosszügigen Geste der deutschen Behörden und der dortigen muslimischen Gemeinschaft. Manchmal schäme ich mich für die Schweiz.

Aber bevor jemand begraben wird, muss er zuerst sterben, und davor lebt er. Und wie in allen Religionen und Kulturen gibt es auch im Islam Rituale, die diese Übergänge markieren und erleichtern. Daher ist der letzte Liebesdienst, den Angehörige und Freunde einem Sterbenden erweisen können, dass man ihn oder sie so positioniert, dass sie mit dem Gesicht Richtung Mekka, dem spirituellen Zentrum aller Muslime, blicken und ein letztes Mal die Glaubensformel sprechen: *La illaha illa-lah wa Muhammad ar-rasul al-lah* – Es gibt keinen Gott ausser Gott und Muhammad ist der Gesandte Gottes. Es ist ein letztes Gebet und zugleich ein Bekenntnis, Muslim ergo ein «Gottergebener» zu sein, einer der sich dem Willen Gottes überantwortet. Damit schliesst sich der Kreis, der mit den gleichen Worten – unmittelbar nach der Geburt ins Ohr des Neugeborenen geflüstert – begonnen hatte. Mit seiner Geburt wird ein muslimisches Neugeborenes in die Gemeinschaft der Gläubigen aufgenommen. Muslimisch deshalb, weil seine Eltern oder wenigstens ein Elternteil muslimisch sind. Darin kommt kraftvoll die islamische Auffassung zum Ausdruck, dass der Gottesbezug unmittelbar zum Menschen gehört. Im Qur'an wird dieser «Urvertrag» zwischen Gott und den Menschen folgendermassen geschildert: Gott fragte den eben erschaffenen Adam und seine Nachkommen «‹Bin Ich nicht euer Herr?› Sie sagten: ‹Jawohl, wir bezeugen es.›» (Sura al-'Araf 7:172). «So ist Gott euer Herr. Es gibt keinen Gott ausser ihm. (Er ist) der Schöpfer von allem (was in der Welt ist). Dienet ihm!» (Sura Al-Anam, 6:102).

Gott ist aber nicht nur der Schöpfer der Welten, er schafft auch Gerechtigkeit, ist allhörend und allwissend (3:18). Das heisst, es gibt eine universelle göttliche Ordnung. Die Unterordnung unter den Willen Gottes, also das, was Islam oder Muslim dem Wortsinn nach bedeutet, symbolisiert die Einbindung in diese göttliche Ordnung.

Wenn von einem Muslim – sei er männlich oder weiblich – die ausschliessliche und vollkommene Hingabe an den Willen Gottes erwartet wird, so muss dieser Wille für ihn oder für sie erkennbar sein. Gemäss islamischer Auffassung hat Gott seinen Willen durch den Qur'an offenbart, dessen Gebote freiwillig und vorbehaltlos, aber nicht blind zu befolgen sind. Das Ziel eines wahren Gläubigen ist deshalb ein Leben in Einklang mit dem Willen Gottes. Ausgedrückt wird dies im Qur'an in Sura 5:48: «Und für jeden von euch haben Wir eine Richtung und einen Weg festgelegt», oder in Sura 45:18: «Dann stellten Wir für Dich eine Richtung in der Angelegenheit [der Religion] fest. So folge ihr». Die Befolgung der im Qur'an offenbarten göttlichen Gebote, die für beide Geschlechter gleichermassen gelten, ist an ein Heilsversprechen geknüpft:

> «Wahrlich, die muslimischen Männer und die muslimischen Frauen, die gläubigen Männer und die gläubigen Frauen, die gehorsamen Männer und die gehorsamen Frauen, die wahrhaftigen Männer und die wahrhaftigen Frauen, die geduldigen Männer und die geduldigen Frauen, die demütigen Männer und die demütigen Frauen, die Männer, die Almosen geben, und die Frauen, die Almosen geben, die Männer, die fasten, und die Frauen, die fasten, die Männer, die ihre Keuschheit wahren, und die Frauen, die ihre Keuschheit wahren, die Männer, die Allahs häufig gedenken, und die Frauen, die (Allahs häufig) gedenken – Allah hat ihnen [allen] Vergebung und grossen Lohn bereitet.»
> *33:35*

Der Mensch ist für seine Taten eigenverantwortlich und Gott am Tage des Jüngsten Gerichts darüber Rechenschaft schuldig; eine Erbsünde gibt es nicht. Zwar gibt es auch im Qur'an eine Beschreibung des «Sündenfalls», also die Übertretung von Gottes Gebot durch Adam und seine Frau (Eva wird im Qur'an nicht namentlich erwähnt), aber die Episode hatte im Islam keine weitergehenden Konsequenzen. Was immer Adam und Eva im Paradies verbrochen haben, es betrifft nur sie allein und wirft keinen Schatten auf ihre Nachkommen. Sie haben ihr Verhalten bereut, «und Gott wandte sich [ihnen] gnädig wieder zu», heisst es dazu im Qur'an (2:37). In der qur'anischen Version ist es übrigens auch nicht Eva, die den Anstoss zur Übertretung von Gottes Gebot gibt, sondern Adam und Eva handeln gemeinsam.

Schuldig wird ein Muslim ausschliesslich dadurch, dass er sich wissentlich und willentlich Gott gegenüber ungehorsam zeigt oder gegen Gottes Gebote verstösst. Denn Gott sagt im Qur'an: «Allah gebietet [zu tun], was recht und billig ist, gut zu handeln und den Verwandten zu geben [, was ihnen zusteht]. Und Er verbietet zu tun, was abscheulich und verwerflich ist, und gewalttätig zu sein.» (16:90) Das setzt voraus, dass der Mensch in der Lage ist zu erkennen, was recht und billig ist, und es setzt einen freien Willen voraus. Erlösung im Sinn einer Befreiung von einer imaginären Schuld spielt im Islam deshalb keine Rolle. «Wenn dann einer [auch nur] das Gewicht eines Stäubchens an Gutem getan hat, wird er es zu sehen bekommen. Und wenn einer [auch nur] das Gewicht eines Stäubchens an Bösem getan hat, wird er es (ebenfalls) zu sehen bekommen (99:7–8), denn Gott ist «der Gerechte» und der für «Gerechtigkeit Sorgende». Am Ende der Zeit steht also eine Abrechnung.

Tod und Unsterblichkeit

Der Glaube an den Tag des Jüngsten Gerichts und ein Leben nach dem Tod gehört zu den Glaubensgrundlagen im Islam, zusammen mit dem Glauben an die Einzigkeit Gottes, an die Propheten Gottes und dass Muhammad der Gesandte Gottes und das Siegel der Propheten ist; an Gottes geoffenbarte Bücher, insbesondere die Tora und die Injil (Evangelien); an die Engel und an die Vorbestimmung (*qadar*).

Geburt, Sterben und Tod, aber auch Alter, Krankheit und Leiden gelten dem gläubigen Muslim als Ausdruck göttlichen Willens: «Gott ist es, der euch zuerst schwach erschafft. Dann bringt Er nach Schwäche Kraft. Dann bringt Er nach der Kraft Schwäche und graues Haar. Er schafft, was Er will.» (30:54) Glauben bietet keinen Schutz vor Leiden: «Und meinen die Menschen, sie würden in Ruhe gelassen und nicht auf die Probe gestellt werden, nur weil sie sagten: ‹Wir glauben›?» (29:1/2)

Der Tod ist unausweichlich; er ist für den gläubigen Muslim aber nicht das Ende, sondern die Rückkehr zu Gott und der Anfang zu einem neuen «Sein»: «Sprich: ‹Der Tod, vor dem ihr flieht, wird euch sicher ereilen. Dann werdet ihr zu Dem zurückgebracht werden, Der es kennt, das Verborgene und das Sichtbare; und Er wird euch verkünden, was ihr zu tun pflegtet.›» (62:8). Deswegen lautet auch die islamische Kondolenzformel: *Inna lilahi wa inna ilayhi rajioun* – Von Ihm sind wir, und zu Ihm kehren wir zurück.

Ein wichtiger Grundpfeiler des Islams und Basis der islamischen Weltanschauung ist der Glaube an ein ewiges Leben. Im Qur'an begegnen wir Hunderten von Versen, die die Welt nach dem Tod, den Tag der Auferstehung, die Auferstehung von den Toten, Gericht und Werteskala, Aufzeichnung unserer Taten, Paradies und Hölle, Ewigkeit und andere Themen diskutieren.

Die Seele oder das Selbst des Menschen ist die wahre Grundlage seiner Persönlichkeit. Der Mensch ist unsterblich, weil seine Seele unsterblich ist. Seine Seele ruht und existiert an einem Horizont über dem Horizont von Materie und materiellen Dingen. Obwohl Geist bzw. Seele das Produkt der gegenständlichen Evolution der Natur ist, werden Existenzhorizont und reale Position der Natur verändert und erhöht, d. h. sie werden zu einer anderen metaphysischen Welt hin entwickelt. Mit dem Tod wird die Seele in einen Zustand transformiert, der selbst eine Kategorie des Geistes ist. Sie nimmt, anders ausgedrückt, die jenseits der Physik liegende Wahrheit an. Der indo-pakistanische Denker und Philosoph Muhammad Iqbal spricht hier vom Tod als Tor zu neuen Möglichkeiten der Höherentwicklung in einem geistigen Raum. Auf diese Qualität und Kategorie jenseits der Materie verweist der Qur'an-Vers, in dem Gott sagt: «Und Ich hauchte ihm [Adam] von Meinem Geist ein.» (15:29). Die Originalität des Geistes, seine Unabhängigkeit vom Körper und sein Weiterleben nach dem Tod gehören zu den bedeutendsten Themen der islamischen Wissenschaften.

Der Tag des Gerichts

Der Qur'an verwendet verschiedene Wörter für den Tag des Gerichts, z. B. *Al yaum al-akhir* (= der letzte Tag) oder *yaum al-din* (= der Tag der Abrechnung). Nach islamischer Auffassung teilt sich das Leben nicht nur des einzelnen Menschen, sondern der ganzen Welt in zwei Zeitabschnitte, die beide als ein einziger Tag bezeichnet werden. Der erste Tag oder Zeitabschnitt, bezogen auf die diesseitige Welt, ist zeitlich begrenzt. Der letzte Tag, der sich auf die jenseitige Welt bezieht, ist unendlich.

Über das Wie und Was nach dem Tod gibt der Qur'an nur sehr dürftig Auskunft. «Sprich: ‹Der Engel des Todes [in der Tradition Izra'il genannt], der über euch eingesetzt wurde, wird euch abberufen; dann werdet ihr zu eurem Herrn zurückgebracht.›» (32:11). Da diese Schilderung das Bedürfnis der Menschen nach weitergehenden Informationen nicht zu befriedigen vermag, haben Tradition und Volksüberlieferung die Lücke gefüllt. Laut diesen Erzählungen wird der oder die Verstorbene im Grab durch die beiden Engel Munkar und Nākir über sein/ihr Leben und Glauben befragt. Je nach Ausgang dieser Befragung erhalten die Verstorbenen die frohe Kunde von Gottes Wohlgefallen, oder aber sie werden durch die beiden Engel gepeinigt und gedemütigt. Diese Berichte sind zwar bei den Theologen höchst umstritten, bilden aber einen festen Bestandteil der Volksfrömmigkeit.

Am Tag des Jüngsten Gerichts stehen die Toten in den Gräbern auf. Aufgrund des Lebens und Handeln des Menschen entscheidet Gott über seinen künftigen Aufenthalt im Paradies oder in der Hölle:

> «An jenem Tage wird es strahlende Gesichter geben, die zu ihrem Herrn schauen. Und manche Gesichter werden an jenem Tage gramvoll sein; denn sie ahnen, dass ihnen bald darauf ein schreckliches Unglück widerfahren soll.»
> *75:22–25*

«Nun, heute wird keine Seele im Geringsten ein Unrecht
erleiden; und ihr sollt nur für das entlohnt werden,
was ihr zu tun pflegtet. Wahrlich, die Bewohner des
Paradieses sind heute beschäftigt und erfreuen sich am
Genuss. Sie und ihre Gattinnen liegen im Schatten auf
Ruhebetten gestützt. Früchte werden sie darin haben,
und sie werden bekommen, was immer sie [auch] begehren.
‹Frieden!› – [dies ist] eine Botschaft von einem Sich
Erbarmenden Herrn»
36:54–58

«‹Doch Du, o beruhigte Seele! Kehre zurück zu deinem
Herrn wohlzufrieden und mit [Allahs] Wohlwollen.
So tritt denn ein unter meine Diener und tritt ein in
meinen Garten!›»
89:27–30

Von den Verdammten hingegen heisst es in Sura 2:174, dass «Gott sie nicht anreden wird am Tage der Auferstehung», bzw. «Gott wird weder zu ihnen sprechen noch auf sie blicken am Tag der Auferstehung» (3:77); sie werden «an jenem Tag von ihrem Herrn getrennt sein» (83:15).

In der Tradition gibt es zudem die wunderschöne Geschichte von der Brücke, die ins Paradies führt: Sie ist dünner als ein Haar und schärfer als ein Schwert und finsterer als die Nacht und nur derjenige mit «weissem» Gesicht wird sie überqueren können.

Jenseitsvorstellungen

Die Huris (Paradiesjungfrauen), die nicht nur die muslimischen, sondern ebenso sehr, wenn nicht noch mehr, die abendländischen (Männer-)Phantasien beflügelt haben, kommen selbstverständlich auch vor, allerdings nur in vier Versen. Weit häufiger ist im Qur'an von den Gärten Allahs die Rede: «Allah hat den gläubigen Männern und den gläubigen Frauen verheissen, immerdar in Gärten zu verweilen, die von Bächen durchflossen werden, und [Er hat ihnen] herrliche Wohnstätten in den Gärten von Eden [verheissen]. Allahs Wohlgefallen aber ist noch grösser. Das ist der gewaltige Gewinn!» (9:72).

Dass es sich dabei um Metaphern handelt, war schon Muhammad bewusst. Dies geht aus einem Hadith (Prophetenüberlieferung) hervor. Darin wird überliefert, dass Gott gesagt hat: «Ich habe für meinen rechtschaffenen Diener etwas vorbereitet, was kein Auge gesehen hat, kein Ohr gehört hat und was sich das Herz eines Menschen nicht einmal vorzustellen vermag».[40]

Für Muhammad Iqbal sind Paradies und Hölle keine Lokalitäten, sondern vielmehr visuelle Darstellungen eines inneren Faktums. Die Hölle ist in den Worten des Qur'ans demnach «Gottes entzündetes Feuer, das über die Herzen steigt» – die qualvolle Verwirklichung der Tatsache, dass man als Mensch versagt hat. Paradies hingegen ist die Freude des Triumphs über die Kräfte des Verfalls.[41]

Für Rabi'a al-Adawiyya, eine der berühmtesten islamischen Mystikerinnen, wiederum sind Paradies und Hölle bloss Schleier: Einmal wurde sie gefragt, warum sie in den Strassen Basras herumlaufe, in der einen Hand eine Fackel und in der anderen Hand einen Eimer Wasser. Da antwortete sie: «Ich will Feuer legen ans Paradies und Wasser giessen in die Hölle, damit diese beiden Schleier verschwinden und es deutlich wird, wer Gottes aus Liebe gedenkt und nicht aus Furcht vor der Hölle oder der Hoffnung auf das Paradies.»[42]

Paradies und Hölle postmodern?

Was glaubt ein muslimisches Individuum heute, im 21. Jahrhundert? Niemand kann darauf eine verbindliche Antwort geben. Entgegen allen gegenteiligen Behauptungen – sei es von muslimischer oder nicht-muslimischer Seite – ist Glaube auch im Islam etwas sehr Privates, und war es immer schon. Vielleicht auch deswegen, weil es keine Institution wie z. B. die Kirche gegeben hat, die den Glauben abfragte, überprüfte und allenfalls sanktionierte. Gesellschaftlich relevant wird der Glaube erst durch das Handeln, islamisch gesprochen durch «Das Gute gebieten und das Schlechte verbieten», die Grundmaxime der islamischen Ethik. Moral und Ethik im Islam haben ihren Ursprung in der Religion und sich auch primär innerhalb dieses eschatologischen Rahmens entwickelt. Das heisst, das letztendliche Schicksal des Menschen hängt von dem ab, was er oder sie im Leben geleistet hat.

Vielleicht kann der postmoderne Muslim nicht mehr viel anfangen mit der durch die Tradition überlieferten Vorstellung, dass auf seinen Schultern zwei Engel sitzen, die alles aufschreiben, was er an guten und schlechten Taten vollbringt. Aber auch er wird nicht umhin kommen, am Ende seines Lebens Bilanz zu ziehen. Man muss nicht so weit gehen, wie die nach Gottes Nähe und Liebe strebenden Sufis, die islamischen Mystiker, für die es eine gute Nachricht ist, wenn der Tod zu einem Gläubigen kommt, weil sie darin ein Zeichen von Gottes Wohlgefallen und von seiner Gnade sehen. Ein Ungläubiger hingegen sieht in dieser Nachricht einen Bescheid, der vom Unwillen Gottes kündet und von bevorstehender Bestrafung. Nichts ist ihm widerwärtiger als das, was auf ihn zukommt. «Der Gedanke an die Begegnung mit Gott ist ihm peinlich, und auch Gott ist die Erwartung dieser Begegnung peinlich.»[43] Man mag sich diese sufische Sicht der Dinge nicht zu eigen machen wollen und Gott und eine Begegnung mit ihm auch nicht fürchten, weil man die qur'anische Schlussfolgerung, dass diejenigen die Gott vergessen, letztlich auch sich selbst vergessen (vgl. 59:19), nicht nachvollziehen kann oder will. Aber der bitteren Erkenntnis, dass man als Mensch öfters versagt und sich Menschen gegenüber schuldig gemacht hat, wird man sich nicht verschliessen können. Vielleicht ist es dann doch ein Trost, dass Gott nicht nur gerecht und gnädig ist, sondern sich zur Barmherzigkeit verpflichtet hat (vgl. 6:16). Es ist die einzige Verpflichtung, die Gott dem Menschen gegenüber eingegangen ist und auf die jede und jeder hoffen darf.

DAS STERBEN ALS ÜBERGANG

Peter Henrici

Ich sehe dem Tod und dem Sterben mit einiger Neugier entgegen. Es ist die einzige Erfahrung, die wir nur einmal im Leben machen können, und zwar am Ende unseres Lebens, und von der uns deshalb auch niemand glaubhaft berichten kann.

Der Gedanke an das Sterben ist mir schon seit meiner Kindheit vertraut. Zweimal habe ich geträumt, zu sterben (einmal sogar, geköpft zu werden, Folge einer zu eifrigen Lektüre über die Französische Revolution), und beidemal war im Traum das Nach dem Tod hoch erfreulich. Als junger Mensch und als Messdiener haben mich dann die Worte der Präfation in der Begräbnismesse (und Begräbnismessen waren damals häufig) fast unablässig begleitet und getröstet:

«Tuis enim fidelibus vita mutatur non tollitur – Deinen Gläubigen wird das Leben gewandelt, nicht genommen. Und wenn die Herberge der irdischen Pilgerschaft zerfällt, ist uns im Himmel eine ewige Wohnstatt bereitet.»

Ohne auf den Himmel allzu viel Wert zu legen, hat mir dieses «gewandelt, nicht genommen» – vielleicht allzu oberflächlich – alle Furcht vor den Sterben genommen.

Dem wirklichen Sterben bin ich allerdings erst Jahrzehnte später begegnet. Am nächsten beim Tod meiner Mutter, der ich, eiligst aus Rom angereist, in die sterbenden Augen schauen durfte: erst unendliche Angst, dann plötzlich grosser Friede; die Augen waren gebrochen. Es war ein erwartetes, von ihr erhofftes Sterben: Nach einem Hirnschlag am Ostersamstag lag sie voll bewusst, aber teilweise gelähmt im Spital und wünschte, sterben zu können. In Absprache mit dem Chefarzt, einem Freund der Familie, versprachen wir ihr, keine lebensverlängernden Massnahmen zu ergreifen. Eines Tages kam mir in Rom der Gedanke, für sie die Messe «für einen guten Tod» zu feiern, und dieses Gebet wurde offensichtlich schon Tags darauf erhört.

Ein zweites Sterben, das ich von Nahem erleben durfte, war ebenso friedlich, aber doch ganz anders. Die mir altersmässig am nächsten stehende Cousine lag bewusstlos in der Intensivstation. Ich kam dazu, um für sie zu beten und ihr einen letzten Segen zu spenden. Dass sie noch lebte, war nur an den Monitoren abzulesen. Plötzlich ein oder zwei grosse Ausschläge und dann ganz flache Kurven: Das Herz hatte aufgehört zu schlagen.

Beide Beispiele zeigen mir, dass der Augenblick des Sterbens offenbar ein Schub grösster Angst sein muss; begreiflicherweise; denn hier wird dem Leben die äusserst mögliche Gewalt angetan. Doch gleich darauf folgt Ruhe und Frieden.

Ich habe dann als Philosoph viel über Tod und Sterben nachgedacht und auch darüber geschrieben. Doch das gehört nicht hierher. Nur das Eine möchte ich festhalten:

Der Gedanke an das Sterben und an den eigenen Tod und an ein mögliches Nach dem Tod kann das gegenwärtige Leben ungemein entlasten. Es wird relativiert, bleibt vorläufig und ist nicht das Letzte, sodass man im Blick auf ein mögliches Nachher alles, was geschieht und zustösst, mit einer gewissen Gelassenheit hinnehmen kann. Der Blick auf das Sterben, das Bewusstsein, dass alles Jetzige (bald?) einmal ein Ende hat, nimmt dem Leben, so möchte ich sagen, einen guten Teil seines Ernstes. Der Gedanke an den eigenen Tod kann dazu verhelfen, nicht in stoisch verbissener Gelassenheit, sondern in christlich heiterer Unbekümmertheit «in den Tag hinein zu leben», oder, wie ich anderswo gesagt habe, sich durchzuwursteln.

«Sorgt euch also nicht um morgen; denn der morgige Tag wird für sich selbst sorgen. Jeder Tag hat genug an seiner eigenen Plage.»
Matthäus 6,34

Die hier entfalteten Gedanken gälten auch dann, wenn das Sterben in das Nichts führte. Wenn nach dem Tod das Nichts stünde, wären sie genau so überzeugend; denn auch dann würde das Jetzt von seinem möglichen Nachher weitgehend relativiert – mehr noch: Um dieses Nachher, das nur ein Nichts ist, brauchte ich mich jetzt überhaupt nicht mehr zu kümmern.

Der eigentliche Schmerz des Todes betrifft jedoch nicht den Toten selbst. Es ist der Schmerz der Hinterbliebenen, die einen lieben Menschen verloren haben, und die oft schwer an der Lücke leiden, die der oder die Verstorbene in ihr Leben gerissen hat. Hier, in dieser Trauer, und gerade in ihr kann die christliche Hoffnung Trost und Hilfe bieten. Sie legt uns nahe, sie gibt im Glauben sogar die Gewissheit, dass die Verstorbenen in Christus weiterleben und dass sie so auch mit uns Überlebenden weiterhin verbunden bleiben. Paulus schreibt:

«Brüder und Schwestern, wir wollen euch über die Entschlafenen nicht in Unkenntnis lassen, damit ihr nicht trauert wie die andern, die keine Hoffnung haben, Denn wenn wir glauben, dass Jesus gestorben und auferstanden ist, so wird Gott die Entschlafenen durch Jesus in die Gemeinschaft mit ihm führen. Tröstet also einander mit diesen Worten!»
1. Thessalonicher 4,13–14.18

WER DEN SCHATTEN ERKENNT, ERKENNT AUCH DAS LICHT

Loten Dahortsang

Ich wurde 1968 in der tibetischen Hauptstadt Lhasa geboren: zu der Zeit, als die Kulturrevolution zu Ende ging. In diesen Jahren wurde viel Blut vergossen, und es war verboten, den Buddhismus auszuüben. Man durfte auch nicht öffentlich darüber sprechen. Das hinderte aber meine Grossmutter nicht, täglich ihre Mantras zu rezitieren. Sie war die Tochter eines Mantra-Magiers und liess sich nicht von ihrem Glauben abbringen. Als Mao Zedong starb und Dengshao Ping an die Macht kam, öffnete sich das Land. Die Kehrtwende in Tibet brachte mit sich, dass alle, die Verwandte im Ausland hatten, diese besuchen durften. Zu unserem Erstaunen offenbarte uns unsere Grossmutter, dass sie auch einen Sohn im Ausland hat. Er konnte während der Kulturrevolution fliehen. Nie hatte sie von meinem Onkel gesprochen, der ein gelehrter Mönch war. Weil der Buddhismus während dieser Zeit nicht praktiziert werden durfte, wäre sie und ihre Familie in Schwierigkeiten geraten.

Einige Jahre zuvor hatte ich ein Bild meines Onkels (ich wusste damals nicht, wer er war) bei einer nepalesischen Familie in Lhasa gesehen. Sie als Ausländer durften während der Revolution Bilder und Statuen behalten. Ich erinnere mich gut, welche Faszination er schon beim Anblick des Fotos auf mich ausübte. Als ich von meiner Grossmutter erfuhr, dass der Mann auf jenem besagten Bild mein Onkel ist, wollte ich ihn unbedingt kennen lernen. Auch sie drängte es, ihn wieder zu sehen, was nun mit der Öffnung Tibets möglich war. Also hat sie ein Visum beantragt. 1979 reiste meine Grossmutter mit meiner Mutter und mir zuerst nach Nepal. Wir waren im zweiten Bus, der offiziell aus Tibet ausreisen durfte.

Inzwischen wurde mein Onkel von seiner Heiligkeit dem Dalai Lama in die Schweiz geschickt um zu lehren. Später hat er Frau Dr. D. M. Kalff kennengelernt. Sie war eine direkte Schülerin von Carl Gustav Jung. Mein Onkel unterrichtete zuerst in einem kleinen Kreis, dort erkannte man schnell, welches spezielle Potenzial in diesem Mann, in diesem grossen Lehrer steckte. Frau Kalff hat ihn nach Zollikon eingeladen – dieses Zentrum Hinterzünen existiert heute noch –, um dort zu lehren. Sie war eine grossartig gelehrte Frau, und mein Onkel brachte sein altes grosses Wissen mit. Er war ein unglaublicher charismatischer Meister.

Später verweilte mein Onkel oft in der Toskana. Er liebte die italienische Mentalität und die italienische Küche. Und speziell die Italienerinnen liebten ihn, weil er so unglaublich aussah. Ein unglaublich strahlender, kraftvoller Lama, der alleine durch sein Aussehen und durch seine Anwesenheit viele Menschen inspiriert hatte. Ich konnte viel von ihm lernen; er war für mich ein grosses Vorbild.

Solche Meister, wie mein Onkel einer war, waren direkte Schüler der Lehre Seiner Heiligkeit des Dalai Lama. Seine Heiligkeit wurde von den besten Tutoren ausgebildet, die auch andere gelehrte junge Mönche unterrichteten. Einer davon war mein Onkel und weitere Äbte des klösterlichen Tibet-Instituts in Rikon, die schon in Tibet bekannt waren für ihre Gelehrsamkeit und ihr grosses Wissen. Bei diesen Meistern habe ich gelernt und erfahren, dass sie alles, was wir in den Schriften finden, selbst praktiziert und gelehrt haben.

Nun sind wir also wegen meines Onkels in die Schweiz gereist, und da nimmt der Kreislauf der Geburt, des Sterbens bis zur Wiedergeburt seinen weiteren, für mich natürlichen Lauf. Mein Onkel starb leider schon mit 60 Jahren.

Wie stelle ich mir als Buddhist diesen Kreislauf vor? Das tibetische Yoga und die tibetische Meditation setzen sich intensiv mit diesem Zyklus auseinander. Das Rad des Buddhismus symbolisiert diesen Kreislauf. Vom äusseren Kreis führen acht Speichen ins Zentrum zu einem fixen Punkt. Dazu gibt es eine wunderbare Geschichte: Auf seiner Wanderschaft kam Buddha einst an den Rand eines grossen Waldes. Die Menschen warnten ihn und sagten: «Samana (Asket, Wandermönch), gehe nicht in den Wald hinein, denn dort lebt ein schrecklicher Räuber. Er heisst Anguli Mala. Er tötet jeden, der in den Wald hineingeht. Und von jedem Getöteten nimmt er den Daumen und macht daraus einen Kranz.» Der Buddha bedankte sich mit einem freundlichen Lächeln und ging achtsamen Schrittes weiter in den Wald hinein. Nach einer Weile hört er eine Stimme, die sagte: «Halt, bleib stehen!» Doch Buddha wanderte weiter. Plötzlich stand Anguli Mala vor Buddha und sagte wieder: «Halt, bleib stehen, oder bist du taub? Nur wenn schon jemand meine Stimme hört, bleibt er wie erstarrt stehen – und du läufst weiter?» Buddha blickte mit grosser Strenge und doch mit aller Güte tief in seine Augen und sagte: «Ich stehe, Anguli Mala, ich stehe! Du aber läufst.» Der Räuber war wir vom Blitz getroffen. Die Legende berichtet, dass er sich Buddha zu Füssen geworfen und ihn gebeten habe, sein Schüler werden zu dürfen. Anguli Mala hat verstanden, was Buddha damit sagen wollte. Buddha muss auf den Räuber jene Unerschütterlichkeit und jene Ruhe ausgestrahlt haben, die nur ein Mensch hat, der sich ganz nach innen gewendet und dort eine grosse Klarheit gefunden hat. Buddha hat nach seinem ganzen Kreislauf der Suche und nach unzähligen Wiedergeburten den Wiedergeburtskreislauf überwunden und war im Zentrum angekommen.

Wenn ich mir das Rad eines Wagens vorstelle, dreht sich das Äussere, die Mitte jedoch ruht. So ist jemand, der in der Mitte angekommen ist, in sich ruhend. Indem man immer weiterlaufen will, will man immer mehr, die Gier lässt einem nicht in Ruhe. So ist es auch wenn man fragt: «Warum werden wir überhaupt wiedergeboren?» Nach buddhistischem Verständnis wollen wir wiedergeboren werden, weil wir wieder Verkörperung erlangen wollen. Buddha sagte: «Ich bin angekommen. Ich muss nicht mehr suchen.» So hat Anguli Mala auch die Stille gespürt, das Ankommen. Ein anderer Begriff dafür ist «am anderen Ufer ankommen».

Wie können wir uns den Menschen im Kreislauf der Wiedergeburt vorstellen? Nach tibetischen mystischen Lehren sagt ein

Mensch auf dem Sterbebett: «Mir ist kalt, deck mich zu.» Die Kraft des Feuers zieht sich zurück. Langsam tritt die Leichenstarre ein. Der Sterbende hat dann das Gefühl, nach unten gezogen zu werden. Dann zieht sich die Kraft der Erde zurück. Wenn sich das Wasserelement zurückzieht, hat der Sterbende trockene Lippen und Durst. Wenn er nicht mehr atmen kann, das Herz nicht mehr schlägt und der Gehirntot eintritt, dann ist der klinische Tod eingetreten. Dann sagt man üblicherweise, dass der Mensch gestorben ist. Doch yogatechnisch ist er längst nicht tot, weil sein Geist immer noch im Körper ist. Die so genannten äusseren Elemente haben sich zurückgezogen.

Nachdem die Atmung, der Herzschlag, die Gehirnfunktion usw. gänzlich aufgehört haben, hat der sterbende Mensch das Gefühl einer hellen Erscheinung. Eine helle Erscheinung wie ein Vollmondlicht in einer klaren Nacht. Dann zieht das urväterlich, der anfängliche Samen im Körper, vom Scheitel nach unten. Das ist die Mondenergie. Sie zieht auf die Ebene des Herzzentrums. Nach der hellen Erscheinung hat der Sterbende ein Gefühl eines roten Lichts, einer roten Erscheinung. Das ist die urmütterliche Energie, die Eizelle. Ihre strahlende Kraft ist wie ein Sonnenuntergang, die von unten nach oben zieht. Danach hat der Sterbende eine absolut dunkle Erscheinung und fällt in Ohnmacht. Nach den tibetischen Schriften hört an diesem Punkt jedes Erinnerungsvermögen auf. Wir sagen, aus diesem Grunde können wir uns bei der Geburt nicht an frühere Leben erinnern. Das ist die sogenannte absolute Dunkelheit.

Nach dieser absoluten Dunkelheit beginnt eine Art Befreiung. Dann kann der Geist aus dieser Dunkelheit wieder zum Licht erwachen, oder man sagt, man erkennt das eigene Licht, und man erlebt eine klare Erfahrung. Das ist ein gedankenloser Zustand, wie wir ihn in der Meditation erreichen können. Die Mystiker können diesen Zustand der absoluten Leere im innersten Kern ihres Geistes erfahren. Nach den mystischen Lehren ist der Geist des Menschen mit einem Diamanten vergleichbar, der in einem Brocken Stein verborgen ist. Gleich einem innersten Licht, das nicht von aussen sichtbar ist. Dieses innerste Licht der Erkenntnis oder auch die wahre Natur des Geistes genannt, kommt im Sterbeprozess kurz zum Vorschein. Jeder Mensch erfährt das klare Licht. Danach tritt der Geist aus dem Körper. In buddhistischer Tradition ist der Mensch erst dann tot, wenn die Trennung von Geist und Körper vollzogen ist. Meditierende Menschen lassen den Geist aus dem Scheitel, aus dem Tor des Brahmans, nach oben treten. Wenn der Geist aus dem Körper herausgetreten ist, dann erst ist der Mensch aus buddhistischer Sicht tot.

Nachdem der Geist aus dem Körper getreten ist, fühlt sich der Geist sehr einsam. So ist den Schriften zu entnehmen. Er reist dorthin, wo er will. So kann er alles überwinden und durchdringen, sogar die Wände. Nach dem Tode merkt der Verstorbene nicht, dass er tot ist, weil keiner zu ihm sagt: «Du bist jetzt tot.» Darum kommt er immer wieder zurück zu Orten, an denen er sich zu Hause fühlt. Er braucht eine gewisse Zeit, bis er merkt, dass er nicht mehr mit den Lebewesen kommunizieren kann. Und irgendwann wird ihm klar, dass er nicht mehr lebt. Dann sucht er nach einer neuen Wiederverkörperung.

Er sieht auf seiner Geisteswanderung, dass sein zukünftiger Vater und seine zukünftige Mutter in Vereinigung sind. Hier spielen auch karmische Verbindungen mit. Wir sagen, dass diese Auswahl nicht zufällig ist. In dieser Situation tritt der Geist in die beiden Substanzen von Vater und Mutter ein und beginnt ein neues Leben.

Dass die Wiedergeburt stattfinden kann, hat uns mein Onkel anschaulich gezeigt. Im Alter von nur 60 Jahr ist er sehr würdig in Küsnacht am Zürichsee gestorben. Im Augenblick des Todes zeigte mein Onkel keinerlei Ängste, ist still und kraftvoll in der Meditation versunken. Nach seinem Tode verweilte er über zehn Tage in Meditation. In der buddhistischen Tradition sagen wir, dass er im «klaren Licht des Geistes» verweilte. Für ihn war der Tod eine Herausforderung, die als meditative Praxis gesehen hat. Auf diesen Moment hat er sich jahrelang mit Studium der Schriften und Meditation gut vorbereitet und hatte sich dadurch ein grosses Wissen über den Sterbeprozess angeeignet.

In der Schweiz werden die Verstorbenen normalerweise schnell im Kühlraum aufgebahrt. Doch wir fanden einen indischen Arzt, der sich in der buddhistischen Tradition auskennt. Er ging mit dem Meister sehr respektvoll um und berührte ihn nicht. Dank ihm konnte mein Onkel weiter in der Meditation verweilen, bis sein Geist schliesslich aus dem Körper getreten war.

Obwohl wir an die Wiedergeburt glauben und den Sterbeprozess anders sehen als die Menschen im Westen, waren wir sehr traurig, als sein Tod eingetreten war. Für mich war sein Tod ein grosser Verlust, weil mein Onkel für mich ein grosses Vorbild war und unserer Familie grossen Halt gab. Schliesslich sind wir ja auch von Tibet gekommen, um ihn wiederzusehen und bei ihm zu sein.

Als mein Onkel auf dem Sterbebett lag, haben die Schüler für ihn gebetet: «Möge der Meister wieder kommen, sich verkörpern und Wiedergeburt erlangen.» Er sagte zu, wiederzukommen, und das war sehr eindrücklich. Er hat sogar einem Schüler gesagt, er werde in der Nähe wiedergeboren werden. Nach seinem Tode hat ein Schüler von ihm geträumt, dass er auf einem Schneeberg am Zürichsee meditiert.

Eines Tages besuchte der erste Abt von Rikon eine tibetische Familie und begegnete einem Knaben. Er spürt sofort, dass er die Inkarnation meines Onkels war. Man hat das Kind einige Zeit beobachtet und festgestellt, dass es sich an frühere Zeiten meines Onkels erinnerte. Sein Verhalten war nicht gerade alltäglich. Das Kind hat zu meiner Familie, speziell zu meiner Mutter, eine vertraute Nähe gezeigt. Wir spürten eine innere Verbundenheit. Auch ist er sehr gerne zu uns nach Hause gekommen, wo er auch eine Zeit lang lebte. Auch er hat diese Vertrautheit stark gezeigt und fühlte sich sofort bei uns Zuhause. Sein Verhalten und seine Gedanken waren für seine Mutter aussergewöhnlich.

Nachdem so viele Zeichen auf die Wiedergeburt meines Onkels hindeuteten, sind wir zum Dalai Lama gegangen, haben ihm mitgeteilt, dass der Meister versprochen habe, sich wieder zu verkörpern, und ihn gefragt, wie wir vorgehen sollen. Seine Heiligkeit der Dalai Lama antwortete, wir sollen nicht bewusst nach einer Wiedergeburt suchen, sondern warten, bis sich das Kind selbst melde.

Bald hatten wir Gewissheit, dass er tatsächlich am Greifensee wieder zur Welt gekommen ist – als tibetisches Kind. Für uns war es eine grosse Freude, dass er sich in der Nähe wieder verkörpert hat. Normalerweise wird ein solches Kind in Indien ausgebildet. Doch die Eltern wollten das nicht, und so haben wir beschlossen, dass es in der Schweiz bleibt und hier in die Schule geht. Heute ist der Junge ungefähr 14 Jahre alt.

Der Kreislauf des Lebens bis zum Tod und über die Wiedergeburt hinaus wurde durch meinen Onkel für uns Angehörige erlebbar gemacht. Besonders beeindruckt war meine Mutter als nächste nähere Verwandte meines Onkels. Als er starb, war der Verlust sehr gross, umso grösser war die Freude, als er wieder unter uns weilte.

In unserer Kultur gibt es keine Trennung zwischen Leben und Tod wie in westlichem Sinne. Das berühmte tibetische Totenbuch erklärt die wichtigsten Vorgänge des Sterbens und beschreibt auf wunderbare Weise, was nach dem Tode kommen wird. Die Frage, was mit uns nach dem Tod geschehen wird, bleibt trotzdem eines der grössten Mysterien, und damit auch, «wohin» wir gelangen werden, wenn wir verstorben sind.

Erst wenn der Mensch den Tod erkennt, erkennt er auch den Sinn des Lebens. Es heisst, erst wenn der Mensch den Schatten erkennt, erkennt er auch das Licht. Wer das erkennt, weiss, auch der Tod ist nur ein Bewusstseinszustand. Wenn wir also alt werden, müssen wir nicht irgendwo in einem Zimmer sitzen und uns langweilen und uns fragen, was der Sinn unseres Lebens ist. Wir können, wie meine grossen Meister, von denen einige mehr als 80, 90 Jahre gelebt haben, blendend aussehen, einen absolut klaren Geist haben und unglaubliche Heiterkeit ausstrahlen. Der Geist eines Menschen ist nicht vom Alter abhängig, weder vom Geschlecht noch vom Land, in dem er geboren ist. In jedem Menschen ist der erleuchtende Buddhageist zu finden.

WERDE ICH ES SCHAFFEN?

Verena Bräm

Persönliche Erfahrungen

Der Tod wurde in meinem Leben früh Realität. Mein Vater starb als ich noch keine zwei Jahre alt war, am 1. Januar 1934. Der Grund für seinen frühen Tod – er war erst 35 Jahre alt – konnte erst bei der Obduktion festgestellt werden. Er war die Folge einer in jungen Jahren durchgemachten Lungentuberkulose. Die nicht ausgeheilte Infektion hatte die Nieren angegriffen. Eine Diagnose war damals noch nicht möglich, vor der Entdeckung des Penicillins gab es für tuberkulöse Erkrankungen auch keine erfolgreiche Therapie. Meine junge Mutter, noch nicht 24 Jahre alt, erwartete ihr zweites Kind. Sechs Monate nach dem Tod meines – unseres – Vaters kam meine Schwester zur Welt.

Es ist nicht so, dass der Tod meines Vaters meine Kindheit überschattete. Mein Vater war im Himmel, beim lieben Gott, zu dem ich jeden Abend betete: «Lieber Gott, mach mich fromm, dass ich zu dir in den Himmel komm.» Im Himmel muss es schön sein. Warum sonst würde man beten, in den Himmel zu kommen? Ich weiss nur aus den Aufzeichnungen meiner Mutter, dass ich zu ihr gesagt habe: Warum können wir Papa nicht von Himmel zu uns herunter holen? Wir brauchen ihn doch hier!

Kleine Kinder finden sich mit den Gegebenheiten ab. Sie hadern nicht mit dem Schicksal. So war das auch für mich. Ich hatte keinen Vater. Das war einfach so. Ich hatte ja meine Mutter, die ich heiss liebte. Ich habe meinen Vater erst vermisst, als ich älter wurde. Als ich ein junges Mädchen war und dachte, mein Vater könnte mich besser verstehen als meine Mutter. Oder wenn wildfremde Menschen, Freunde oder Studienkollegen meines Vaters, erzählten, was für ein gescheiter und liebenswerter Mensch er gewesen war. Ich empfand es als schwierig, dass fremde Menschen meinen Vater kannten, ich dagegen nicht. Ich hatte nur eine schwache visuelle Erinnerung an eine grosse dunkle Gestalt. Mein Vater war Pfarrer und daher wohl meistens dunkel angezogen. Und es gibt einige wenige Fotos, auf denen wir alle drei zu sehen sind: Meine Mutter, mein Vater und ich, die gerade gehen gelernt hatte.

Ich spürte schon bald, wie schwer der Verlust ihres Ehemannes und des Vaters ihrer Kinder auf meiner Mutter lastete. Sie musste aus dem Pfarrhaus ausziehen und ihr Leben ganz neu organisieren. Auf dem Grabstein meines Vaters stand der Vers aus Römer 8,28:

«Wir wissen aber, dass denen, die Gott lieben,
alle Dinge zum besten dienen.»

Dieses Bibelwort, das auch wir Kinder kannten und über das meine Mutter mit uns sprach, war ihr eine grosse Hilfe. Sie vertraute darauf, dass Gott, der ihr diese Last aufbürdete, ihr auch die Kraft schenken werde, aus ihrem Leben und dem ihrer Kinder das Beste zu machen. Und so war es. Meine Mutter setzte alles daran, uns eine unbeschwerte Kindheit zu ermöglichen. Nur selten liess sie es sich anmerken, dass sie traurig war. Ihren erlernten Beruf als Hausbeamtin konnte sie nicht ausüben. Damals hätte man im Unternehmen des Arbeitgebers intern leben müssen. Das war mit kleinen Kindern nicht möglich. Sie lernte daher Schreibmaschine schreiben und begann 1939 als Sekretärin beim Evangelischen Frauenbund Zürich zu arbeiten. Später wurde sie Geschäftsführerin und leitete die Geschicke dieser Frauenorganisation mit grossem persönlichen Einsatz bis zu ihrer Pensionierung 1972.

Als junge Frau wurde mir hie und da gesagt, dass ich meiner Mutter gleiche. Das war mir eher peinlich. Welche Tochter will schon wie ihre Mutter werden? Erst spät begriff ich, dass dies als Kompliment gemeint war. Und ab da war ich stolz, wenn ich mit meiner Mutter verglichen wurde, auch wenn ich eine eigenständige Person und in vielem anders bin als sie.

Sterben und Tod

«Auch bis in euer Greisenalter bin ich derselbe, und bis zu eurem grauen Haar werde ich selbst euch tragen. Ich, ich habe es getan, und ich selbst werde heben, und ich selbst werde tragen und werde retten.»
Jesaja 46,4

Vor Kurzem habe ich ein Theaterstück des ungarischen Autors Imre Kertész gesehen. Ein Mann, der zur Staatspolizei eines totalitären Staates gehörte, Gefangene quälte und folterte, sitzt nach einem Machtwechsel selbst im Gefängnis. Kertész lässt diesen Mann, der gerade eine Hinrichtung im Hof mit angesehen hat, am Schluss den Satz sagen: «Ich fürchte mich nicht vor dem Tod, sondern von dem, was mich erwartet, bis es so weit ist.»

Dieser Text hat mich stark berührt. Ich sitze weder im Gefängnis noch muss ich mich vor Folterungen fürchten. Aber ich stehe am Anfang meines neunten Lebensjahrzehntes. Ich weiss schon lange, dass ich sterblich bin. Aber jetzt ist das eine absehbare Realität, kein Ereignis, das sich in einer fernen Zukunft abspielen wird.

Es fällt mir nicht schwer zu akzeptieren, dass ich einmal nicht mehr auf dieser Welt sein werde. Meine Söhne sind bereits ältere Herrn, zwei meiner Enkel sind schon so gut wie erwachsen. Der jüngste besucht das Gymnasium und ist bereit grösser als ich. Mein Lebensgefährte, mit dem ich fast 54 Jahre verheiratet war, ist vor mehr als 7 Jahren gestorben. Er erlitt einen Sekundenherztod. Das war ein rascher und gnädiger Tod.

Ja, das möcht' ich noch erleben!

Nur: Ich habe mit meinem Leben nicht etwa abgeschlossen und warte jetzt auf den Tod. Gewiss gibt es Zeiten, in denen ich die Zerbrechlichkeit allen Lebens spüre, die meines eigenen und die der andern. Zeiten, in denen es mir schwer fällt, mit anzusehen, wie Menschen, die ich liebe, krank und gebrechlich werden. Aber die meiste Zeit fühle ich mich sehr lebendig. Ich bin noch immer neugierig auf das Leben. Ich habe viele Bekannte und gute Freundinnen. Ich mische gerne noch ein bisschen in der

Gemeindepolitik mit. Ich engagiere mich für die Kirchgemeinde. Vor einigen Jahren habe ich wegen einer Auslandsreise die Maturafeier meines mittleren Enkels verpasst. Das tat mir leid, denn ich sagte mir, dass ich wohl die Abschlussfeier des jüngsten Enkels nicht mehr erleben werde. Inzwischen sind vier Jahre vergangen, und ich sagte gerade kürzlich: «Vielleicht bin ich doch noch an deiner Feier dabei.» «Das will ich doch hoffen», meinte er.

Hätte ich besser den letzten Vers aus dem Lied von Paul Gerhardt: «Geh aus, mein Herz und suche Freud» über meinen Text gesetzt? Er heisst:

«Erwähle mich zum Paradeis / und lass mich bis zur letzen Reis / an Leib und Seele grünen; / so will ich dir und deiner Ehr / allein und sonsten keinem mehr / hier und dort ewig dienen.»
RG 537,15

Die Bitte, Gott hier und in jener Welt zu dienen, ist für einen gewöhnlichen Menschen, wie ich es bin, zu hoch gegriffen. Aber die Bitte um ein lebenswertes Leben an Leib und Seele bis zu meinem Ende, die liegt mir auf der Zunge.

Ein Gedicht von Theodor Fontane (1818–1898)[44] drückt diese Spannung zwischen dem Gefühl der Zerbrechlichkeit und der Lebensfreude eines alten Menschen wunderbar aus:

«Eigentlich ist mir alles gleich,
Der eine wird arm, der andre wird reich,
Aber mit Bismarck – was wird das noch geben?
Das mit Bismarck, das möcht' ich noch erleben.

Eigentlich ist alles soso,
Heute traurig, morgen froh,
Frühling, Sommer, Herbst und Winter,
Ach, es ist nicht viel dahinter.

Aber mein Enkel, so viel ist richtig,
Wird mit nächstem vorschulpflichtig,
Und in etwa vierzehn Tagen

Wird er eine Mappe tragen,
Löschblätter will ich ins Heft ihm kleben –
Ja, das möcht' ich noch erleben.

Eigentlich ist alles nichts,
Heute hält's, und morgen bricht's,
Hin stirbt alles, ganz geringe
Wird der Wert der ird'schen Dinge;
Doch wie tief herabgestimmt
Auch das Wünschen Abschied nimmt,
Immer klingt es noch daneben:
Ja, das möcht' ich noch erleben.»

«Mitten wir im Leben sind, vom Tod umfangen»

So beginnt ein Lied, das Martin Luther um 1524 verfasste. Luther übersetzte und ergänzte den lateinischen Text des mittelalterlichen Gesangs «Media vita in morte sumus».

Heute werden wir in der Öffentlichkeit kaum mehr mit dem Tod konfrontiert. Es gibt keine öffentlichen Leichenzüge mehr. Den letzten habe ich 1974 in der Gegend von Winterthur erlebt. Ein Richterkollege war gestorben. Der Leichenzug bewegte sich von seinem Wohnort ins nächste Dorf, wo die Kirche stand. Wir, das ganze Gerichtspersonal, waren dabei. Eindrücklich und nicht zu übersehen. Heute verläuft alles viel diskreter. Ein Leichenzug auf der Strasse wäre ein Verkehrshindernis und würde die Menschen, die mitgehen, gefährden. Wir leben in einer andern Gesellschaft als noch vor 40 Jahren.

Wir nehmen Sterben und Tod auch in unserem persönlichen Alltag anders wahr als frühere Generationen. Dem medizinischen Fortschritt ist es zu verdanken, dass die Kindersterblichkeit abgenommen hat. Kinder müssen nur noch selten miterleben, dass Geschwister sterben. Auch Frauen sterben nur noch ganz selten bei der Geburt eines Kindes. Von einer Grippeepidemie, wie sie noch von 1918 bis 1920 in der Schweiz wütete, sind wir bisher verschont geblieben. Wir haben seit Jahrzehnten keinen Krieg mehr im eigenen Land erlebt und keine Gefallenen zu betrauern.

Es ist auch nicht mehr selbstverständlich, dass ein Mensch zu Hause stirbt. Wer schwerkrank wird und eine aufwendige

Pflege braucht, stirbt meist im Spital. Alte und pflegebedürftige Menschen sterben im Pflegeheim.

Täglich sehen und hören wir dagegen in den Medien von Katastrophen: Krieg, Völkermord, Hungersnöte, Naturkatastrophen wie Erdbeben, Waldbrände, Überschwemmungen, Tsunamis. Obwohl solche Nachrichten selten uns persönlich, sondern meist Andere treffen, Fremde, Menschen, die weit weg wohnen: Sie führen uns unsere eigene Vergänglichkeit vor Augen und ersetzen das barocke Welttheater, das wir heute noch als mahnendes Spektakel etwa in Einsiedeln bewundern können.

Auch wenn Sterben und Tod im Alltag heute weniger sichtbar sind: Es gehört zu unserem eigenen Leben, dass wir das Sterben und den Tod von anderen miterleben. Kinder erleben den Tod ihrer Grosseltern, Erwachsene den Tod ihrer alten Eltern, den Tod von Bruder oder Schwester, den Tod der Lebensgefährtin oder des Lebensgefährten. Wir verlieren einen lieben Menschen durch einen Unfall. Ein Freund nimmt sich das Leben. Solange wir leben, müssen wir Abschied nehmen, nicht nur von unserer eigenen Familie, sondern auch von Freundinnen oder Freunden, mit denen wir kürzere oder längere Zeit unterwegs waren.

Wie werde ich sterben?

Jedem Tod geht Sterben voraus. Wer mehr als acht Lebensjahrzehnte unterwegs ist, hat Sterbende erlebt und begleitet.

Mein erstes Erlebnis geht auf die Zeit zurück, als ich noch in die Sonntagsschule ging und etwa acht Jahre alt war. Unsere Gruppe ging ins Spital, um einer kranken Frau, die im Bett lag, mit Liedern eine Freude zu bereiten. Ich kannte die Frau nicht. Als wir sangen, liefen ihr die Tränen über die Wangen. Ich merkte intuitiv: Diese Frau liegt im Sterben.

Ich war noch keine zwei Jahre verheiratet, als meine Schwiegermutter im Sterben lag. Dieser Tod ging mir näher als der einer fremden Frau. Sie war erst 56 Jahre alt. Nach einem Schlaganfall kämpfte sie sechs Wochen lang gegen das Unausweichliche, gegen ihren Tod. Sie war sehr mit sich selbst beschäftigt, nahm kaum jemanden in ihrer Umgebung wahr. Sterben muss Schwerarbeit sein, dachte ich. Als es vorbei war und ich sie auf dem

Totenbett liegen sah, kam sie mir ruhig und friedlich vor. Es war vorbei. Und ich fühlte mich nicht nur traurig, sondern auch erleichtert. Sie hatte es geschafft, sie konnte gehen.

Viele Jahre später erlebte ich das Sterben und den Tod meines Schwiegervaters, meiner Mutter, meiner Onkel und Tanten, meines Schwagers, meiner Schwägerin, meines Mannes. Jedes Mal auf ganz unterschiedliche Weise.

Das eigene Sterben liegt noch vor mir. Ich weiss nicht, was auf mich zukommt. Hilft es mir, dass ich das Sterben vieler Menschen, die mir nahestanden, erlebt habe? Kann ich loslassen? Werde ich es schaffen, ohne Angst und Bitterkeit zu gehen?

Ich rechne nicht damit, dass es mir hilft, dass ich das Sterben und den Tod anderer miterlebt habe. Jeder muss diese Phase auf seine Art durchstehen. Es ist ähnlich wie bei einer Geburt. Ich kann mich noch gut erinnern, es war wenige Tage vor dem Geburtstermin meines ersten Kindes: Alles war vorbereitet. Den Text für die Geburtsanzeige hatten mein Mann und ich ausgewählt, auch einen männlichen und einen weiblichen Vornamen für das Kind. Dann spazierten wir am See. Viele Leute waren unterwegs und genossen wie wir die Sonne. Und plötzlich wurde mir klar: Die Geburt, die musst du allein schaffen. Niemand nimmt dir die ab. Da musst du durch. Ich fühlte mich plötzlich sehr einsam unter den Spaziergängern; ganz auf mich allein gestellt, wie wenn sich ein Graben zwischen mir und der Welt der andern geöffnet hätte. So wird es auch sein, wenn es ans Sterben geht. Wer stirbt, ist beschäftigt und einsam. Wie die Gebärende.

Was bleibt, ist die Hoffnung. Ich hoffe für mich, dass Gott mich im Sinne des Jesajawortes auf dem Weg dahin trägt. Auch wenn ich krank und gebrechlich werde. So wie er meine Mutter nach dem frühen Tod ihres Mannes getragen und ihr die Kraft geschenkt hat, weiterzuleben, für ihre Kinder da zu sein, sie zu lieben und zu beschützen, ein erfülltes Leben zu führen, in dem auch der Dienst für andere seinen Platz hatte. Und ich hoffe mit den Worten von Paul Gerhardt, er möge mich bis zu meinem Ende an Leib und Seele lebendig halten.

Das Vertrauen auf Gott ist nicht unerschütterlich. Es ist keine Versicherung. Es wird uns geschenkt, genommen und wieder geschenkt. Das Gottvertrauen kann ins Wanken geraten, wenn das Leiden zu gross wird. Hat nicht Jesus am Kreuz seine Gottverlassenheit beklagt? «Mein Gott, mein Gott, warum hast du mich verlassen …» Warum sollte es uns Menschen anders gehen?

Hoffnung auf das, was kommt

Von der Vorstellung meiner Kinderzeit, dass ich nach dem Tod in den Himmel komme und dass ich dort alle meine Lieben wieder treffen werde, bin ich inzwischen weit entfernt. Was ist mit meinen Hoffnungen auf das Leben nach dem Tod? Gibt es ein Leben nach dem Tod? Und wie könnte das aussehen? Muss ich damit rechnen, dass Gott mich zur Verantwortung zieht? Gibt es eine göttliche Gerechtigkeit, ein Letztes Gericht, wie wir es aus vielen Bildern kennen?

Die menschliche Gerechtigkeit hat in einem demokratischen Rechtsstaat, wie wir ihn in der Schweiz kennen, eine Art Hilfsfunktion, um das Zusammenleben einer menschlichen Gemeinschaft in einem Staat zu regeln. Als gerecht gilt ein Staat, der mit Verfassung und Gesetzen, die in einem demokratischen Verfahren zustande gekommen sind, den Einzelnen vor staatlicher und privater Willkür schützt, ihm bestimmte individuelle Rechte garantiert, die wir Grundrechte nennen. In der Schweiz sorgt der Staat auch in einem bestimmten Mass für den sozialen Ausgleich. Rechtsstaat bedeutet zudem, dass einzig der Staat das Recht hat, einen Menschen nach den geltenden Regeln zu bestrafen und die Polizei, wenn notwendig, einzusetzen, um die öffentliche Ordnung zu gewährleisten. Der Einzelne muss auch die Möglichkeit haben, bei Verletzung seiner Rechte ein Gericht anzurufen und den Entscheid des Gerichts mit staatlicher Hilfe durchzusetzen. Der Gerechtigkeitsbegriff ist einem steten Wandel unterworfen. Die Diskussionen um die Frage «Was ist gerecht?» beschäftigt die Menschheit vermutlich, seit sie in der Lage ist, eine solche Frage zu stellen.

Nach evangelisch-reformierten Verständnis von heute ist es nicht das Ziel unseres Lebens, mit Wohlverhalten sozusagen Punkte zu sammeln in der Hoffnung, dafür im Jenseits belohnt zu werden. Das ist eine menschliche, keine göttliche Vorstellung von Gerechtigkeit. Gott wird sich von uns auch nicht vorschreiben lassen, was mit Menschen geschehen soll, die Böses getan haben.

Wer biblische Texte liest, kennt die Geschichte von Hiob. Er war ein gottesfürchtiger Mann, und er hat trotzdem viel und schwer gelitten. War das gerecht? Oder die Geschichte vom Verlorenen Sohn: Er liess sich sein Erbe auszahlen und verliess den Vater und die Familie, verprasste Hab und Gut und kam schliesslich krank und mit leeren Händen zu seinem Vater zurück. Der Vater nahm ihn liebevoll auf und verzieh ihm seine liederliche Vergangenheit. War das gerecht, dem abtrünnigen Sohn gegenüber? War es gerecht gegenüber seinem Bruder, der beim Vater geblieben war und ein ordentliches und pflichtbewusstes Leben geführt hatte?

Von menschlicher Gerechtigkeit haben wir gewisse Vorstellungen. Göttliche Gerechtigkeit ist anders. Wir wissen nichts darüber. Sie bleibt ein Geheimnis.

Was kommt danach?

Ich lasse hier an meiner Stelle Kurt Marti sprechen, Theologe, Pfarrer und Dichter. In seinem Gedicht «Die Welt, der Acker»[45] wird alles gesagt, was es zu dieser Frage für mich zu sagen gibt. Im Teil vier des fünfteiligen Gedichts schreibt er:

«Was mich nun betrifft,
alt schon,
dem Tode stets näher:
bei Gott (sagt Jesus)
sind alle Dinge möglich
– selbst postmortales Leben.
Doch was soll's?
Ob Auferstehung (des Leibes!),
ob Verwehen (nirwanisch?):
gut ist,
was der allein Gute schenkt.
Wozu noch weiter
Kräfte, Sorgen verschwenden
Ans ‹Hernach›?
Es ist in Ordnung gebracht
für alle,
für mich.

Brauch' mich nicht länger
darum zu kümmern.
Bin frei
fürs Jetzt,
für die andern
(so jedenfalls
faß' ich das Evangelium auf
– naiv, mag sein –
von der Rechtfertigung
des Sünders K. M.).»

Bei Gott ist alles möglich. Ein Himmel, wie ich ihn mir in meiner Kinderzeit vorgestellt habe. Ein Wiedersehen mit meinen Lieben, die ich hier vermisse. Ein Leben ohne Körper, nur im Geist. Ein wesenloses Dasein im Licht. Nichts. Ich lege das Danach in seine Hände.

STERBEN, TOD & LEICHEN ...

Berthold Rothschild

«Würden Sie, sehr geehrter Herr Rothschild, einen Beitrag für unser Buch zum Thema Sterben und Tod schreiben?» Eine Anfrage unter vielen, zunächst beiseitegelegt, dann wieder hervorgenommen. Das Thema ist ja eigentlich unermesslich und banal zugleich, und wer ist denn schon ein Spezialist für solche Fragen, gibt es dafür irgendeine Kompetenz? Man solle, so die Vorgabe, das Thema rund um eigene Erfahrungen entwickeln, sei aber völlig frei in der Gestaltung. Das trifft sich gut mit einer eigenen Erinnerung, die ich habe: «Wenn Du eine Sache beschreibst, so versuche immer auch den eigenen Standpunkt und die eigene Erfahrung einzubringen», so der Rat des Lehrers am Gymnasium für Deutsch, Literatur und Geschichte. «Aber gerade daran scheitern dann auch die meisten: entweder übertreiben sie die egozentrische Sichtweise und kommen davon gar nicht mehr los, oder sie wissen gar nicht, was sie selbst denken, ja, wer sie selbst sind ...» Wohl die meisten von uns, die in der Pubertät eine Schule besuchten, können sich wenigstens an einen Lehrer oder eine Lehrerin erinnern, die für sie auch im weiteren Leben wichtig blieben und deren Worte – im Gegensatz zu den vielen anderen – wie Goldstaub in der Erinnerung liegen. Sie sind Übergangsfiguren in der Rückschau, weg von Vater oder Mutter, aber gleichwohl ihnen ähnlich, mächtig und vertraut. Und sie sind, wie meine Eltern auch, seit Langem gestorben.

Wenn wir vom Tode reden, so heisst dies vielerlei: Die Gestorbenen eben, als unwiederbringlich Abwesende, die Sterbenden, gerade jetzt am tragischen Übergang von hier nach

Nirgendwo, die wegen einer tödlichen Krankheit auf dem Wege zum Sterben sich befindlichen, die Leichen und die Gräber, die Begräbnisse, all die Sterblichen, die dem Tod betriebsam den Rücken kehren, und schliesslich – immer auch dabei – der eigene Tod, die Zukunft einer Welt ohne mich. So wie kürzlich in einem bemerkenswerten Traum: Ich schaute in einen Spiegel und sah alles um mich herum, die anderen Menschen und alle Dinge – nur mich selbst sah ich nicht, ich war wie wegradiert. Und wenn ich den Spiegel wechselte, so blieb dies unverändert: Alles war in aller Deutlichkeit vorhanden. Ausser mir selbst – *the world without me*.

Die erste und bildhaft deutliche Erfahrung mit dem Tod erinnere ich als Sechsjähriger. Man hatte meine fast neunzigjährige Grossmutter am Tag zuvor ins Krankenauto getragen, unter dem Nachthemd war sie nur Haut und Knochen, und am nächsten Tag hiess es, jetzt sei sie gestorben. Ich sehe meine Mutter weinen, und alles war ganz plötzlich still und feierlich. Das Schluchzen meiner Mutter war mir unerträglich, und ich suchte gedanklich nach dem Täter, der ihr ein solches Leid angetan hatte. War es mein Vater? Nein, es sei der liebe G'tt[46], er habe die Grossmutter «zu sich gerufen», «sie habe ihm ihre Seele zurück gegeben». Andere frühe Erinnerungen verbinden sich mit meinem Vater. Er war Präsident der jüdischen Sterbe-Bruderschaft, ein hohes Ehrenamt in der Gemeinde, das darin bestand, bei jedem Sterbenden möglichst anwesend zu sein und – wenn immer möglich – darauf zu achten, dass bei den Gebeten der Name des einzigen G'ttes mit dem letzten Atemzug ausgehaucht wird. Dann aber tritt der Tod ein, und plötzlich ist alles anders – der Mensch ist nur noch Staub und Asche, ein zur Verwesung bestimmtes Ding, während die Seele den Weg zurück zu ihrem Schöpfer sucht. Mein Vater trug bei sich immer ein goldenes Büchslein, und darin lag eine grosse, grau-weisse Gänsefeder. Sie dient dazu, so erklärte er mir, festzustellen, ob eindeutig der Tod eingetreten ist. Weil sie dann, unter die Nase des Sterbenden gelegt, nicht mehr davonfliegt und ganz unbeweglich bleibt. Lag einer im Sterben, so hiess es: «S'isch beim Aaron Goldzweig nimmer weit fürs Federle unter der Nas …»

Unvergesslich auch, als ungefähr zehnjährig ein Schulkamerad, der Werner Nötzli, gestorben war. Er habe «eine heimtückische Krankheit» gehabt – was mir bis heute das Wort «heimtückisch» als besonders bösartig erhalten hat. Wahrscheinlich ist er an Polio/Kinderlähmung gestorben. Wir mussten als Schulklasse zum Begräbnis und waren so sehr zum nötigen Ernst gemahnt worden, dass selbstverständlich die kleinen Dummheiten und Schubsereien unter den Schülern nicht ausblieben. Und es blieb nicht aus, dass die Lehrerin, zurück in der Schule, ihre grosse Enttäuschung über uns ausdrückte. Das war sehr schlimm. Und doch weiss ich noch ganz genau, dass ich eigentlich auf den Werner Nötzli auch neidisch war: So wie er heute war ich noch nie im Mittelpunkt der Aufmerksamkeit so vieler Menschen gestanden, so wichtig war ich noch nie genommen worden. Ist der Tod die Bedingung für die letzte grosse Beachtung?

Dann gab es, unvermeidlicherweise, das Sterben im Kino und in der Literatur. Aber das waren meistens epische Sequenzen fernab von mir selbst, Abfolgen einer bestimmten Tragik und Bausteine einer szenischen Logik, einer Logik des Auseinandergehens und des Abschieds, des Auseinanderbrechens und der Endlichkeit aller Dinge. Sie hatten, weil es eben Erzählungen waren, mit dem eigenen wahren Leben nur wenig zu tun, sie waren wie Nachrichten aus einer anderen Welt oder Geschichten einer anderen Zeit. Man konnte, frei nach eigenem Gutdünken, sich ihnen zuwenden oder abschalten. Und so ist es bis heute geblieben. Es gibt den Tod und das Sterben als Epiphänomen des allgemeinen Lebens, als Zeitungsnotiz oder als Nachrichtensequenz, täglich fast und in unterschiedlichen Mengen: 80 Tote hier bei einem Flugzeugabsturz, 6500 dort bei einer Erdbebenkatastrophe, 15 bei einem Attentat und 2 unter den Lawinen – *des faits divers*, die das Kauen am Butterbrot kaum unterbrechen, Tod und Elend ganz ausserhalb meiner, als eine Art Routine der Vielfalt, die mich nichts angeht. Bis dann plötzlich aus der Nähe eine Nachricht kommt, die das gleiche Sterben und den ganz ähnlichen Tod zum Drama macht und die manchmal gar als epochales Ereignis in unser Leben dringt. Nun gibt es kein Ausweichen und keine Beiläufigkeit mehr, und gäbe es nicht – zum Glück – irgendwelche Rituale zur Gestaltung der Verlegenheit und zur Fassung der Betroffenheit, wir wären verloren oder so überwältigt, dass wir jämmerlich zusammensackten.

Dann aber gab es ein Leben des jungen Medizinstudenten und damit die völlige Verdinglichung des Todes: in den Sezierkursen am konservierten Leichnam. Hier war der Tod in Form einer Leiche zur reinen Materie geworden, ein ganzes Wintersemester lang, mehrmals in der Woche, schön langsam, Sehne um Sehne, Muskeln und Nerven, Blutgefässe und innere Organe. Die Leiche war ein simples Lehrmittel, ähnlich wie die ausgestopften Vögel im zoologischen Museum, und unser Verhalten am Seziertisch war so profan wie im chemischen Labor. Merkwürdig: Kann man so das Sterben und den Tod hinter sich lassen? In eine Art Jenseits des reinen Materialismus vordringen? Ähnlich also wie später die touristischen Friedhofbesuche oder wie das Aufsuchen religiöser Reliquien? Könnte es sein, dass das, was uns am Tod so erschüttert, nicht so sehr die Auslöschung des Lebens ist als der mysteriöse Zwischenraum vom Leben zum Tod?

Später dann, als Arzt in den ersten Lehr- und Wanderjahren, lernte ich das medizinische Sterben kennen, es hiess dann jeweils, «man habe einen Patienten verloren». Du gehörtest nun zur anderen Mannschaft, jener also, die den Tod und das Sterben verwaltet, die vorgibt, über all die Vorgänge Bescheid zu wissen, sie zu benennen: «terminal», «moribund», «palliativ», «zurück zu den Vätern» usw. Und es zeigte sich, dass, wenn du bei den Sterbenden eine klare Rolle hast, dass dann alles viel ruhiger und besonnener abläuft. Du bist dann sozusagen ein Partner des Ereignisses und kannst den Angehörigen gegenüber so tun, als seiest du ein Teil der Begleitmannschaft, des Sterbepersonals sozusagen, wenn nicht gar der Bodenmannschaft G'ttes. Damals war ich Assistenzarzt in einem eher ländlichen Krankenhaus, das von Diakonissinnen geführt wurde, und damit hatte das Sterben von Patienten ein eigenes und würdiges Gepräge, Routine zwar und dennoch jedes Mal eine besondere Stimmung von Ernst und Ratlosigkeit. Wir, die medizinische Mannschaft, wurden vom nun eintretenden Tod sozusagen enteignet, so als ob wir einen Verzichtschein auf unsere Kompetenz unterzeichnet hätten. Wöchentlich gab es zwei bis drei Sterbende, und es war jeweils so, als würde der ganze Spitalbetrieb angehalten und alles finde jetzt in diesem einen Zimmer statt. Man hatte Zeit, und man wusste, der/die nun Sterbende hatte noch mehr Zeit, ganze Ozeane von Zeit. Nicht so die Angehörigen, wie immer auch sie betroffen und traurig-ratlos waren. Für sie begann sogleich eine emsige Zeit: wen benachrichtigen?, die Todesanzeige – wie ?, das Begräbnis – wann? …

Aus dieser Zeit im Diakonissenspital ist mir bis heute die Faszination des Übergangs vom Leben zum Tod geblieben. Eine Minute vorher noch war da ein Mensch mit seiner ganzen physiologischen Körperlichkeit und seiner komplizierten psychischen Geschichtlichkeit, Träger eines unermesslich ausgeklügelten Betriebssystems, und dann, Sekunden später nur: der Leichnam, das Ding, spitz und fahl, schwer und völlig unerreichbar. *That was that and this was him or her …* Und nun beginnen die Emsigkeit der Entsorgung, die Aufbahrung der Leiche, die Rituale des Abschieds und noch einmal, zum letzten Mal, wird der/die Verstorbene zum Mittelpunkt von Zuwendung und bekommt so viel Beachtung wie schon lange nicht mehr. Die Nahestehenden werden gewahr, was sie verloren haben, es ist tragisch, traurig und schrecklich – nur kommen Beachtung und Zuwendung jetzt bereits zu spät! Ärzte und Pflegepersonal allerdings haben noch anderes zu tun und wenden sich umgehend den noch Lebenden zu.

Der Reigen der Sterbenserfahrungen aber geht weiter und hat, medizinisch betrachtet, gleichzeitig seine unermessliche Vielfalt und dennoch auch seine Ähnlichkeiten. Die so genannte Feststellung des Todes ist dann jeweils eine ärztliche Angelegenheit, als sei er oder sie Linienrichter des Schicksals. Je nach Spezialisierung hat man es mehr oder weniger mit Sterbenden und mit Toten zu tun, als Psychiater allerdings meistens mit der Sonderform des Selbsttodes oder des Versuchs dazu – ein Kapitel für sich. Aber inzwischen ist dies auch kein tragischer Sonderfall mehr, sondern in seiner «domestizierten Form» der so genannten Sterbehilfe Teil einer Kultur, die sich nun auch des Sterbens bemächtigt, eine Landnahme der Abgründe sozusagen.

Der menschliche Willen ist daran, nun auch sein Ende zu erschliessen, um nicht zu sagen, es zu kolonialisieren.

Dennoch, allem Wissen und aller scheinbaren Abgeklärtheit zum Trotz, Sterben und Tod bemächtigen sich unser erstmals oder noch einmal unausweichlich, wenn unsere Eltern sterben. Zuerst starb der Vater, dann, 15 Jahre später, die Mutter – beide eines «natürlichen Todes», wie man leicht tröstend sagt. Du warst beim Tod der Mutter bereits 43 Jahre alt, ein erfahrener Arzt, der schon Dutzende von Sterbenden begleitet hatte. Aber ein erfahrener Sohn und ein erfahrenes Waisenkind warst du nicht, und jetzt war unausweichlich deine Kindheit vorbei. Der einst allmächtige Vater und die unersetzliche Mutter, sie waren beide in den grossen Schlund der Vergänglichkeit abgesunken, und du warst als Erwachsener zwar vernünftig genug, darin den unabänderlichen Lauf der Dinge zu sehen. Aber du warst auch noch Kindes genug, um dich der kindlichen Vorstellung hinzugeben, du würdest ihnen dann eines Tages – im Jenseits?, im grossen Seelenteich? – wieder begegnen, oder sie würden von nun an mit gütigem Auge auf dich und deine Geschwister hinunterschauen, da und dort ein gutes Wort für dich einlegen oder dich auch vor allzu krassen Fehltritten warnen. Bei beiden Eltern war ich bis zum letzten Atemzug anwesend, und wiederum war es der fatale Übergang vom Noch-Lebenden zum Bereits-Toten, der mich wie ein Würgegriff umklammerte und der mich in einer Art Flash den eigenen Tod vorausahnen liess, ganz konkret: denn niemand, deine mächtigen Eltern nicht und auch dein vermeintlich unsterbliches Selbst nicht, entgeht diesem letzten Urteil, dieser unbarmherzig-brutalen Verwandlung des Menschen in eine Leiche. Kann es uns deshalb wundern, dass in unzähligen Kulturen und Religionen die Vorstellung sich aufdrängt, nein, das sei nicht das Ende, denn es gehe anderswo weiter, wie z. B. bei uns Juden: das Leben sei ja nur die Vorhalle zum ewigen Palast, wo G'ttes Herrlichkeit sich ungestört entfalte und wo wir zusammen mit den Ahnen den Leviathan speisen und den ewigen Frieden geniessen werden. Dort nämlich wird der Wolf neben dem Schafe ruhen, Schwerter werden zu Pflugscharen:

«Dann wohnet der Wolf beim Lamm, / der Panther liegt beim Böcklein. Kalb und Löwe weiden zusammen, / ein kleiner Knabe kann sie hüten. Kuh und Bärin freunden sich an, / ihre Jungen liegen beieinander. / Der Löwe frisst Stroh wie das Rind. Der Säugling spielt vor dem Schlupfloch der Natter, / das Kind streckt seine Hand in die Höhle der Schlange. Man tut nichts Böses mehr / und begeht kein Verbrechen / auf meinem ganzen heiligen Berg; denn das Land ist erfüllt von der Erkenntnis des Herrn, / so wie das Meer mit Wasser gefüllt ist.»
Jesaja 11,6–9

«[...] dann werden sie ihre Schwerte zu Pflugscharen, und ihre Spiesse zu Sicheln machen; denn es wird kein Volk wider das andere das Schwert erheben, noch werden sie hinfort Krieg führen lernen.»
Jesaja 2,4

Das Sterben und das Totsein scheinen zum einen ein höchst privates Ereignis, eine eigene Erfahrung für jeden einzelnen und ein noch völlig unerschliessbares Geheimnis. Zugleich aber gibt es eine reiche «Ideologie des Todes» – ein Thema, das von Philosophen, Theologen und Dichtern bis zur Beliebigkeit durchforstet wurde. Da gibt es viele berühmte Äusserungen, unendlich wiederholt, die eigentlich alle eines gemeinsam haben: den Tod zu domestizieren, ihn in Worte und Vorstellungen zu bannen, die letztlich dem Leben gleichen, und dieses Vorhandensein in der Vorstellung über den Tod hinaus zu denken oder diesen dann, meistens recht brüsk, als ein Nichts, als eine undiskutable Auslöschung zu deklarieren. Fertig, aus und futsch – bis in alle Ewigkeit. Bald wird die grosse Ahnungslosigkeit der Menschen vor ihrem Tod in den Mittelpunkt gestellt: «Daher werden die Meisten, wenn sie am Ende zurückblicken, finden, dass sie ihr ganzes Leben hindurch *ad interim* gelebt haben, und verwundert seyn, zu sehn, dass Das, was sie so ungeachtet und ungenossen vorübergehen ließen, eben ihr Leben war, eben Das war, in dessen Erwartung sie lebten. Und so ist denn der Lebenslauf des Menschen, in der Regel, dieser, dass er, von der Hoffnung genarrt, dem Tode in die Arme tanzt.»[47] Bei anderen wird der Tod als einmaliges, unvergleichbares, höchst individuelles Ereignis evoziert: «O Herr, gib jedem seinen eignen Tod. Das Sterben, das aus jenem Leben geht, darin er Liebe hatte, Sinn und Not.»[48] Anderswo zeigt sich die resignative Verachtung vor dem Tode: «Da steht der Tod, ein bläulicher Absud in einer Tasse ohne Untersatz …» Und es gibt den grossen Meister, Michel de Montaigne, der ein Leben lang versucht hat, seine Todesangst zu zähmen:

«Niemand stirbt vor seiner Stunde. Was ihr an Zeit hinter euch lasst, kam euch ebensowenig zu wie die Zeit, die vor eurer Geburt verstrich, und berührt euch ebenso wenig. Wo immer euer Leben endet, da ist es ganz vollendet. Die Nützlichkeit des Lebens ist nicht in der Länge, sie ist im Gebrauch […] Dachtet ihr denn nie da anzulangen, wohin ihr ohne Unterlass unterwegs wart?»[49]

Bist du schliesslich älter geworden, so kommt auf dich zu, dass Bekannte, Freunde und Menschen aus deiner Umgebung sterben, vor dir sterben, an fatalen Krankheiten, an plötzlichem körperlichem Versagen oder gar an Selbsttötung. Du bist zunehmend häufig an Friedhöfen und Abdankungen anzutreffen, und jedes Mal hat's dich noch nicht erwischt. Deine eigene Sterblichkeit wird dir immer wieder vorgeführt und die absurde Illusion, solches treffe eben doch immer nur die anderen, lässt sich nur noch schwer aufrechterhalten. Wenn dir Freunde aus nächster Nähe wegsterben oder andere von tödlichen Krankheiten getroffen sind, dann kommt in dir immer wieder das Gefühl auf, du seiest ein Überlebender, ein noch-Verschonter, aber du seiest irgendwie bereits vorgemerkt. Und neben all der Angst und Verdrängung, neben lakonischen Sprüchen wie «Ihr werdet dann mal sehen, wenn ich nicht mehr da bin …» gibt es erstaunlicherweise auch solche Momente, wo du irgendwie ganz gelassen auf das angesagte Ereignis fast neugierig wartest, wo du völlig vorzeitig die so genannten letzten Anordnungen triffst und dir deine künftige Grabstätte aussuchst und dir den Ablauf der Abdankung vorstellst. Du behauptest, du seiest irgendwie bereit zu sterben, nur leiden wollest du nicht übermässig, du beginnst dich für Patientenverfügungen zu interessieren, und mehr als bisher findest du, du müsstest «deine Angelegenheiten ordnen». Du fängst vermehrt an Todesanzeigen zu lesen, vergewisserst dich über den Jahrgang des so genannten Dahingeschiedenen, und wie bei einer Epidemie vielleicht kommt in dir der Gedanke auf, ihn/sie habe es nun eben erwischt, dich noch nicht – aber wann wohl? Die Sprüche oben an den Todesanzeigen in unseren Zeitungen sprechen mehrheitlich davon, wie der Verstorbene eben doch nicht ganz abgetreten sei, denn er/sie lebe fort in der Erinnerung seiner Nächsten oder in der grossen Liebe die er/sie in uns hinterlassen habe. Manchmal kommt es einem vor, als sei der Verstorbene nie so sehr als liebend und geliebt empfunden worden als nun, wo er/sie, wie man so schön sagen kann, das Zeitliche endgültig gesegnet hat.

Kürzlich, in den Ferien im verträumten rumänischen Hinterland (ja dort, wo sich auch Dracula herumtreiben soll) kamen wir, weit entfernt vom nächsten Dorf, an einen grossen Friedhof mit unzähligen, meist überwachsenen Gräbern. Ganz still war es, nur die Vögel und die Grillen zwitscherten und zirpten drauflos. Die Stimmung in und um uns herum war von einer seltenen Friedlichkeit. Dieser Friedhof, so empfand ich, ist mit all seinen Toten ein echtes Stück Natur geworden und gehört zur Landkarte aller Friedhöfe auf dieser Welt, wo, ungeachtet ihrer Religion, ihres Geschlechts und ihres sozialen Standes, die Toten aller Zeiten «von Ewigkeit zu Ewigkeit» ruhen, irgendwann – und seien sie im Leben noch so bedeutend gewesen – vergessen und verwest. Da nützen auch die monumentalen Grabstätten der Reichen und Mächtigen nichts mehr, im Gegenteil, hier wird das Lächerliche ihres Gebarens erst richtig evident. Ausgerechnet im Moskauer Prominentenfriedhof Nowodewitschi der sowjetischen Elite sind die grossen Generäle und Politiker, all diese überzeugten Atheisten, Reih' an Reihe in Prunk begraben, und ihre oft bombastischen und künstlerisch ehrgeizigen Grabmäler sind vor der Vergänglichkeit mit immensen Plexiglashülsen vor der Witterung geschützt – so, als sei die Unsterblichkeit nun von den Menschen auf die Steine und Denkmäler übergegangen.

Noch liegen in den meisten Friedhöfen dieser Welt alte und junge Leichen, Kadaver und Skelette, Asche zu Asche und Staub zu Staub, dem Gewürme preisgegeben. Die Erdbestattungen und die physischen Grablegungen der Leichen aber nehmen ab, und immer mehr Menschen werden kremiert, ihre Asche in alle Winde zerstreut. Der Tod und die Verabschiedung/Bestattung sind und waren in den meisten Kulturen ein kollektives Ereignis und sicher auch ein Memento mori für die Hinterbliebenen. Die Toten, so wollen uns die Friedhöfe zeigen, gehören irgendwie allen, sie sind zurückgekehrt ins Kollektiv des Vergangenen. Hat es mit Verdrängung oder auch mit Scham zu tun, dass es immer seltener die körperlichen Leichname gibt, die, irgendwie in der Vorstellung unbequem, dort unter der Erde verwesen, zum Skelett werden und sich in der Imagination des Totentanzes begegnen? Stattdessen gibt es Asche, Aschen zuhauf, die man ganz privat und bequem transportieren kann, die man in jeweils ansprechenden Zeremonien in alle Winde verstreuen kann, als sei es notwendig, die endgültige Auslöschung nun sozusagen «proaktiv» (o dieses Wort!) grad noch einmal im allerengsten Kreise als Privatanlass nachzuvollziehen und die Identität des Verstorbenen für alle Zeiten als unwiederbringlich-zerborsten zu manifestieren. Ist dies Zeichen einer weiteren Illusion – dass nämlich mit der tendenziellen Abschaffung der Leichen und der öffentlichen Rituale nun auch der Tod irgendwie überwunden oder negierbar geworden sei? Mich schaudert diese Tendenz zur insgeheimen Privatisierung von Tod und Sterben, und mit warmen Gefühlen erinnere ich mich an all die kalten Leichen meines bisher vergangenen Lebens. Eines Tages werde ich eine von ihnen sein.

«Eines Tages» sollte bald einmal nicht mehr lange auf sich warten lassen, denn in kurzer Zeit wurde das Wenige, was ich bisher, ein ganzes Leben – 77 Jahre lang, vor mir hergeschoben habe wie einen verschlossenen Schrein, plötzlich und unausweichlich Wirklichkeit geworden: das Sterben, mein Sterben. Im Anschluss an eine an sich banale Operation hatte ich einen Hirnschlag erlitten, und mein Leben hing noch an einem dünnen Faden.

Als ich wieder erwachte, umgeben von meinen Liebsten, hatte ich von allem nichts gemerkt. Ich war ein Wiedergänger, *un Revenant*, geworden, und merkte erst am emsigen Treiben von

Ärzten und Pflegepersonal, dass ein Ausnahmezustand herrschte. Aber da war kein weisses Licht, auch keine Engelsschalmeien, keine himmlischen Choräle. Alles war ziemlich profan. Gefühle und Verstand waren auseinandergerissen, und wo meine Seele gerade herumschwebte, konnte ich nicht wissen. Und ich war eingesunken zwischen fast religiöser Dankbarkeit und einer tiefen und bodenlosen Müdigkeit. Sich dort hineinfallen zu lassen, alles loszulassen – das würde nun sterben heissen.

Und merkwürdig: Der Unterschied zwischen dem lebenden Teil von mir und dem sterbenden war nur noch gering und kaum mehr spürbar. Später dann, nach Wochen und Monaten der sogenannten Rehabilitation und Rekuperation, war ich immer noch ein anderer: der vom Tode Gestreifte. Und als ob man sich je daran gewöhnen könnte – jetzt flösst weder das Sterben noch die Vorstellung vom Totsein mir irgendwelche Angst ein, so als sei dieser fatale Übergang lediglich ein Perronwechsel. Viel Gepäck kann allerdings nicht mitgenommen werden …

TODESNACHT UND SILBERLIED

Matthias Krieg

Umwerfende Erfahrung

Nein, ich hatte keine Erfahrung mit dem Tod. Heute ist mir das bewusst. Genau seit dem 8. August 2013 am frühen Nachmittag weiss ich es. Nein, bis zu jenem Zeitpunkt dachte ich immer nur, ich hätte eine. Ich war ein Kopffüssler, erfolgreich und trittsicher. Oft auch *ein armer Hirnhund, schwer mit Gott behangen*. Gottfried Benn fällt mir heute dazu ein. Ich las, also wusste ich. Ich dachte, also war ich. Ich argumentierte, also lebte ich. Gott und Tod waren grosse Gedanken. Bis sich vor vierzehn Jahren meine Seele meldete und vor zwei Jahren mein Körper und an jenem Sommertag alle drei.

Früh schon haben Sterben und Tod mich allerdings sehr beeindruckt. 1975 starb meine geliebte Grossmutter an Krebs. Ich hatte gerade Semesterferien und begleitete sie in ihren letzten Tagen. Ich sah sie sterben und spürte meine Sprachlosigkeit. Mir blieb spontan und unvorbereitet nur die Rückkehr zu elementaren Gesten und Bildern. Als ihr Atem zu stocken begann, nahm ich ihre Hand in meine Hände und sagte ganz nahe an ihrem Ohr, jetzt nähme Jesus sie mit seiner Hand und bringe sie nach Hause.

Das Erlebnis hatte Folgen. Intellektuell waren sie. In Tübingen belegte ich im Alten wie im Neuen Testament ein Proseminar zum Thema «Tod in der Bibel». Ich besuchte ein Hauptseminar zur Medizinethik und damit verbunden Krebsstationen in Kliniken. Gleich zwei Dissertationen schrieb ich zur Metaphorik des Todes: 1983 in der Germanistik über «Todesbilder bei Nelly Sachs» und 1986 in der Theologie über «Todesbilder im Alten Testament». Viele Jahre war ich mit diesen Themen unterwegs. *Danse macabre* und *ars moriendi* kamen hinzu. Der Tod in der Kunst.

Nein, trotz allem, was ich wusste, eine Erfahrung hatte ich nicht. Bis zu jenem frühen Nachmittag im August. Ich war mit einem nahestehenden Freund auf einer kleinen Städtereise in Bordeaux. Am zweiten Tag machten wir einen Ausflug nach Arcachon und zum Cap Ferret. Unterwegs zu Dünen und Meer klingelte mein Handy. Es war ein Arzt meines Bezirksspitals, der mir meine Krebsdiagnose mitteilte. Nicht eine, sondern meine! Ich weiss noch genau, wo und wie. Ich werde es nie vergessen. Nicht meinen Versuch, den Arzt zu beruhigen, dem es nicht recht war, mich ausgerechnet in den Ferien zu behelligen. Für derlei Nachrichten, meinte ich noch ganz rational, gebe es keinen richtigen Zeitpunkt und keinen richtigen Ort. Ich werde es nie vergessen. Nicht meine anschliessende Sprachlosigkeit. Nicht die Übersetzung für meinen Freund, bevor es mich überkam und mir heiss aus den Augen brach: «Cancer. I've got cancer. He told me, it's cancer. Fuck.»

Die seelische und körperliche Erfahrung waren weitere Erschütterungen, kamen aber später. Zuerst war die geistige Erfahrung, welch ungeheuerlichen Unterschied es macht, über Krebs zu reden und Krebs zu haben. Bis dahin hatten so etwas immer die anderen. Plötzlich hatte ich ihn. Die geistige Erfahrung eines hermeneutischen Perspektivenwechsels. Welch unglaublichen Unterschied es macht, vom Tod zu wissen und ihn in sich zu haben. Ein Haben war dies, das unvermittelt überging in ein Sein. So schnell ich ihn auf einmal hatte, wurde ich auf einmal zu meinem Krebs. Mein Tod wuchs in mir. Ich trug ihn aus. *Media vita in morte sumus.*

Zurück in der Schweiz begann die Vorbereitung auf die Operation, eingeschlossen das virtuelle Durchspielen der ultimativen Situation. Der mögliche Tod, der da in mir wuchs, musste ausgedacht werden bis zu seiner schlimmstmöglichen Wende. Dürrenmatt fällt mir heute dazu ein. Die Dramaturgie des Möglichen. Die Operation war am 9. September. Bis dahin gab es ungewöhnliche Arbeit: nächsten Verwandten und besten Freunden, den Vorgesetzten und Mitarbeitenden, dem Vermieter und den Hausgenossen mitteilen, was kommt, jedem persönlich; Stellvertretungen organisieren, Projekte verschieben und Termine absagen; mit dem Kommunikationsbeauftragten eine Sprachregelung für die Firma vereinbaren, Umleitungen legen und das Voicemail besprechen; eine Patientenverfügung ausfüllen und handschriftlich das Testament schreiben; für den Fall der Fälle auch ein Informationsblatt, wo was zu finden wäre, wenn ... Ich «bestellte mein Haus», wie der Prophet Jesaja es König Hiskia empfohlen hatte. Ein prophetisches Unheilswort an mich lag in der Luft. So etwas wie die eigene Abwicklung war nötig, wie Trauerarbeit am eigenen Fall. Ich wurde mir mein Fall. Ich war der Fall. Und ich fiel.

Die Operation dauerte vier Stunden und verlief gut. Der operierende Arzt ging mir sogar nach, eine halbe Stunde, nachdem er am vierten Tag danach den histologischen Befund erhalten hatte. Ich war in der Cafeteria, als er mich fand. Ich werde es nie vergessen. Nie, wie er sich zu mir auf das Zweiersofa setzte. Er wolle es mir als Erstem mitteilen: Keine Metastasen und keine Lymphknotenbildung. Alles erwischt. Keine Chemie und keine Strahlen. Ich werde es nie vergessen. Nie diese Ankündigung meiner Auferstehung und nie meine Sprachlosigkeit. Mir fiel, bevor die Tränen kamen, nur der Ruf «Halleluja» ein, das kürzeste aller Dankgebete. Scheu legte ich meinem Operateur die Hand auf die Schulter. Halleluja sei wohl das richtige Wort, meinte er trocken.

Dann aber kamen zur einen guten Nachricht drei schlimme Komplikationen. Blase und Magen arbeiteten nicht mehr, und die Operationsnarbe bekam Risse. *Une saison en Enfer* begann. Rimbaud fiel mir ein. Auch Dantes «Inferno» mit immer neuen Kreisen, in die ich Tag für Tag hinabzusteigen hatte. Am Ende dieser schlimmsten Woche meines Lebens war ich am Ende: vier künstliche Ausgänge und nach allen Seiten verkabelt; eine Woche so gut wie nichts gegessen und so gut wie nie geschlafen; beim Dämmern Albträume, hoffnungslos in Schläuche und Kabel verwickelt zu sein oder aus dem Bett zu fallen und dabei alles aufzureissen. Erste Stellen waren wund gelegen. Ich atmete zunehmend flach, hatte ständig höheren Blutdruck und konnte weder ein Buch lesen noch eine Musik hören. Beim Sprechen reichte die Kraft nur noch für drei Wörter. Als immer mehr Schmerzmittel nichts brachten, meinte ich, sie sollten jetzt besser die Pistole bringen. Dieses Wort musste Alarm ausgelöst haben. Nach wenigen Minuten standen mehrere Ärzte am Bett. Was sie mir dann gespritzt hatten, weiss ich nicht, will ich auch nicht wissen. Jedenfalls erlebte ich meinen ersten Trip und konnte endlich sechs Stunden schlafen.

Er bedeutete die Umkehr. Ich war im untersten Kreis der Hölle gewesen. Der Trip holte mich heraus und leitete den Aufstieg ein. In meiner Erinnerung war er nichts als schön, der schönste je geträumte und erinnerte Traum meines Lebens. Ich lag der Schmerzen wegen auf dem Rücken und in Mumienstellung, die Füsse ineinander verkeilt. So wie die Schmerzen nachliessen und ich einschlief, löste ich mich aus mir heraus. Ich war gleichzeitig in meiner Haut und über ihr. Ich bewegte mich wie ein fliegender Teppich, über dessen Kante ich hinuntersehen konnte. Wie ein Luftschiff, das langsam über Landschaften gleitet. Wo immer ich drüber flog, schossen gerade in diesem Moment unter mir die schönsten Blumen aus dem Boden. Ich erkannte an den Blumen die Landschaften meines Lebens. Da waren die Narzissen meiner Geburtstagsbeete und die Margeriten meiner Kinderwiesen, die Asphodelen Sardiniens und der Lavendel der Provence, die Farne Neuseelands und die Flammenbäume Afrikas, die Gräser der Steppen und die Orchideen des Regenwalds. Alle Landschaften, die ich durch Wohnen und Reisen je erlebt hatte, durchschwebte ich, und sie grüssten mich mit ihren schönsten Blumen. Ich fuhr, erinnere ich mich, schliesslich um die ganze Welt und über sie hinaus in die Stratosphäre und den Weltraum. Gestirne zogen vorbei. Auf einmal, ich weiss nicht mehr wie, war ich plötzlich zu Hause.

Als ich aufwachte, lag ich noch immer wie eine Mumie. Mit den Händen musste ich meine verkeilten Füsse befreien. Sie hatten richtige Druckstellen. Ich werde es nie vergessen. Nie dieses Gefühl von Befreiung, von Erlösung und Versöhnung. Ich erwachte mit der völligen Ruhe, jetzt bereit zu sein, jetzt gehen und alles loslassen, jetzt sterben zu können, wenn es denn so weit wäre. War es aber nicht. Dafür begann der lange Weg aus der Unterwelt hinauf zum Licht des Lebens. Orpheus fiel mir ein, der des Mythos und der des Rainer Maria Rilke. Der Weg war lang. Gegen Ende des Jahres war ich oben. Doch irgendwann musste ich mich, ich weiss nicht mehr, wann und wo, umgesehen haben. In Paris, der zweiten kleinen Städtereise, die der Feier des wiedergewonnenen Lebens dienen sollte, verlor ich meinen nahestehenden Freund.

Tragende Zeilen

Nicht weil ich mich als Schriftsteller verstehen würde, sondern weil Sprache und Wörter, Literatur und Wort das Medium sind, mit dem ich verstehe und in dem ich mich wahrnehme, denke ich manchmal, im weiteren Sinn ein *homme de lettres* zu sein: einer, der ohne Zeilen und Metaphern, Texte und Sprachspiele nichts verstünde und für sich selbst und andere einfach stumm bliebe. Einer, dem Texte auch Texturen sind, Gewebe, die ihn bezaubern, Sprungtücher, die ihn auffangen, oder Hängematten, die ihn träumen lassen. Nicht nur Benn und Dürrenmatt, Jesaja und Orpheus fielen mir ein, nein, es waren viele, auch Texte, deren Autor mir partout nicht einfallen wollte.

Während der Monate der Krankheit und Genesung war mir der ganze Schatz des je Gelesenen bewusst, wenn auch nicht präsent. Erinnerungen tauchten auf und gingen unter. Wörter und Bilder zogen vorbei wie Schimären. *Sammle in der Zeit, so hast du in der Not.* Die Volksweisheit, für die in der Bibel Ameisen und Bienen stehen, kam zu ihrer Wahrheit. Im Winter meines Lebens konnte ich auf eine Ernte zugreifen, die ich im Sommer und Herbst gesammelt und eingefahren hatte. Einige Erinnerungen begleiteten mich für lange Zeit.

An erster Stelle steht die Strophe eines Weihnachtslieds aus dem Gesangbuch. Von Paul Gerhardt. Sie gehört offenbar zu meinen Dekonstruktionen. Fast hat sie prophetisch mit ihnen zu tun. In der Christvesper vor jenem Sommer, in dem meine Ehe zu Ende ging, meine Familie zerbrach, das grosse Lebensprojekt namens *Haus und Hof* oder *Kind und Kegel* katastrophisch unterging, an der letzten Weihnacht als Familie also, sangen wir im Chor, doch als diese Strophe kam, musste ich, ich wusste nicht, warum, plötzlich weinen und aussetzen. Mit genau derselben Strophe passierte dasselbe in der letzten Christvesper, bevor im Sommer drauf die Krebsdiagnose kam:

«Ich lag in tiefster Todesnacht, / du warest meine Sonne, / die Sonne, die mir zugebracht / Licht, Leben, Freud und Wonne. / O Sonne, die das werte Licht / des Glaubens in mir zugericht', / wie schön sind deine Strahlen!»

Diese Strophe flog mir zu und ging nicht wieder. Viele Male habe ich sie mir vorgemurmelt, während der kurzen Zeit in der Hölle und während den vielen Wochen des Aufstiegs aus der Unterwelt. Krippe und Kreuz, Christnacht und Karfreitag, Leben und Tod berühren sich in ihr wie in mir und werden in ihr wie in mir vom Glauben ausgetragen. Plötzlich wusste ich, dass nicht ich meinen Tod austragen muss, sondern mein Glaube mich wunderbarerweise von dieser unglaublichen Arbeit entlastet.

An zweiter Stelle stand ein ganz anderes Lied. Pop gesellte sich zum Choral. In Bordeaux hatten wir am Tag, als die Diagnose eintraf, ein Plakat gesehen, auf dem ein Songtext stand. Als wir wieder zu Hause waren, sandte mein Freund ihn mir übers Smartphone zu. Er hatte das Plakat fotografiert. Auch dieser Text, dem ich früher gar nicht begegnet wäre, stammt er doch aus der Trivialkultur, ist er doch sehr amerikanisch und bewegt er sich doch auf der Grenze zur Stereotypie, auch er hat mich intensiv begleitet. Er wurde mir so lieb wie das Kirchenlied. Im Krankenhaus lag das Smartphone immer in Griffnähe. Ich habe den Text auswendig gelernt. Er stammt, nie zuvor gehört, von Oscar Hammerstein und Richard Rodgers. Später fand ich heraus, dass auch die Streisand und Sinatra ihn gesungen haben:

«If you walk through a storm / hold your head up high / and don't be afraid of the dark. / At the end of a storm / is a golden sky / and the sweet silver song of a lark. // Walk on through the wind, / walk on through the rain, / though your dreams be tossed and blown. / Walk on, walk on with hope in your heart, / and you'll never walk alone / you'll never walk alone.»[50]

Keine grosse Literatur, kein tiefer Gedanke. Eher eine Rückkehr zu elementaren Gesten und Bildern, wie sie mir vor Jahrzehnten am Sterbebett meiner Grossmutter eingefallen waren. Nun lag ich im Bett.

An dritter Stelle stand ein Buch, das mir zwei Besucherinnen schenkten, als sie mich während der Rekonvaleszenz zuhause besuchten. Ein Volltreffer von Geschenk! Das richtige Buch im richtigen Moment. «Winterjournal» von Paul Auster. Was für ein Text! Schon der Beginn traf:

«Du denkst, das wird dir niemals passieren, das kann dir niemals passieren, du seist der einzige Mensch auf der Welt, dem nichts von alldem jemals passieren wird, und dann geht es los, und eins nach dem anderen passiert dir all das genau so, wie es jedem anderen passiert.»

Auster ist 64-jährig und blickt auf sein Leben zurück. Nicht die übliche Autobiografie schreibt er, in der ein gereiftes Ich auf sein Leben schaut, vielmehr sind es die Erinnerungen seines Körpers, die er, der Körper, dem wachen Du dessen, der schon so lange in ihm steckt, erzählt. Das Du ist Austers Geist, das erzählende Ich sein Körper. Der Körper vergisst nichts, also hat er was zu erinnern. Allein die 26 Wohnungen, in denen er gelebt hat, die Krankheiten und Blessuren, die ihm zugestossen sind, die Sensationen und Erschütterungen, die seine Haut registriert hat. Auster gab mir nicht nur das vortreffliche Beispiel, wie ich meinen versehrten Körper sprechen lassen und wie ich auf ihn hören kann, er inspirierte mich auch zu einer Novelle, die ich genau in diesem Perspektivenwechsel schrieb. Sie beginnt in Bordeaux samt der Vorgeschichte meiner schönen Freundschaft, und sie endet in Paris samt dem Ende dieser besonderen Beziehung. Die Novelle deckt die Monate von Juli 2012 bis Dezember 2013 ab, die Zeit, in der mein Körper endlich zu Wort kam. Das Schreiben wurde mir zu meiner Weise, mich meinem Fall zuzuwenden. Leib, Seele und Geist kamen literarisch zu Wort. Keine Publikation für andere, nein, eher eine Katharsis für mich.

Versöhnende Reise

Bleiben, als bliebe man nicht, und gehen, als ginge man nicht. Diese paulinisch empfundene Dialektik, die mir geistig schon lange geläufig war, hatte sich nun auch körperlich eingestellt. Der Drogentrip, den ich nicht erwartet hatte und sicher nicht wiederholen will, hatte mir kein Jenseits gezeigt, keine Transzendenz, aber ein Überschreiten ermöglicht, ein Transzendieren. Wer nach Hölle oder Himmel fragt, wie man nach der Sahara oder der Antarktis fragt, also naturalistisch bzw. supranaturalistisch oder physisch bzw. metaphysisch, der wird nur im Gestrüpp wüster Spekulationen landen. Wer Himmel und Hölle exakt auffasst, gerät in intellektuelle Probleme. Wer sie aber metaphorisch nimmt und die Metapher dabei nicht als defizitäre Redeweise versteht, sondern umgekehrt als gehobene und gebundene, als eminente Sprache, dem öffnet sich der Schatz mythischer, biblischer, literarischer Bilder.

Nein, die Hölle als Wirklichkeit gibt es nicht, aber die Hölle als Möglichkeit habe ich erlebt. Ich war dort. Nie mehr werde ich mich an Diskussionen beteiligen, ob es sie nun gibt oder nicht. Ich trage ihre Stigmata auf meinem Körper. Nie mehr werde ich sie bestreiten oder verteidigen. Ich habe sie erlebt. Ganz gewiss brauche ich keine stärkeren Erlebnisse mehr, um mich ihrer zu vergewissern.

Dasselbe gilt vom Himmel. Auch dort war ich. Und weil ich an beiden Orten war, ja, weil ich nicht nur als Theologe weiss, sondern auch als Mensch erlebt habe und als Christ glaube, dass beide, Hölle und Himmel, nicht in meiner, sondern allein in Gottes Hand stehen, kann ich das Entweder–Oder von Tod und Leben überschreiten. Ich wäre bereit gewesen zu gehen, und bin genauso gern geblieben. Ich bleibe und bin doch oft bereit, genauso gut zu gehen.

Der Tod hat kein Davor oder Danach. Er ist kein Zeitpunkt, sondern die Sphäre der Minderung. *Media vita in morte sumus. Mitten wir im Leben sind vom Tod umfangen.* Tod und Leben sind die grossen Möglichkeiten mitten in der Wirklichkeit des Alltags. Sie kommen und gehen, mal laut mal leise, mal mehr mal weniger. Meine Hoffnung, wenn sie mir blüht, rechnet mit der Möglichkeit von Leben und hat dafür viele gute Erfahrungen. Auch Erfahrungen von Auferstehung mitten im Tode. Meine Verzweiflung, wenn sie mich packt, rechnet mit der Möglichkeit von Tod und hat auch dafür Erfahrungen. Auch Erfahrungen von Höllenfahrt mitten im Leben.

Die Schlüsselfrage ist, als was ich den Tod verstehe. Die drei alten Sprachen von Bibel und Antike, aber auch viele gegenwärtige, die mit ihnen verbunden sind, haben für Sterben und Tod dieselbe Wortwurzel. Das Deutsche aber hat zwei und suggeriert damit zweierlei: Vorgang und Ergebnis. Das ist ärgerlich, denn Tod ist nicht erst ein Ergebnis, etwa physiologisch der Hirntod, sondern bereits ein Vorgang. Tod ist einerlei. Ich kann sogar philosophisch darüber sinnieren, ob Tod nicht *das* Einerlei schlechthin ist, denn Leben ist ganz offensichtlich immer das Vielerlei schlechthin. Leben, das sind die vielerlei Blumen, die in den Landschaften eines Lebens blühen.

So gesehen ist, nachdem ich diese Erfahrung mit dem Tod gemacht habe, das Wissen über ihn, das ich seit dem Erlebnis mit dem Sterben meiner Grossmutter gesammelt hatte, wieder fruchtbar geworden. Ich hatte schon lange ein Verständnis vom Tod, vom Leben und von deren Ineinander, das mir nun im Umgang mit dieser wahrlich ultimativen Erfahrung geholfen hat.

Gewinnende Dekonstruktion

Bis sich vor vierzehn Jahren meine Seele meldete und vor zwei Jahren mein Körper und an jenem Sommertag alle drei. Meine Seele hat am längsten mit der Erfahrung des vergangenen Jahres zu tun.

Herausgerissen aus allen Projekten und Verantwortungen, war mein pragmatischer Umgang mit der Erfahrung, sie als ein erzwungenes Timeout zu klassifizieren. In der elektronischen Agenda ist es sichtbar als unbeschriebener Teil. Genauso lange, wie die Ärzte mich krankgeschrieben hatten, würde ich fehlen, und unmittelbar nachher würde es weitergehen wie geplant. *Unterbruch wegen Personenschadens. Ersatzverkehr ist organisiert.* Nicht den Flug nach Berlin Ende September, nicht die Studienreise nach England Anfang Oktober, nicht die grosse Australienfahrt von sechs Wochen wären zu stornieren. Doch, ich könnte reisen, hiess es. Als aber die Komplikationen kamen, mussten Stück für Stück, zuletzt bis Jahresende, alle Vorhaben abgesagt werden. Nein, es war kein Unterbruch der Tagesordnung, kein Timeout.

Heute sagt mir meine Seele, dass diese Erfahrung eine Dekonstruktion war, wie ich bereits zweimal eine erlebt hatte. So nenne ich einen tiefen biografischen Einschnitt, wo Nachher nicht ist wie Vorher, eine Erschütterung, nach der vieles anders liegt als vorher, einen Epochenwechsel, der mich zwingt, mich völlig neu einzusammeln, aufzustellen, auszurichten. Eine Dekonstruktion suche ich nicht, sie widerfährt mir und macht einiges mit mir. Sie hat etwas Kontingentes.

1996 hatte ich die erste erlebt, eine im Bereich des Geistes. Nach 23 Jahren Verbundenheit mit der akademischen Wissenschaft, immerhin der kurvenreiche Weg vom Student zum Dozent, gab ich meine Venia Legendi zurück, weil ich erkannt hatte, an der Universität keine Chancen zu haben, und unter Druck stand, bei meiner Kirche einen Brotberuf auszuüben. Erst im Moment der Rückgabe spürte ich, was dieser Schritt bedeutete. Er erschütterte mich schwer und tat sehr weh. Er bedeutete auch das Ende eines Mythos, den ich *Mythos von der steilen Karriere* nenne. Nicht mit einem Mal, aber dann doch zunehmend wurden auch eine Befreiung und eine Bereicherung spürbar: Mein Geist wurde frei von akademischen Zwangsjacken und motiviert zu einer Menge grosser Projekte, die ich für meine Arbeitgeberin realisieren konnte.

2000 kam aus heiterem Himmel die zweite Dekonstruktion. Nach 21 Jahren endete die Beziehung, aus der nach und nach Ehe und Kinder, Familie und Haus, Garten und Tiere hervorgegangen waren. Eine unheimliche Dekonstruktion im Bereich der Seele, das Ende des *Mythos vom idyllischen Landleben*. Ein Gewinn war lange nicht in Sicht, doch heute kenne ich ihn. Ich bin viel beziehungsfähiger geworden, umgänglicher und liebenswürdiger. So ist ein vielgliedriges Netz aus Beziehungen und Freundschaften gewachsen. Im vergangenen Jahr hat es seine Bewährung bestanden, denn während vier Monaten hatte ich, meine ich, nur an sieben Tagen keinen Besuch. Ein Lied, mein Glaube, dieses Netzwerk: Wo wäre ich heute, hätte ich sie nicht gehabt?

2013 dann die dritte Dekonstruktion, sie nun im Bereich des Körpers. Nein, nachher ist auch diesmal nicht wie vorher! Der *Mythos von der ewigen Gesundheit* wurde vom Krebs gefressen. Während 25 Dienstjahren hatte ich ganze drei Tage krankheitshalber gefehlt. Ich bin noch immer damit beschäftigt, mich einzusammeln, aufzustellen, auszurichten. Einen Gewinn wird es geben, aber ich sehe ihn noch nicht. Literatur vielleicht? *On verra!*

Immerhin weiss ich einmal mehr und brauche nun keine weiteren Beispiele: Die Kunst des Lebens gibt es nicht ohne die Kunst des Sterbens, die Ars Moriendi nicht ohne die Ars Vivendi. Das Qualitätskriterium der Ars Vivendi ist nach meiner Erfahrung, wie sie mit Dekonstruktionen umgeht, mit dem Tod *media vita*. Das Qualitätskriterium der Ars Moriendi hingegen ist nach meiner Erfahrung, wie sie mit den Konstruktionen umgeht, mit der Auferstehung *media morte*.

Am 16. Mai 2014, in Dankbarkeit für Ärzte und Schwestern und im Gedenken an Jordan.

DIE MENSCHEN WERDEN GESCHRUMPFT

Klaus J. Stöhlker

«She said, ‹I know what it's like to be sad›,
I know what it's like to be mad.
He said: ‹'Cause you make me feel, I've never been born.›»
nach John Lennon[51]

Der aufgeklärte Mensch, wie er seine Rolle seit 250 Jahren erkämpft hat, ist zu einem schrecklichen Krüppel verkommen. Was zwei Weltkriege und die Globalisierung bewirkt haben, ist nichts anderes als ein nicht ungebildetes, aber vielfach gedemütigtes europäisches Schrumpfbürgertum, das dem individuellen Denken und Entscheiden weitgehend abgeschworen hat. Es verkriecht sich in den Höhlen seines zunehmend unsicheren Wohlstands und nimmt erschreckt zur Kenntnis, dass die Fluchtwege in eine bessere Welt verstellt sind. Nennt man dies Leben?

Das Sterben ist meist ein ebenso unangenehmer Vorgang, wie die Geburt einer ist. Die meisten haben Angst vor dem körperlichen Verfall, einem Absturz in den Bergen ohne sofortigen Tod. Ich sah die Reste eines Freundes, der am Grossen Mythen den Tritt verfehlte; nicht einmal seiner engsten Familie wurde dieser Anblick zugemutet. Viele haben Angst vor dem Übergang und dem dann Folgenden. Kein Ägyptisches und kein Tibetanisches Totenbuch, keine Anleitung zum Sterben und zum Leben nach dem Tod kann diesen Weg vereinfachen. «Gott gebe Dir einen gnädigen Tod» hiess es im Mittelalter, wo die Opfer der Kämpfe und der Urteilssprüche qualvoll verreckten. Nur deshalb war der Heldentod so beliebt, der «gnädige Schuss». Heute ist es die Feuerwehr, die die zerfetzten Leichen aus den gefährlich kleinen und schnellen Autos herausschneiden muss. Von einem würdigen Tod kann keine Rede sein.

Das Leben danach, nun, es möge kommen. Natürlich glaube ich an kein christliches, jüdisches oder moslemisches Paradies, das meiner erwartet. Der Weg ins Nirwana wird wohl auch jenen versperrt bleiben, die sich über Jahrzehnte in der Kunst des Zen üben. Die Kunst des Sterbens, wird sie richtig ausgeübt, ist vielmehr die Kunst des Lebens. Dieses kreatürliche wilde, volle Leben, wie es Charles Baudelaire in früher Jugend noch erlebte, gefolgt von Georg Trakl, der sein junges Leben in poetischen Träumen höchster Zartheit verhauchte, ist bei uns nur noch in Karikaturen zu erfahren. Wer meint, er könne, wie Berlusconi, dem Tod den Meister zeigen, dem wird die Grazie eines Fellini fehlen. Wer meint, er könne an Filmfestspielen den Sinn des Sterbens begreifen, wird spätestens beim Empfang nach der Show an der Bar verhungern.

Mein Traum vom Tod? Es ist ein Fries, das ich der römischen Spätzeit entnommen habe. In einem Innenhof sitzt ein altes Paar auf einer Bank, Hand in Hand. Sie haben das Gift genommen; es wird sie mitnehmen.

Noch einmal hatte ich diese Szene vor Augen in einem Buch über den Holocaust. Dort sass das alte Paar in einem Berliner Bezirk auf einer Bank, in dicke Mäntel gehüllt. Es hatte keinen Ausweg mehr, keine Flucht war mehr möglich. Am nächsten Tag holte es der Zug nach Auschwitz ab.

Der Tod ist deshalb für mich etwas Federleichtes, eigentlich Bedeutungsloses. Weil der oft unsinnige Tod vieler junger Menschen, die Opfer der Entscheide alter Männer waren, die Kriege auslösten, mir in jeder Minute präsent ist, erwarte ich von meinem Leben viel, vom Tod aber wenig. Weil ich weiss, wie um mich seit 70 Jahren die Menschen verhungern, kann ich dem eigenen Tod wenig Bedeutung beimessen. «Tod, wo ist dein Sieg?», fragte Apostel Paulus. Nur wer das Leben zu ernst nimmt, wird den Tod fürchten.

Wie gestalte ich diese Leichtigkeit, denn Gestaltung ist das Gegenteil dumpfen Hinnehmens? Wer bereits zwischen den Göttern wohnt, muss den Menschen nicht zu viel Aufmerksamkeit schenken. Es ist ein verletzliches Geschlecht, das meist am Boden kleben bleibt. Selbst sich davon zu lösen, dies frühzeitig zu tun, nicht am Lebensabend, das ist die wahre Kunst des Sterbens.

Wer über das Sterben sprechen will, muss sich zuerst mit dem Leben beschäftigen. Mit mir werden viele bezweifeln, dass viele Menschen, die uns umgeben, wirklich lebendig sind im Sinne eines «ganzen Lebens», das uns bei der Geburt versprochen wird. Nicht nur der Lebensquell der europäisch-abendländischen Menschheit scheint erschöpft zu sein, wie der Dichter und Arzt Gottfried Benn es ausdrückte. Auch kann nicht ernsthaft angenommen werden, dass unsere Sünden, die wir seit tausend Jahren auftürmen, uns eines Tages vergeben werden. Unsere Vorfahren, deren Gene in uns stecken, haben in Europa, Afrika, Asien und den beiden Amerikas ganze Völker vernichtet. «Tausend Jahre sind wie ein Tag», heisst es im 90. Psalm. Dieser schreckliche Tag der europäischen Geschichte ist jetzt Nacht geworden.

Vor uns liegt eine Welt, die von den schrecklichen Optimisten, die uns umgeben, als grosse Herausforderung bezeichnet wird. Eine Welt der Chancen und des Reichtums. Was nützt es aber 550 Millionen mehr oder minder weissen Europäern, wenn einige wenige Milliardäre, die im Massaker des globalen Kapitalismus einige Zeit als Gewinner hervorgehen, oft mehr auf Zufall denn auf Leistung beruhend, in Mallorca in 1000qm-Pools baden, während vor der Küste ihr Schiff wartet, das sie über die Ozeane trägt? Die Welt bleibt Beutegut, und dem Volk steht wenig Rettung in Aussicht.

Leicht werden wir Europäer verkauft an neue indische, chinesische, ägyptische oder usbekische Herren, die im romantischen «Old Europe» in Banken oder Hotels investieren. Waren unsere eigenen Unternehmer, Politiker und Professoren seit des deutschen Kanzlers Otto von Bismarcks Herrschaft hundert Jahre ängstlich darum besorgt, dass ein Kleinbürgertum entsteht, das seine Waffen nicht gegen die Paläste richtet, ist diese Angst seit dem Zusammenbruch des Kommunismus und des Aufstiegs des globalen Kapitalismus verflogen. Unsere europäischen Nachbarn sind seit einer Generation arm geworden. Wir Schweizer, die ihre Volksrechte früh erobert und lange verteidigt haben, leben von den Leistungen und Erfolgen der Generationen vor uns. Kein Ziel vor Augen, verteidigen wir das Erbe, verbarrikadieren uns vor ungewohnt Neuem und werden doch von den Mächtigen der Wirtschaft und deren Verbänden in die Zukunft geschleift, während die Politiker die Notfälle versorgen.

Johann Wolfgang von Goethe glaubte noch an die «nahe Vollendung» des menschlichen Lebens. Gottfried Benn sah sich, gut 200 Jahre später, schon der «schizoiden Katastrophe» ausgesetzt. Er schrieb, fast schweizerisch:

«Bist du auf Grate gestiegen,
sahst du die Gipfel klar:
Adler, die wirklichen, fliegen
schweigend und unfruchtbar.»[52]

Der Mensch, sich über die Mondlandung und den Aufbruch ins Universum freuend, nicht recht verstehend, was im CERN in Genf wirklich geschieht, den Algorithmen der Finanzmärkte ausgeliefert, ist «schweigend und unfruchtbar» geworden. Was uns vorgesetzt wird, geistige Notnahrung gewissermassen, sind die brillanten Zynismen eines Peter Sloterdijk, der jetzt im ARD-Fernsehen sogar einem Richard David Precht weichen muss.

Schlimmer noch Bertrand-Henry Lévy, der über seinen Freund Nicolas Sarkozy per Telefon aus Bengasi einen Krieg auslösen liess. Ist er deshalb ein Perikles?

Die geistige Schwäche, die weite Teile unseres Volkes erfasst hat, korrespondiert mit einer zunehmenden körperlichen Schwäche der Generation, die der jetzigen folgt. Karl Rietmann, ein Ostschweizer, der sich der gesunden Nahrung verschrieben hat, stellt in seinen Knochenmessungen fest: Die einst starken Knochen der Eidgenossen werden zunehmend dünner, womit die Bruchgefahr zunimmt. Unser serbischer Putzmann, der in Winterthur Kampfsport betreibt, bestätigt dies unbefangen: «Kommen Schweizer Männer zu uns, sage ich, seid vorsichtig. Schweizer Mann – schwacher Mann.»

Die Einsamkeit des Individuums, das den Abgrund verschleiert, vor dem es steht, ist grösser geworden. Die Inhalte der Medien bieten für solides Wissen keinen Halt mehr. Wer sich darauf verlässt, was seine Regionalzeitung über die Gegenwart schreibt, wird rasch an seine Grenzen kommen.

Schweizer Radio und Fernsehen sind kurzatmig geworden und bringen nur selten jene vertiefte Information zustande, die man eigentlich erwarten müsste. Das war vor fünfzig Jahren noch anders, als die Schweizer Medien einen Vorsprung vor den anderen europäischen hatten. Heute ist es sinnlos, sich an einem Medium auszurichten. Es sind die Autoren, die zählen. Zumeist findet man sie, in allem Ernst, ausserhalb des Landes.

Die Landeskirchen haben ihr Deutungsmonopol verloren. Wenn sich in ihren Seminaren oder Klöstern erschreckte Manager und schöngeistige Jungfern drängen, sagt dies nichts aus über Qualität und Resonanz der vermittelten Botschaft. Die römisch-katholische Kirche, zumindest deren konservativer Teil, ruft dann die Botschaft Gottes zur Hilfe, die ewig ist. Die evangelisch-reformierte Kirche ist vollends ratlos, denn mit geistlicher Lebenshilfe allein werden die Kirchen immer leerer. Die Freikirchen bieten Gesang und Tanz, wiegende Hüften und leichten Eskapismus, manchmal auch intellektuelles Sektierertum, aber der Abgrund will nicht schwinden.

Medien und Internet haben mächtige Kunstwelten aufgebaut, in denen sich «die menschliche Biomasse» (Helmut Maucher, Ehrenpräsident von Nestlé) verliert. Wer in solchen künstlichen Welten lebt, geht für das existenzielle Leben verloren. Wer wagt noch die Frage nach dem Sinn des eigenen Lebens, nach wirklicher Liebe, nicht nach speed dating über Agenturen? Können die Menschen Gut und Böse noch unterscheiden? Und wenn sie es können, wagen sie es noch zu formulieren? Drei Beispiele:

Ein aufrechter Verkaufsmanager leidet mit seiner Familie unter der Expansion des Zürcher Flughafens, darf aber nichts sagen, denn der Flughafen ist auch sein Kunde.

Ein junger Schweizer leidet unter den Aggressionen balkanischer und nordafrikanischer Zuwanderer, darf aber nichts sagen, weil die Keule des Anti-Rassismus-Gesetzes jede Aussage gefährlich macht.

Ein 50jähriger Banker äussert sich im privaten Kreis zynisch über den Druck seiner Vorgesetzten, den diese intern ausüben, wagt aber keine Auflehnung, denn neue Jobs sind nicht mehr in Aussicht.

Sind diese Menschen nun wirklich lebendige Menschen oder bereits halb Tote? Weil die Informationstechnologie uns bis auf die Knochen auszieht und jede unserer Bewegungen aufzuzeichnen vermag, soll nicht die Wissenschaft angeklagt werden, die uns aus der Steinzeit in die Gegenwart befördert hat. Aber das eigene Leben verschwindet in dieser Welt der Klugen, Schönen und Schnellen. Die Menschen werden geschrumpft.

«Die grosse Suggestion dieser künstlichen Welten», schrieb der Theologe Manfred Lütz, «muss verstanden werden, um daraus ein eigenes Leben zu machen.» Das ist gut gesagt, aber schwer zu verwirklichen. Wer 4 bis 5 Stunden am Tag fernsieht, kann nicht mehr als ganzer Mensch bezeichnet werden, denn er wird in ein höchst fragwürdiges System eingebunden, das nur jemand erkennt, der über viele Systeme verfügt.

«Es gibt kein richtiges Leben im falschen», schrieb Theodor Adorno in seiner «Minima Moralia». Wer liest derlei heute noch? Die breite Masse sicher nicht. Sie sucht Schutz in den Altmännergeschichten eines Martin Walser oder Adolf Muschg, deren Ausflüge in literarische Feuchtgebiete eher trockener und gequälter Natur sind. Die oft mafiösen literarischen Beziehungsnetze, wie sie in Zürich, Berlin und Paris häufig anzutreffen sind, begünstigen derlei.

Das Überleben darf nicht mit dem Leben gleich gesetzt werden. Es ist eine fluktuierende Grenze, mal dem Leben, mal dem Tod zugeneigt, die uns zu wenig selbständigen Opfern macht. Der Sozio-Genetiker Klaus Eisenblätter, der aus der menschlichen Körperstruktur die Herkunft wie die Fähigkeiten seines Trägers abliest, gibt dem eigenen Willen nicht mehr als maximal fünf Prozent des als selbständig verstandenen Handelns. Und der Rest?

Der faschistische Dichter Drieu de la Rochelle sagte einmal: «Suizid? Nicht nötig. Das Leben und der Tod sind dasselbe.» Der unterdessen entlassene Gallimard-Lektor Richard Millet, ein vormals ob seiner Intellektualität berühmter Mann, schrieb im «Lob auf Breivik», dieser habe sich in seinem Werk, einem Manuskript von 1500 Seiten, verewigt. Mindestens «Mein Kampf» von Adolf Hitler, das demnächst wieder frei zu kaufen sein wird, darf dies nach 100 Jahren zugestanden werden. Millet, eine komplexe Persönlichkeit, sieht die vor achtzig Jahren noch stolze Pariser Intellektuellen-Kommune im Niedergang; wenig sei davon mehr vorhanden.

Wie wir den Neo-Liberalismus überwunden haben, weil wir uns heute ohne Umweg zum Kapitalismus bekennen, stehen wir offensichtlich vor einer Phase des Neo-Existenzialismus, den hundertsten Geburtstag von Albert Camus im Auge. Der Mensch, wie es Sartre sagte, sei in die Gegenwart geworfen. Er lebe als Gefangener, als «glücklicher Sisyphos» nach Camus. Sie alle, Nachfahren von Nietzsche, der im Herbst 1887 den heutigen Zustand präzise wie folgt vorhersagte:

> «Auf jenem ersten Wege, der vollkommen jetzt überschaubar ist, entsteht die Anpassung, die Abflachung, das höhere Chinesenthum, die Instinkt-Bescheidenheit, die Zufriedenheit in der Verkleinerung des Menschen – eine Art *Stillstand* im *Niveau der Menschen.*»

Und Nietzsche fuhr fort:

> «Haben wir erst jene unvermeidlich bevorstehende Wirtschafts-Gesammt-Verwaltung der Erde, dann kann die Menschheit als Maschinerie in deren Diensten ihren besten Sinn finden: als ein ungeheures Räderwerk von immer kleineren, immer feiner angepassten Rädern; als ein immer wachsendes Überflüssigwerden aller dominierenden und commandirenden Elemente; als ein Ganzes von ungeheurer Kraft, dessen einzelne Faktoren, *Minimal-Kräfte*, *Minimal-Werthe* darstellen.»[53]

Der Mensch ist nicht Nihilist, sondern er wird dem Nihilismus ausgeliefert. Seit Nietzsche ist dieses Konzept der Menschenlenkung, durch Weltkriege und Konjunkturen gesteigert, nur intensiver in seiner Umsetzung geworden. «Die Unkosten aller summieren sich zu einem Gesammt-Verlust», schreibt Nietzsche, der vor 125 Jahren den Übermenschen nur deshalb forderte, damit er dem ihm bestimmten Schicksal der Vermassung entgehe.

Übermenschen haben wir nicht erhalten, es sei denn in einer Karikatur, aber Überfirmen erhalten wir laufend mehr. Der diese Zeilen schreibt, ist glücklicher Aktionär solcher Überfirmen. Wäre er dies nicht, wäre ihm nicht die Freiheit geschenkt, solches niederzuschreiben.

Wer mir bis an diese Stelle gefolgt ist, wird leicht einsehen, dass das Sterben immer schon nach der Geburt beginnt. Deshalb sagte der Uhrenunternehmer Nicolas G. Hayek, er sei ein Kind geblieben und wolle als Künstler sterben. Im ersten Jahrzehnt unseres Lebens sind wir alle Genies, mehr oder weniger ganze Menschen, die ein grosses Glück erwarten. Bei vielen ist diese Hoffnung schon im zweiten Jahrzehnt abgestorben oder im dritten oder vierten. Zum Schluss bleibt den Überlebenden die Stoa. Marcus Aurelius, einer der bekanntesten Stoiker, musste den Limes gegen die angreifenden Germanen verteidigen. Er wusste, dass das Römische Reich dem Untergang geweiht war.

Wenn die Europäer glauben, und spätestens seit hundert Jahren liegt dies nahe, sie seien am Ende ihrer Lebenskraft angekommen, und das einst von Nietzsche belächelte «Chinesenthum», die heutige Massengesellschaft, sei ihr Endlager-Zustand, dann haben sie das Feuer ihrer Vorfahren erlöschen lassen. Der Tod ist bereits im Körper, und es muss nicht der Krebs allein sein.

Wie Orpheus mit seiner Musik den Tod besiegte, ist jedem Menschen die Chance des Erkennens und Benennens gegeben. Es braucht ein wenig Mut dazu. Aber wenn sogar der beliebte brasilianische Schriftsteller Paulo Coelho sagt: «Ein grosses Ego ist keine Sünde», dann dürfen auch die einfachen «Chillebank»-Christen, die nie ein Bischofspalais von innen gesehen haben, sich in ihren Bänken aufrichten und fragen: «Wo ist das wahre Leben?» Sollten Sie eine nur theologisch korrekte Antwort erhalten, müssen sie Widerstand leisten. Das gilt es zu lernen.

Wer als geschrumpfter Mensch diesem Leben ausgeliefert ist, wird den Tod fürchten. Er setzt auf Glücksdrogen, auf viele falsche Hoffnungen und Erwartungen, er wird keinen Halt finden und nicht den «würdigen Tod», sondern nur «Exit» vor sich haben. Die Urne landet im See oder im Friedenswald, Orte des Nichts. Das Glück, im Ganzen zu ruhen, lebendig oder tot, ist leider nur wenigen vergönnt. Es ist lernbar in Ruhe, Gelöstheit und achtsamer Aufmerksamkeit. Dieses ist mein Weg. Vielleicht bleibt es Gnade, ihn zu finden.

ZWEI SIND BESSER DRAN ALS EINER

Bernhard Egg

Im Frühjahr 2011 ist meine Frau an einem diffusen Magenkarzinom gestorben. Sie durfte nicht einmal 48 Jahre alt werden. Bis dahin war mir der Tod in der Familie nicht oft begegnet. Meine Grosseltern mütterlicherseits habe ich nie gekannt. Sie verstarben vor meiner Geburt, die Grossmutter ebenfalls an Krebs, der Grossvater bei einem Verkehrsunfall. Der Grossvater väterlicherseits verstarb an Leukämie, als ich ein Teenager war. Die Grossmutter hat ihn um 19 Jahre überlebt. Mit ihr hatte ich eine enge Beziehung, weil wir im gleichen Haus lebten. Was grosses Leiden ist, habe ich erstmals mitbekommen, als mein Schwiegervater an Prostatakrebs erkrankte. Bei der Diagnose hatte er bereits Metastasen und keine Chance mehr auf eine erfolgreiche Behandlung. Er litt in den letzten Wochen unvorstellbar, und wegen der hohen Morphiumdosis war er zudem verwirrt und eine Unterhaltung mit ihm kaum mehr möglich.

Eine Frage habe ich mir in der Folge oft gestellt: Wie würde ich auf eine solche Diagnose reagieren? Mit Wut? Verzweiflung? Anklage? Mit der Lust, noch möglichst viel zu erleben? Was sollte von mir bleiben? Würde ich beginnen, Gedanken aufzuschreiben, damit sie meine Frau und meine Kinder einmal würden lesen können? – Ich weiss es natürlich nicht und werde es hoffentlich nie wissen müssen. Dass es dann meine Frau treffen sollte, war ein unglaublicher Schock.

Die Frage war mir im übrigen nicht neu. Mein Vater war im Alter von rund 21 Jahren an einem Hirntumor erkrankt. Er konnte operiert werden und hat es zum Glück überlebt. Er lebt heute noch. Auch diese Tatsache hat mich bei jedem starken und anhaltenden Kopfweh auf den Gedanken gebracht: Hast Du das jetzt auch? Was tust Du, wenn es so ist?

Ich vermied es, verstorbene Angehörige zu sehen. Ich wollte sie vor allem so in Erinnerung behalten, wie sie mir lieb waren; in ihren Aktivitäten – der Schwiegervater zum Beispiel bei seinen Kühen im Stall, auf dem Feld oder beim Holzfällen oder die Grossmutter bei der Gartenarbeit, beim Spielen mit mir oder beim Diskutieren des Neusten auf der Strasse mit Bekannten.

Die ersten Toten habe ich gesehen, als ich nach dem Studium in der Strafverfolgung arbeitete, zum Glück keine Verbrechensopfer und keine Suizide. An jene Schauplätze wurde ich als Auditor (eine Art juristischer Praktikant) richtigerweise nicht mitgenommen. Es handelte sich um natürliche Todesursachen oder Verkehrsunfälle. Ich merkte erst jetzt, dass Tote, die nicht äusserlich verletzt sind, nicht schrecklich aussehen, sondern schlafend. Anders verhält es sich bei Unfallopfern oder einem Suizid, den ich später privat miterleben musste. Das stetige Wiederauftauchen dieser Bilder lässt sich nur schwer unterdrücken. Zum Glück sind sie immer weniger präsent und verblassen.

Nach der ersten niederschmetternden Diagnose Anfang 2010 war der zweite Bescheid, den meine Frau einige Tage später erhielt, ein hoffnungsvoller. Sie hatte noch keine Metastasen im Unterleib und vor allem nicht auf der Leber, was unmittelbar lebensbedrohend gewesen wäre. Sie hat sich über diesen Befund riesig gefreut und schöpfte Hoffnung. Eine erste Chemotherapie sollte das Wachstum des Karzinoms stoppen und es möglichst noch etwas verkleinern. Anfang Mai 2010 wurden ihr drei Viertel des Magens entfernt. Dabei stellte sich heraus, dass der Bauchraum voller kleiner Metastasen war, die man zuvor nicht hatte feststellen können. Ausserdem waren 17 von 22 entfernten Lymphknoten ebenfalls befallen. Dieser Bescheid bedeutete nach Wochen des Hoffens den zweiten und fast noch schlimmeren Schock als nach der ersten Diagnose. Chirurg und Onkologe erklärten meiner Frau nach dem Austritt aus der Intensivstation, dass keine Heilung möglich sei. Die Erinnerung an diesen Moment schnürt mir noch heute die Brust zusammen.

Meine Frau war eine sehr sportliche und topfite Person. Sie hat sich von der Operation schnell recht gut erholt, und wir unternahmen in den Sommerwochen soviel, wie möglich war. Mehr als eine Stunde vom Spital weg durften wir uns nicht entfernen und wollten wir auch gar nicht wagen. Wir machten von zu Hause aus viele schöne Ausflüge an Seen, machten mit dem Gummiboot Flussfahrten auf der Thur oder kleine Wanderungen am Walensee oder in der Umgebung. Wir fanden uns gemessen am unsäglichen Bescheid gut mit diesem begrenzten Radius ab, aber nochmals Ferien am Meer zu machen, was sich meine Frau so sehr gewünscht hatte, war nicht mehr möglich. Ab September folgte die zweite Chemotherapie, die sie überhaupt nicht vertrug. Wir brachen sie im Oktober ab. Es ging ihr dermassen schlecht, dass ich damit rechnete, sie würde nicht einmal mehr Weihnachten erleben. Eine Zweitmeinung im Paracelsusspital empfahl den Versuch einer andern, dritten Chemotherapie. Von einem Strohhalm war die Rede. Auf diese Therapie sprach meine Frau gut an, und zu unserer grossen Erleichterung und Freude erlebten wir eine wunderbare Advents- und Weihnachtszeit. Wir haben Weihnachtsguetsli gebacken und an Weihnachten feine Holzofenpizza aus dem eigenen Kachelofen gegessen. Im Januar waren sogar noch ein Besuch in Braunwald mit einem Spaziergang in der schönen Wintersonne möglich und eine Reise in die Beyeler Foundation nach Riehen. Danach ging es rasch und stetig bergab, die Kräfte schwanden, und sie starb Anfang Mai 2011, rund ein Jahr nach der Operation.

Ich hatte also ein Jahr der Gewissheit, den liebsten Menschen bald durch eine hinterhältige, qualvolle Krankheit zu verlieren. All die Gefühlsbäder, die Trauer, das Hadern, die Wut lassen sich nicht beschreiben. Getröstet hat mich, spüren zu dürfen, wie sehr sie es schätzte, wenn ich bei ihr war, mit ihr etwas unternahm oder ihr vorlas. Sie ist allen mit unglaublicher Offenheit begegnet und hat es, wie sich einer meiner besten Freunde ausdrückte, allen leicht gemacht, sie zu besuchen. Sie war aber immer wieder auch unendlich traurig, mich, unsere Tochter und unsern Sohn zurücklassen zu müssen. Sie hatte doch so eine feine Familie, wie sie oft sagte.

Ich war immer wieder wütend, aufgebracht, haderte und schimpfte auch mal für mich eine Wand oder den Himmel an, weshalb uns das passieren musste. Weshalb traf es meine Liebste, ausgerechnet sie, die jede Packungsbeilage las, bevor sie etwas kaufte, sich gesund ernährte, wenig Alkohol trank, nicht rauchte und viel Sport trieb und Turnen für Seniorinnen und Senioren unterrichtete? Weshalb traf es uns?

Ich konnte mich nur so mit «dem da oben» einigermassen versöhnen (ganz ist es mir bis heute nicht gelungen), indem ich mir sagte, dass er meine Frau und mich auch zusammengeführt hatte. Wir waren so glücklich, dass wir uns gefunden hatten. Ich gehörte zuvor zu den jungen Männern, die keine Serie von Beziehungen hinter sich hatten, und glaubte, ich würde sowieso nie «die Frau» finden. Umso seliger war ich, nun meinen Schatz zu haben. Wir wollten zusammen alt und schrullig werden und waren überzeugt, dass uns das gelingen würde. Es sollte leider völlig anders kommen.

Begleitet haben uns stets die Verse aus dem Prediger, die wir als Hochzeitstext ausgewählt hatten (Prediger 4,9–11; zitiert nach der Zürcher Bibel, Ausgabe 1970):

«Zweie sind besser dran als nur einer,
sie haben einen guten Lohn für ihre Mühe.
Denn fallen sie, so hilft der eine dem andern auf.
Doch wehe dem Einzelnen, wenn er fällt
und kein andrer da ist, ihm aufzuhelfen!
Und liegen zwei beieinander, so haben sie warm;
wie aber könnte einer allein erwarmen?»

Ein wunderschöner lebensnaher Text, der uns stets inspiriert hat und uns wichtig war und blieb. Ich habe ihn auch der Todesanzeige vorangestellt.

Was stelle ich mir nun vor, wo meine Frau ist, oder wie pflegen wir unsere Beziehung weiter?

Ich bin fest überzeugt, dass sie oft bei mir beziehungsweise bei unsern Kindern ist (sie sind heute 27 und 23 Jahre alt). In den ersten Wochen nach ihrem Tod ist es mir gegangen wie wohl den meisten Hinterbliebenen, die so vertraut mit ihrer Liebsten oder ihrem Liebsten waren. Immer wieder kamen mir unterwegs Gedankenblitze wie, ich müsse sie dann zu Hause dies und das fragen oder ihr etwas erzählen, was ich erlebt hatte. Oder ich kam beim Lauftraining an schönen Blumen vorbei und dachte, ich müsse mir den Ort merken und ihr dann zeigen. Und in der gleichen Sekunde sauste ein seelischer Hammer nieder und zeigte mir, dass ich es ja gar nicht mehr mitteilen konnte. So nehme ich eben meine Frau oft im Herzen mit und erzähle ihr, was ich sehe und erlebe.

Sie hatte die Angewohnheit, wenn wir in einem Konzert oder im Kino, Theater oder ähnlich nebeneinander sassen, mit der Hand nach mir zu tasten und mir so zu verstehen zu geben, dass sie meine Hand halten und nah bei mir sein wollte. Diese Hand spüre ich bis heute ab und zu und ergreife sie gewissermassen wie früher.

Ausserordentlich eindrücklich sind auch Erlebnisse wie das folgende: Im zweiten Sommer nach dem Tod meiner Frau fuhr ich mit meiner heutigen Partnerin mit dem Auto ins Tessin. Wir wählten statt des übel riechenden Tunnels die Passstrasse über den Bernardino und die Landstrasse durch das eindrückliche Misox. Schon früher hatten meine Frau und ich es so gemacht, nicht immer den direkten und schnellsten Reiseweg zu wählen, sondern die Seele gewissermassen etwas mitkommen zu lassen und unterwegs etwas zu wandern oder eine Stadt, ein Dorf oder irgendeine Sehenswürdigkeit zu besuchen. Vor Misox sahen meine Partnerin und ich nun die Kirche stolz auf ihrem Felsen stehen. Wir beschlossen spontan, einen Halt einzuschalten und zu ihr hochzusteigen. Es war ein grauer, regnerischer und wolkenverhangener Tag. Wir betraten die Kirche und waren vom ersten Moment an sehr berührt. Es herrschte eine friedliche, ausserordentlich geistliche Stimmung. Der Raum war mit wenigen Lampen und warmem Licht ausgeleuchtet und nahm uns gefangen. Eine Madonna mit feinen schmalen Gesichtszügen, wie ich sie noch kaum gesehen hatte, war ebenfalls angeleuchtet und strahlte eine einzigartige Herzlichkeit und Zuwendung aus. Die Erinnerung an meine Frau umfing mich und trieb mir die Tränen in die Augen.

Gleichzeitig spielte jemand Orgel. Und nicht etwa irgendeinen Choral oder ein Kirchenlied der nächsten Messe, sondern zuerst das Ave Maria und dann das Agnus Dei. Es waren unbeschreibliche Minuten in einer zauberhaften Stimmung. Und ein Gefühl in mir drin sagte mir, wenn ich zur Orgel hochgestiegen wäre und nachgeschaut hätte, wer spielt, es wäre meine Frau am Orgeltisch gesessen. Selbstverständlich haben wir das Geheimnis nicht gelüftet. Wir verliessen die Kirche ganz beseelt und einzigartig berührt. Alles nur Zufall? Wir hätten die Autobahn doch gar nicht verlassen müssen oder hätten am Dorf vorbeifahren und möglichst schnell zum Lago Maggiore fahren können! Wir taten es nicht, weil «irgendetwas» uns in diese Kirche gerufen hatte. Ich bin sehr dankbar, dass ich den Ruf wahrnehmen durfte. Beweisen, ob es ihn gab, kann ich natürlich nicht und will ich auch nicht. Er war da, das genügt. Ich habe ihn seither auch noch andere Male gehört.

Ob mein eigenes Sterben mir einmal leichter fallen wird, weil ich mir erhoffe, wieder mit meiner Frau zusammen zu sein, weiss ich nicht. Ich gebe zu, ich geniesse das Hier und Jetzt. Ich möchte den Lebensweg unserer Kinder weiterverfolgen, Zeit mit meiner Partnerin und Freunden verbringen, noch viele Berge besteigen, Wanderungen und Velotouren machen, meinen Wald und Garten pflegen und vieles andere mehr. Ich bin hungrig nach Leben. Wir sind ja wie Kinder geneigt uns vorzustellen, die Verstorbenen seien in ihrer Gestalt, wie wir sie kannten, noch existent, einfach in einer andern Dimension an einem andern Ort. Das Bild hilft uns vermutlich auszuhalten, dass sie eben nicht mehr da sind. Von daher kommen wohl auch häufig in Todesanzeigen verwendete Verse wie «Er/sie ist nicht weg, er/sie ist uns nur vorausgegangen». Man sieht sich im Jenseits wieder. Wir werden sehen. An sich ist es tröstlich, dass wir nicht über diesen Horizont schauen können. So können wir uns unsere eigene Vorstellung machen, wo unsere Liebsten sind.

Mir gefällt der Gedanke, dass sie gar nicht «im Jenseits» sind, sondern gegenwärtig. Mich fasziniert die Vorstellung, dass meine Frau mich umfängt, ab und zu anstupft, mich begleitet und sich mit mir über Gelungenes freut und mit mir traurig ist. So meint es vielleicht auch der Prediger. Ich empfinde Wärme, wenn ich an sie denke. Sie hilft mir, nach dem

Fallen wieder aufzustehen. Wenn ich daran denke, was sie durchgestanden hat, gewinne ich wieder Kraft, um die täglichen Herausforderungen zu meistern. Und sie verlieren zu müssen, hat mich in vielen Situationen gelassener gemacht. Wo ich früher heftig reagiert oder gar überreagiert hätte, vermag ich heute gelassener zu bleiben, überlegt und angemessener zu reagieren. Wird es an einer Sitzung hitziger, knistert die Spannung und werden persönliche Angriffe gestartet, kann ich viel besser die Ruhe bewahren. Was meine Frau und ich Schlimmes erlebten, hilft mir, die Relationen zu wahren, die Dinge richtig einzuordnen. Ich scheue mich auch weniger, kritische Punkte offen anzusprechen. Ich durfte auch mehrfach merken, dass ich ernster genommen werde als auch schon, dass man mich gewissermassen als legitimiert betrachtet, zwischenmenschliche Dinge anzugehen.

Liebe und Freundschaft habe ich im Sinne des Predigers neu schätzen gelernt. Ich empfinde unsern engsten Freunden und einzelnen Verwandten gegenüber, die uns gestützt und begleitet haben, tiefe Dankbarkeit und fühle mich ihnen sehr verbunden.

Schliessen will ich mit einer Zusammenfassung des letzten Abschnittes aus der Totenrede von Max Frisch für seinen Freund Peter Noll, der Strafrechtsprofessor war und bei dem ich an der Universität Zürich noch während drei Semestern studierte. Er starb 1982 an Blasenkrebs, und posthum erschienen seine Diktate über Sterben und Tod, die mich sinnigerweise sehr beeindruckt haben und in denen ich immer wieder blätterte:

«Wir sind zur Trauer versammelt. Einen Verstorbenen öffentlich zu loben und öffentlich zu versichern, dass man ihn vermissen werde, ist der übliche Ausdruck unsrer redlichen Trauer in Ahnungslosigkeit, was Tod ist.
Kein Antlitz in einem Sarg hat mir je gezeigt, dass der Eben-Verstorbene uns vermisst. Das Gegenteil davon ist überdeutlich. Wie also kann ich sagen, immer grösser werde mein Freundeskreis unter den Toten? [Anmerkung: Im ersten Satz der Totenrede macht Max Frisch diese

Aussage] Der Verstorbene überlässt mich der Erinnerung an meine Erlebnisse mit ihm […] Er hingegen, der Verstorbene, hat inzwischen eine Erfahrung, die mir erst noch bevorsteht und die sich nicht vermitteln lässt – es geschehe denn durch eine Offenbarung im Glauben.»

WENN DIE SONNE UNTERGEHT

Fabulate eines Nachtfahrers

Linard Bardill

«Auf meinen Wanderungen zu den Toten erfuhr ich vielerlei», sagte der Narr zu Archo, seiner Wundernase «vor allem aber die gnadenvolle Verblendung, mit der sie alle verbrüdert waren. Alle glaubten sie wahrhaftig, dass die Dinge, die sie sahen, hörten und erspürten, fremd seien, getrennt und abgelöst von ihnen selbst. Wie ein Träumer, der in seinem Traum lebt, ohne zu wissen, dass er träumt.»

«Warum ist die Verblendung gnadenvoll?», fragte Archo.

«Die Gnade besteht aus dem Erwachen», antwortete der Narr, «nur wer verblendet ist, kann erfahren, was Sehen bedeutet.»

«Ist denn die unsterbliche Seele mehr als eine Einbildung?», bohrte Archo weiter.

«Die Seele stirbt, wenn ihre Kraft nachgelassen hat, so wie der Körper stirbt, wenn seine Zeit zu Ende ist», sagte der Narr und lächelte, «wie sollte sie unsterblich sein?»

«Und nach dem Tode des Körpers?»

«Denkt und fühlt die Seele weiter. Und ihre Gedanken und Gefühle werden Landschaft, Häuser, Menschen und Figuren. Viele der Verstorbenen fand ich, die sich zuerst eine Bleibe erdachten, um endlich in Frieden dort zu sein, wo und wie sie es sich ein Leben lang gewünscht. Bauten sich ein kleines Häuschen am See, wo der Sonnenuntergang ewig währt. Andere bauten sich Villen, Paläste, Kathedralen! Es gab aber auch jene, die in dunklen Höhlen, kalten Wüsten und steinigen Bergen hausten, verzweifelt, frierend vor Angst und Einsamkeit.»

«Und die Hölle und der Himmel und das Fegefeuer?», drang Archo weiter.

«Die fand ich auch. Bevölkert von den Gläubigen, die im Leben daran geglaubt und gearbeitet hatten. ‹Oh›, hörte ich sei rufen, ‹alles ist so, wie wir geglaubt, wie es unsere Vorbeter verkündet, wie es unsere Schriften verhiessen.› Und sie waren glücklich. Denn die Bestätigung des Glaubens ist für den Gläubigen wie das Echo der Liebe des Verliebten.»

«Dann gibt es also die Hölle doch!», wunderte sich Archo.

«Wie lange soll ich noch reden?», fragte der Narr und schlug mit seinen Schellenstock auf den Boden, «alles ist so, wie deine Seele glaubt, so wie sie denkt, so wie sie fühlt. Glaubt sie an die Hölle, gibt es die Hölle auch. Alle kommen sie an da drüben in dem, was ihre Seele ausgebrütet. Und wenn während Tausenden von Jahren ungezählt viele Seelen immer weiter an die Hölle und den Himmel glaubten, dann ist diese Welt umso mächtiger!»

«Ich verstehe», sagte Archo mit gesenktem Blick, «aber wenn man nichts geglaubt im Leben, wo kommt man dann hin?»

«Ins Nichts, oder ins ‹Fastnichts›, weil die Seele das ganze Nichts nicht denken oder glauben kann.»

«Und wie sieht es aus, das Fastnichts?»

«Öde. Leere Stätten. Menschenlose Ruinen. Wüsten, Kälte. Nein. Schneebedeckte Wälder. Schluchten. Höhlen. Es herrscht Dämmerung, die Sonne knistert wie eine Spinne im grauen Netz.»

«Du willst den alten Glauben wiederauferstehen lassen, mit Himmel, Fegefeuer und Hölle, Schande!», rief Archo bestürzt.

«Ich will nichts», sagte der Narr, «das Wollen ist mir ausgegangen wie dem Drescher das Stroh. Doch auf meinen Wanderungen zu den Toten ist mir vielerlei begegnet. Sie leben in ihren Gedanken und ihren Wünschen, ihren Ängsten und ihren Hoffnungen. Sie hausen in ihrer Einsamkeit und ihrer Verblendung. Bis sie erfahren, dass sie selbst die Landschaft sind, in der sie ankamen, die Ruinen, die Tunnels, die Szenen des Grauens, denen sie begegnen, den hustenden Basaltsäulen ihrer Süchte und Gier, den langen Märschen durch ihre eigene Entleertheit. Aber auch die grünen Wiesen ihrer Überwindung, der Flug ihrer befreiten Willenskräfte.»

«Ich fühle mich wie ein Tauber inmitten von Musik!», sagte Archo, dem es nicht gelang, zu ergründen, ob der Narr in seinen Narrenbeutel hinein flunkerte oder ob er wirklich die Wanderung zu den Toten gemacht hatte.

«Lass dich nicht verwirren, Archo», sagte der Narr liebevoll. «Bevor du nicht den Mantel der Trauer über die Unmöglichkeit zu wissen abgestreift hast, kannst du nicht begreifen.»

«Über die Seele der Tiere, über das, was die Zukunft bringt und über das, was jenseits des Todes ist, kann keiner reden!», insistierte Archo trotzig.

«Alle Lebenden, die du kennst, trägst du in dir. Sie sind ein Teil deiner Seele. Und deine Seele birgt sie im Nun, kennt weder Vergangenheit noch Zukünftiges. In ihr ist alles aufgehoben, die Seele des Tieres, das Vor und das Danach. Sieh mich an!»

«Ich sehe einen Narren», sagte Archo, den die Kinder Wundernase nennen, «einen Narren, der zu viel weiss!»

«Wenn ich eines Tages sterben werde», fuhr der Narr fort, «dann weiss deine Seele, wo ich sein werde, weil sie es jetzt schon weiss. Ihr reicht ein Auge voll, ein Ohr, eine Berührung, um zu wissen, wie es um mich steht. Und sie kennt auch meinen Weg zum Licht, das keiner je beschrieben hat.»

«Jetzt sprichst du auch noch vom Licht wie die Pfaffen!», rief Archo und wandte sich ab.

«Das Licht ist ohne Namen», lachte der Narr, «es hat keine Farbe! Aber so weit war ich noch nicht! Zuerst muss die Seele sich aufmachen aus dem Haus, das sie in ihren Raum gebaut.»

«Wann soll das sein?», fragte Archo.

«Wie ein Maler satt werden kann von seinen Bildern, wie ein Musiker sich selbst nicht länger zuhören will, so wird die Seele satt vom Anblick ihres eigenen Behausung. Ist ihr Palast doch aus ihren Gedanken erstanden, der Sonnenuntergang aus ihrem Gefühl, atmet doch die Luft ihren Atem und rauscht das ausgesetzte Meer ihren Gesang.»

«Und schon kommt sie ins Licht?», fragte Archo.

Der Narr schüttelte den Kopf. «Viele von ihnen sah ich wandern durch lange Gänge, Höhlen und Tunnels. Dort blitzten Kriege auf und Nöte. Hunger, Angst und Wahn. Schlachten, Folterungen Grauen, Katastrophen. Menschen versanken in

Fluten, wurden bei lebendigem Leibe gehäutet und verbrannt.»

«Schöne Aussichten!», sagte Archo und schüttelte sich wie ein Hund nach dem Bade.

«Einsichten sind es», sagte der Narr, «in die Abgründe der Seele, ins Ungeheuer des Denkens, in die Verstrickung der Völker, ins Grauen der Geschlechter, in den Fluch der Generationen in die verschlungenen Pfade der Familien. Alles trägt sie mit, unsere Seele, und verlangt Erkenntnis.»

«Ich kann das Wort Seele nicht mehr hören!», rief Archo. m«Was hat man den Menschen nicht alles angetan im Namen ihres Seelen-Heils und deren Verdammnis!»

«Nenne sie den verwunschenen Spiegel», sagte der Narr, «nenne sie den Leib der Gedanken, nenne sie das Sternenschiff der Angst, der Lust, der Leidenschaft, der Begierden, nenne sie den Nachtschatten der schwarzen Sonne, aber verheddere dich nicht im Krüppelholz der Sprache, denn sie ist schon drüben, die Schöpferin der Träume, die Gebärerin der Wünsche, die Hexe der Lüste. Ich nenne sie Seele. Denn mir ist lieb, was alt ist wie die Welt.»

«Also denn!», sagte Archo. «Wohin treibt sie dann, deine elende Seele?»

«Ja, elend ist sie, denn in ihr dämmert nicht nur das eigene Schicksal, in ihr schläft das ganze Gefälle der Menschheit. In ihrem Sturz von Klippe zu Klippe fällt die Seele mit ungezählten Seelen in den Abgrund, in den Wahn wie die gefallenen Engel dem Luzifer hintdrein.»

«Ach, jetzt tritt auch noch der Teufel auf die Popanzen-Bühne!», verwarf Archo die Hände.

«Du kannst die Angst nicht messen, die Verzweiflung und den Schrecken, wenn die Seele aus sich heraus die Katastrophen an die Wände der Gänge wirft, die Kriege und unfasslichen Morde an ganzen Völkern. Auch die Seele kann es nicht fassen, und doch muss sie hindurch, weiter, an Bild und Bild. Losreissen wird sie sich, sich retten. Denn zu erkennen, dass auch dies alles aus ihr herauskommt, das vermögen nur wenige.»

«Wo ist das Ende?», rief Archo. «Es reicht!»

«Ende ist keines. Nie!», sagte der Narr und schüttelte seine Kappe, dass die Schellen ihm um die Ohren sirrten. «Oder denkst du, dass der Sonnenuntergang das Ende der Sonne bedeutet? Glaubst du, dass das Ende des Regens das Versiegen der Bäche, das Austrocknen der Flüsse, das Versumpfen der Meere bedeutet? Es ist immer Anfang und Ende. Ende und Anfang. Im Verharren liegt die Verblendung. Wer den Fluss anhalten will, ist unglücklich.»

«Deine Worte klingen wie die Schellen deiner Kappe», sagte Archo. «Wann kommt das Licht?»

«Nun ersehnst du selbst es, Wundernase!», lachte der Narr und freute sich. «Auf meinen Wanderungen zu den Toten erfuhr ich, dass viele in Tunnels hineingerieten, in Gänge, in Höhlen, in unterirdische Labyrinthe, und dass das Licht am Ausgang sie blendete wie das Kind, das aus dem Mutterleibe durch die Sonne geblendet wird. Selbst wenn da noch keine Sonne scheint. Doch das Schwerste hat die Seele hinter sich. Denn jeder Ausgang ist auch ein Eingang.»

«Ich glaube, das sagtest du bereits», unterbrach ihn Archo ungeduldig.

«Und die Seele findet sich bald auf einer grünen Wiese wieder. Asphodelen blühen da. Weiches Moss und Wasser. O welche Ruhe, welches Loslassen!»

«Na, vermutlich packt sie jetzt die belegten Brote aus und öffnet eine Flasche mit gutem roten Wein,» spottete Archo.

«Ja», sagte der Narr zufrieden, «die Seele lässt sich baumeln! Liegt im Gras. Schaut hinauf in die Äste der Bäume des Hains. Lobt den guten, blauen Himmel und wird leicht. Leicht bis zum Fliegen.»

«Und wo fliegt sie hin?», fragte Archo.

Der Narr lächelte: «Oh, sie fliegt nach Hause!»

«Jetzt kommt das Paradies, was?», fragte Archo lauernd.

«Nein, liebe Wundernase», schüttelte der Narr den Kopf, «das Paradies gehört zu den inneren Räumen der Seele, ist Bild, das die Menschen sich vorbereitet haben in ihrem irdischen Leben, Bild, das aufblüht in ihrem inneren Kaleidoskop wie die Hölle und das Fegefeuer. Was die Seele nach der Asphodelenwiese erfährt, ist ihre Leichtigkeit. Ihre federleichte Leichtigkeit.»

«Und da fliegt sie, als ob sie ein Vöglein, wär nach Haus!», sagte Wundernase und verzog den Mund.

«Nein, nicht so schnell», bremste der Narr, «zuerst wird sie noch ihre feinen, fliegenden Kräfte spüren, wird ihren Mäandern und Mandalas begegnen, wird sich niederlassen auf gewaltigen Ornamenten, Geometrien, auf verblühter Sonnenblumen Saattellern, auf Lanzetten von riesigen Dahlien, auf Bienenwaben, Strukturen göttlicher Hieroglyphen.»

«Das alles kann ich auch hier haben, da brauche ich nicht erst zu sterben», sagte Archo enttäuscht.

«Auf meinen Wanderungen zu den Toten,» lacht der Narr, «erfuhr ich, dass es keinen Unterschied gibt zwischen hier und dort. Alles ist hier, und alles ist dort. Zwischen den Zweigen der Bäume erkennst du die gleichen verschlungenen Räume. Auf der Oberfläche des Schnees entfaltet sich die gleiche Landschaft, in den Kelchen der Blume dieselbe göttliche Symetrie.»

«Und dann?», fragte Archo, dessen Magen zu knurren beginnt und der ein Ende seiner Neugier herbeisehnt.

«Dann kommt der Nebel und dahinter das grosse Licht, das hindurchscheint», sagte der Narr in einem feierlichen Tone, der nicht zu seinem Kostüm passen wollte. «Zuvor aber sitzt noch der grosse Wächter, die flammende Eule. Ohne Gesicht, ohne Hände, ohne Füsse. Nun ist alle Kraft der Seele aufgebraucht, und sie lässt sich in die Arme des Wächters fallen, der sie ins Licht bringt.»

«Amen. Aus. Ende im Gelände!», sagte Archo und steckte sich ein Stück Zucker in den Mund.

«Ja», sagte der Narr und sah sich die Oberseite seiner Hände an, «was dahinter, hinter dem Wächter ist, entzieht sich meiner Erfahrung. Auf meinen Wanderungen zu den Toten fiel mir aber auf, dass aus dem Nebel neue Seelen fliegen, hinunter in die Welt der Wünsche und Vorstellungen, hinab zu den Gründen.»

«Wer zu den Gründen geht, geht zugrunde», zitierte Archo und erhob sich. «Dann fängt ja alles wieder von vorne an. Und ich bekomme etwas zwischen die Zähne.»

Archo entfernte sich, und der Narr beugte sich zu seinem Hund hinab und strich über sein weisses glänzendes Fell.

«Ja, mein Lieber, es gibt Dinge, die muss man den Wundernasen nicht auf dieselbige binden. Du aber, mein gutes Tier, bist ohne Farbe, wie das Licht, in dem der Keim ausblüht in tausendfältig bunter Weise. Doch unerträglich ist das Licht, wenn es auf das noch nicht Lichtende trifft. Nichts kann verweilen, bevor es nicht ganz Licht geworden ist. Darum wirft das Nichts die nächsten Samen aus zu Stein und Klang, zu Schicksal und Zeit.»

Der Hund bellte leise und legte seine Schnauze in die Hand des Narren, aus dessen Augen eine Träne – wie das Sonnenlicht auf die Flügel der Heuschrecke – auf das weisse Fell fiel.

STERBEN UND TOD

Karin Keller-Sutter

«Den unberechenbaren Tod täglich vor Augen haben.»
Benediktsregel Kapitel 4, Vers 47[54]

Ich habe keine Angst vor dem Tod. Seit ich das Leben kenne, fürchte ich mich nicht mehr vor dem Sterben. Als Kind war das anders. Ich erinnere mich gut an eine Fotografie meiner um einige Jahre älteren Cousine, die als Kleinkind an einer Infektionserkrankung verstorben ist. Wir hatten zu Hause ein Bild des Kindes, eingebettet in einen Kindersarg, inmitten von einem Meer von Blumen. Das Bild hat mich immer seltsam berührt. Vor allem wurde es mitten unter den anderen – damals allerdings noch etwas spärlicheren Fotos – von Jungwachtlagern oder Erstkommunionfeiern ganz selbstverständlich aufbewahrt. Damit war der Tod ein ganz natürlicher Teil des Lebens. Zum zweiten Mal wurde ich mit dem Tod konfrontiert, als 1969 meine Grossmutter starb. Wie zu jener Zeit noch üblich, wurde sie im Sarg zuhause aufgebahrt. Gemeinsam mit meiner Mutter machte ich einen Trauerbesuch bei meinem Grossvater. Warum mich meine Mutter mitgenommen hat, weiss ich bis heute nicht. Es ging wohl darum, von meiner Grossmutter Abschied zu nehmen. Diese war in einem kleinen Zimmer aufgebahrt. Ich kann mich noch gut erinnern: Der Sarg stand an der Wand, das Fenster war gekippt. Der Sarg war mit Blumen ausgeschmückt, überall brannten Kerzen. Ein riesiges Kreuz an der Wand wachte über der Verstorbenen. Die Situation war mir unangenehm, ich fühlte mich unvorbereitet. Ich hatte als Kind auch nicht das Bedürfnis, meine Grossmutter tot zu sehen. Ihr wachsbleiches

Gesicht sowie die dunklen Fingernägel lösten bei mir ein gewisses Unbehagen aus. Es fiel mir schwer, diese unerwartete Konfrontation mit dem Tod einzuordnen. Die Bilder meiner verstorbenen Grossmutter haben mich lange verfolgt. Ihren Anblick habe ich verarbeitet, indem ich in der Zeit nach ihrem Tod die Fingernägel aller meiner Puppen violett angemalt habe.

Sehr nahe ging mir 1989 der plötzliche und unerwartete Tod meines Vaters. Der Tod ist dann besonders brutal, wenn er sich unerwartet in unser Leben einmischt. Damit hatten meine Mutter und ich nicht gerechnet. Als wir von einem kurzen Einkauf zurückkehrten, fanden wir meinen Vater im Wohnzimmer. Er sass leblos in seinem Sessel, vermeintlich schlafend. Er sah ganz friedlich und zufrieden aus. Doch als ich ihn sah, wusste ich sofort, dass er nicht schlief. Ich kann nicht erklären, wo ich die Gewissheit hernahm, dass er tot sein musste. Ich wusste es einfach. Dieses Bewusstsein erschütterte mich tief, und ich verspürte eine unbeschreibliche Trauer, die mich physisch und psychisch sofort in Beschlag nahm. Es gab nur noch ihn: den unerwarteten Tod. Es konnte doch nicht sein, dass mein Vater einfach so gegangen war, ohne Abschied, ohne Vorwarnung, ohne ein letztes Wort. Sein Leichnam war noch warm, als ihn der Bestatter gemeinsam mit meinem Bruder in den Sarg legte und dann abtransportierte. Innert weniger Stunden war er gegangen. Für immer. Der plötzliche Tod eines lieben Menschen lässt einem kaum Zeit für die Trauer. Alles muss schnell gehen. Die Behörden müssen informiert werden, der Bestatter wird bestellt, die Trauerfeier wird organisiert. Die Tatsache, dass ein Mensch, mit dem man jahrelang zusammen gelebt hat, einfach so abgeholt wird, hat mich lange beschäftigt. Ich weiss, dass es nicht darum geht, jemanden zu entsorgen, und trotzdem kam es mir manchmal so vor. Kaum war mein Vater tot, wurde er eingesargt und «entfernt». Das Leben der Hinterbliebenen ändert sich damit innert weniger Stunden. Diese Veränderung anzunehmen, ist schwierig. Kommt der Tod so unerwartet, will man ihn nicht wahrhaben, kann ihn nicht fassen oder gar verstehen. Man versteht ihn nicht als Erlösung, die man einem Verstorbenen gönnen soll, der eine lange und schwere Krankheit erdulden musste. Gemeinsam mit meiner Mutter nahm ich in den ersten Tagen dieser unabwendbaren Gewissheit an den abendlichen Rosenkranzgebeten teil. Ich fand darin zwar auch keine Antwort auf meine Fragen, aber die Monotonie des Rosenkranzes, das Ritual des gemeinsamen Gebets, spendeten mir Kraft und Trost. In einer haltlosen Zeit habe ich damit eine Struktur bekommen. Auch besuchte ich meinen Vater bis zur Bestattung täglich im Kühlraum des Friedhofs. Ich hatte Mühe loszulassen. Dass er da so lag in der Kälte des Winters, machte mir zu schaffen. Später besuchte ich ihn oft auf dem Friedhof. Dieser Abschied auf Raten gab mir Trost und half mir, seinen Weggang zu verarbeiten. Als das Grab nach zwanzig Jahren geräumt wurde, taten meine Brüder und ich uns schwer. War es das jetzt? Ich habe gelernt, mit dem Verlust umzugehen, ihn zu akzeptieren, und trotzdem fehlt mir mein Vater immer noch. Gerne würde ich das eine oder andere mit ihm besprechen, ihn um Rat fragen, seine Reaktion einholen. Meine Brüder und ich sprechen immer noch oft über ihn, lachen über das eine oder andere Erlebnis oder Missgeschick. Er ist und bleibt ein Teil von uns.

1992 erlitt ich zwei Fehlgeburten. Im dritten Schwangerschaftsmonat wurde ich mit Blutungen und Schmerzen ins Spital eingeliefert. Das Bild mit dem Ultraschall hatte ich mitgenommen und bewahrte es in der Schublade meines Nachttisches auf. Ich musste ja nur ein paar Tage liegen, bis das Gröbste überstanden war. Mein Arzt war denn auch zuversichtlich und meinte, es käme schon gut, ich brauche jetzt einfach etwas Ruhe und müsse mich schonen. Mitten in der Nacht kam es anders. Die Wehen setzten ein, ich hatte unerträgliche Schmerzen. Mir wurden starke Schmerzmittel verabreicht. Es musste für den behandelnden Arzt absurd klingen, denn ich sorgte mich um das ungeborene Kind und meinte, die Medikamente würden diesem sicher schaden. Ich kann mich nicht mehr erinnern, wie lange das Ganze gedauert hat. Ich wusste nur eines: Das, was Leben hätte werden sollen, endete dann schliesslich in einer Nierenschale. Am Morgen auf der Visite wurde mir Mut zugesprochen. Ich fühlte mich elend. Als mein Mann kam, war alles schon vorbei. Eine Fehlgeburt mitten in der Nacht. Beim zweiten Mal war es anders. Der Ultraschall zeigte kein Leben mehr. Der Fötus musste entfernt werden. Von meinen Fehlgeburten habe ich mich gut erholt. Weder Trauer noch

Verbitterung belasten mich in dieser Hinsicht. Ich habe akzeptiert, dass das Leben mir andere Aufgaben zugewiesen hat. Was bleibt, ist die Neugier auf ein Kind, das ich nie kennen lernen durfte. Wenn wir die Kinder unserer Freunde sehen, reden mein Mann und ich gelegentlich über unseren Sohn oder unsere Tochter und fragen uns, was aus ihm oder ihr wohl geworden wäre.

Es sind unter anderem diese Lebenserfahrungen mit dem unberechenbaren Tod, die mich zum hl. Benedikt von Nursia hingeführt haben. Einer seiner wichtigsten Lebensgrundsätze besteht darin, den unberechenbaren Tod täglich vor Augen zu haben. Dies rät er uns in seiner Benediktinerregel, die auf das 7. Jahrhundert zurückgeht. Die Regel des hl. Benedikt war eine Art Satzung und diente primär dazu, der klösterlichen Gemeinschaft eine Ordnung zu geben. Wer sich zum ersten Mal mit den Regeln befasst, dem scheinen einige fremd, da sie vor allem das Leben im Kloster betreffen. Einige andere aber haben in ihrer Aktualität nichts eingebüsst und können als eigentliche Lebenshilfe bezeichnet werden. Wichtige Grundsätze des spirituellen Lebens finden in der Regel ihren Niederschlag. Den unberechenbaren Tod täglich vor Augen zu haben, hat denn auch nichts mit übertriebenen Pessimismus oder gar Todessehnsucht zu tun, sondern mit Demut und Gelassenheit. Der Tod ist gewissermassen die Vollendung des Lebens. Er ist für uns alle vorbestimmt, und das ist auch gut so. Stellen wir uns eine unsterbliche Menschheit vor: Welcher Arroganz und Überheblichkeit würden die Menschen wohl verfallen? Das Bewusstsein, dass alles endlich ist, macht uns bescheiden, führt uns die eigene Bedeutungslosigkeit vor Augen. Wer den unberechenbaren Tod täglich vor Augen hat, lebt bewusster und ist in der Lage, Wichtiges von Unwichtigem zu unterscheiden. Dieses Bewusstsein ist jedoch nicht gratis, also quasi nicht gottgegeben. Täglich muss man daran arbeiten, Veränderungen, Rückschläge oder schwierige Lebenssituationen anzunehmen und nach neuen Wegen zu suchen. In meinem Leben habe ich gelernt, die Situationen anzunehmen, die ich nicht ändern kann, und die Kraft für jene Dinge aufzubringen, die sich verändern lassen. Veränderungen kann ich heute einfacher annehmen, weil ich zum einen auf meine eigene Kraft vertraue, zum andern weiss ich, dass ich von Menschen umgeben bin, die mich stützen, die mir in schwierigen Lebenssituationen Halt und Rat geben. Widrigste Umstände können so produktiv werden und zu letztlich positiven Veränderungen führen. Den unberechenbaren Tod vor Augen zu haben, hat mir mehr Gelassenheit verliehen. So ist es mir nicht mehr so wichtig, was andere von mir denken. Ich kann es ohnehin nicht ändern. Dies braucht Kraft, Geduld und Demut. Der hl. Benedikt spricht von den zwölf Stufen der Demut. Ich behaupte nicht, diese erreichen zu können. Selbst im klösterlichen Umfeld ist diese Vollendung der Demut anspruchsvoll und wohl nur wenigen vorbehalten. Der hl. Benedikt schreibt: «Wenn also der Mönch alle Stufen auf dem Wege der Demut erstiegen hat, gelangt er alsbald zu jener vollendeten Gottesliebe, die alle Furcht vertreibt.» (7,67) Die Demut befreit uns also vor Furcht, und sie lehrt uns, auch dann geduldig zu sein, wenn wir etwas erfahren, das wir als Unrecht taxieren.

Den unberechenbaren Tod vor Augen zu haben, bedeutet also, dass man sich im Leben bewusst ist, dass es immer anders kommen kann, dass Erfolg und Misserfolg, Gesundheit und Krankheit, Glücklichsein und Unglücklichsein nahe beieinander liegen können. Unser Leben kann sich von einer Sekunde auf die andere ändern. Arbeitslosigkeit, Scheidung, ein schwerer Unfall, der Verlust eines geliebten Menschen setzen uns zu, stellen uns vor Situationen, die uns überfordern. Solche Lebenslagen lassen sich einfacher bewältigen, wenn man sich bewusst ist, dass das Leben letztlich mit dem Tod endet, und wenn man dieses Ende annehmen kann. Dies ist in einer Gesellschaft, in der der Tod sozusagen als das ultimative Scheitern betrachtet wird, nicht immer einfach.

Ich fürchte mich nicht vor dem eigenen Tod. Wie die meisten Menschen wünsche ich mir aber, dass der Übergang vom Leben zum Tod möglichst sanft erfolgt, nicht mit schwerer Krankheit und langer Pflege verbunden ist. Viele Menschen wünschen sich einen plötzlichen Tod, der sich schmerzfrei mitten aus dem Leben reisst. Sie fürchten sich vor dem Dahinsiechen, dem Ausgeliefertsein. Das ist verständlich, und trotzdem: Könnte ich wählen, würde ich einen Tod im Kreis meiner Lieben vorziehen, der mir die Möglichkeit gibt, mich zu verabschieden. Je länger ich darüber nachdenke, desto mehr gelange ich zur Überzeugung, dass nur, wer sich so verabschieden kann, den Übergang vom Leben zum Tod einigermassen bewusst mitgestalten kann. Der Tod gehört zum Leben, deshalb möchte ich sozusagen «dabei sein». So gut ich den eigenen Tod akzeptieren kann, so schwer fällt mir dies, wenn es um geliebte Menschen geht. Ein Leben ohne meine Liebsten scheint mir unvorstellbar, nicht lebenswert, jedes Sinns entleert. Denn worin besteht letztlich der Sinn des Lebens? Ein erfülltes Leben führt nicht, wer möglichst viel Anerkennung und Einkommen anhäuft, sondern wer geliebt wird, sich aufgehoben und geborgen fühlt. Es geht also um Beziehungen, um den Austausch mit anderen Menschen, aber auch um die Interaktion mit Tieren und der Natur. Den unberechenbaren Tod täglich vor Augen zu haben, bedeutet jedoch auch, dass man loslassen kann, dass man andere Menschen gehen lassen kann. Ich gebe zu, dass ich mich vor der Leere und vor der Lücke, die dabei entsteht, fürchte. Wie kann man das Leben von einem Tag auf den anderen ohne den geliebten Mann, die Mutter oder gar das eigene Kind bewältigen? Es scheint unmöglich, und doch hat man keine Wahl. Man muss den Boden unter den Füssen zurückgewinnen, das Unabwendbare akzeptieren und sich Zeit für die Trauer nehmen. Wenn ich an den Tod meines Vaters zurückdenke, so schmerzte der plötzliche Abschied besonders. Kein Gespräch, kein Austausch waren mehr möglich. Wenigstens ist keine Verbitterung zurückgeblieben. Für die, die (vorläufig noch) bleiben, wirkt es oft belastend, dass sie einen vergangenen Streit nicht mehr beilegen oder eine unklare Situation nicht mehr bereinigen konnten. Was für den Verstorbenen nicht mehr wichtig ist, bleibt für viele Menschen als Belastung zurück, die auch Schuldgefühle auslösen kann. Mein Mann und ich gehen deshalb möglichst nie auseinander, wenn eine Meinungsverschiedenheit oder auch ein böses Wort noch in der Luft hängt. Wir haben gemeinsam gelernt, Wichtiges von Unwichtigem zu unterscheiden. Für mich gibt es keinen anderen Trost, als das gemeinsame Leben möglichst bewusst zu leben.

Der endgültige Abschied erfordert Zeit. So habe ich jahrelang um meinen Vater getrauert. Natürlich war dabei die erste Phase die intensivste. Die Beerdigung, die Trauer in der Familie sind jedoch nur der Ausgangspunkt einer länger dauernden Periode, während der mir bewusst wurde, dass es keine spontane Begegnung, keinen Anruf oder keine gemeinsamen Stunden mehr geben wird. Diese zweite Schmerzwelle, diese Leere im Alltag sind schwer zu ertragen. In vielen Dingen werde ich an den Verstorbenen erinnert, überlege, was er sagen oder tun würde. Das Grab meines Vaters habe ich oft besucht. Dies war Teil meines persönlichen Abschiedsprozesses. Heute bleibt die Erinnerung. Gemeinsam mit meinen Brüdern lachen wir über einzelne Familienepisoden, in denen mein Vater eine tragende Rolle gespielt hat.

Diese Phase der Trauer wird heute kaum mehr zugestanden. Bald muss man einfach wieder funktionieren. Das beschleunigte Leben kennt kaum mehr Raum für die Zeit. Ich erinnere mich, dass meine Mutter nach dem Tod unserer Grossmutter während einiger Zeit dunkle Kleidung trug. Heute würde dies angesichts verschiedener Modetrends kaum mehr auffallen. Zu jener Zeit war die dunkle Kleidung einer Frau mitten im Sommer ein sichtbares Zeichen dafür, dass sie einen Verlust zu beklagen hatte. Aussenstehende erhielten damit die klare Botschaft, dass sie mit einem Menschen konfrontiert waren, der trauert. Die Trauernden selbst hatten über das Ritual der dunklen Kleidung die Möglichkeit, ihre Trauer gegen aussen sichtbar zu machen. Heute haben wir keine Zeit mehr für den Tod. Er ist ein Störfall, der immer zur Unzeit eintritt. Die Hektik des Alltags mag ihr Gutes haben. Man ist gezwungen, sich schnell wieder einzufügen und Tritt zu fassen. Und trotzdem: Die Trauer und der Abschied bleiben. Wenn sie nicht verarbeitet werden können, können wir auch kein positives Verhältnis zum eigenen Tod entwickeln. Der Umgang mit dem Tod prägt damit unser eigenes Verhältnis zum endlichen Dasein.

Für uns Christen ist der Begriff des Todes untrennbar mit dem unendlichen Leben verbunden. Ich gebe zu, ich tue mich schwer mit der Vorstellung des ewigen Lebens. Das mag daran liegen, dass im Religionsunterricht und auch in der Kirche lange eine kindliche Auffassung vom ewigen Leben vermittelt wurde. Es wurde die Vorstellung verbreitet, dass das Leben quasi in ähnlicher Weise weitergehe, nur an einem anderen Ort. Offensichtlich wollte man damit den Menschen die Angst vor dem Tod nehmen, denn es ändere sich ja gar nicht viel. Man ziehe sozusagen um und treffe alle Menschen wieder, die uns im Tod vorausgegangen sind. Meinen Mann, der jahrelang als Gerichtsmediziner gearbeitet hat, habe ich oft gefragt, was er empfunden, gespürt oder gesehen hat, wenn er tote Menschen obduziert hat. Ich hatte immer den Eindruck, er, der von Amtes wegen mit dem Tod arbeitete, müsse doch das Geheimnis kennen, müsse doch wissen, was passiert, wenn der Tod eintritt. Doch auch er war ratlos und meinte oft nüchtern, dass da nichts mehr sei. Vielleicht ist es gerade diese innere Gewissheit, dass da nichts mehr ist, die viele Menschen an die Reinkarnation glauben lässt, also an die Auferstehung in anderer Form. Ich glaube nicht daran. Ich glaube, dass das, was wir landläufig unter Leben verstehen, mit dem Tod endet. Ich glaube nicht, dass es ein Weiterleben in einer anderen Form, in einem anderen Organismus gibt. Es ist die Demut, die mir hilft, die eigene Endlichkeit zu akzeptieren. So sagt doch der hl. Benedikt:

«Die so errichtete Leiter [hin zur Demut] ist unser irdisches Leben. Der Herr richtet sie zum Himmel auf, wenn unser Herz demütig geworden ist.»
Benediktsregel Kapitel 7, Vers 8
Der Mensch soll sich nach Benedikt also mit dem Gedanken an den Tod versöhnen. Der Mensch soll sein Leben bewusst und in Bescheidenheit und in Respekt vor anderen führen. Dass dieser Weg steinig ist und von uns verlangt, dass wir über das nachdenken, was wir tun, drückt Benedikt wie folgt aus: «Deshalb schlagen sie entschlossen den engen Weg ein, von dem der Herr sagt: ‹Eng ist der Weg, der zum Leben führt.›» (5,11). Ein solches Leben ist anspruchsvoll. Es bedeutet, dass wir uns auch im Alltag Zeit nehmen, das Wesentliche zu erkennen und darüber nachzudenken. Dies gelingt gerade in der heutigen 24-Stunden-Gesellschaft oft kaum noch. Wer ein erfülltes Leben führt und sich Rechenschaft über sein eigenes Handeln ablegt, kann die eigene Endlichkeit besser akzeptieren. Gibt es also das ewige Leben nicht? Ich glaube nicht im physischen Sinn daran. Der Mensch lebt aber durch das weiter, was er tut und was er unterlässt.

«Wollen wir in seinem Reich und in seinem Zelt wohnen, dann müssen wir durch gute Taten dorthin eilen; anders kommen wir nicht ans Ziel.»
Prolog der Benediktsregel, Vers 22

Natürlich gibt es Menschen, die infolge ihrer ausserordentlichen Begabungen gewissermassen ewig weiterleben. So werden die Werke von Mozart oder die Relativitätstheorie von Einstein von Generation zu Generation weitergetragen und dienen der Zivilisation als wichtige Errungenschaften. Andere Menschen leben über ihre Kinder oder Freunde weiter, sei dies, weil sie ihnen ganz einfach ähnlich sind oder weil sie wichtige Lebensgrundlagen geschaffen haben. Wieder andere leben in der kollektiven Erinnerung weiter, weil sie Pionierleistungen vollbracht haben, von denen wir heute noch profitieren. Dann gibt es aber auch jene, die vergessen gehen. Einige sind verschollen, sie sterben im Krieg, sind Opfer von Hunger und Gewalt. In solchen Fällen mag der Rat Benedikts, man solle den unberechenbaren Tod täglich vor Augen haben, fast zynisch klingen. Der sinnlose Tod ist schwer zu akzeptieren. Diesen Menschen wird nicht nur das Leben genommen, sondern auch der Tod. Sie haben keine Möglichkeit, ihren Abschied zu gestalten. Dies ruft uns ins Bewusstsein, dass wir in der westlichen Welt auch in Bezug auf den Tod privilegiert sind. Natürlich werden auch wir in unserer Gesellschaft mit Suizid, dem plötzlichen Kindstod oder der Sinnlosigkeit von Gewaltverbrechen konfrontiert. Die Vorstellung, dass Menschen gewaltsam aus dem Leben scheiden, weil andere Menschen Hand an sie legen, ist mir unerträglich. Was eine Frau erleiden muss, die vergewaltigt und getötet wird, ist unvorstellbar.

Wir leben in einer Welt, in der es den meisten von uns vergönnt ist, Abschied zu nehmen. Dies gilt für beide Seiten: für jene, die gehen müssen, und für jene, die bleiben. Ältere und kranke Menschen werden in Krankenhäusern, Sterbehospizen, Heimen oder zu Hause liebevoll gepflegt und in den Tod begleitet. Das Sterben wurde sozusagen professionalisiert. Für jene, die bleiben, ist das Abschiedsritual für die anschliessende Trauer von besonderer Bedeutung. Wer Abschied nehmen kann, kann auch besser loslassen. Besonders beschäftigt haben mich deshalb immer die Schicksale der Menschen, von deren Verbleib über Jahre nichts bekannt war. Ihren Angehörigen wird damit der Abschied genommen.

Die grosse Herausforderung in unserer modernen Gesellschaft besteht für mich darin, den Tod überhaupt zu akzeptieren. Ich habe von meiner toten Grossmutter erzählt, mit der ich als Kind unvorbereitet konfrontiert wurde. Heute habe ich den Eindruck, dass der Tod gar nicht mehr existiert. Er findet zwar irgendwie und irgendwo statt, aber er ist nicht Teil eines aktiv erlebten Alltags und damit immer weniger Teil des Lebens. Dies hat auch mit den unglaublichen Fortschritten in der Medizin zu tun. Neue Medikamente, Therapien und Operationstechniken tragen dazu bei, dass das Unabwendbare immer weiter hinausgezögert wird. Die moderne Medizin ist Opfer ihres eigenen Erfolgs. Wer unheilbare Kranke nicht mehr heilen kann, hat versagt. Der Tod ist sozusagen ein Kunstfehler. Dabei denken wir zu wenig darüber nach, was uns diese Lebensverlängerung tatsächlich bringt. Ganze Generationen von Menschen können sich zwar darüber freuen, dass ihr Leiden dank des medizinischen Fortschritts gelindert wird und dass sie länger leben. Niemand fragt aber, welchen Preis wir für dieses längere Leben bezahlen wollen, welche Lebensqualität wir damit erreichen. Die grosse Zunahme der Demenzerkrankungen und die Tatsache, dass Menschen im Alter vor sich hinvegetieren, obwohl sie gerne «gehen» würden, ist sozusagen ein Kollateralschaden der medizinischen Errungenschaften. Den unberechenbaren Tod vor Augen zu haben, ist damit nicht nur eine individuelle Aufgabe, die uns auf unserem Lebensweg begleiten sollte, sondern zunehmend auch eine gesellschaftliche. Wir sollten uns als Gesellschaft vermehrt der Frage zuwenden, was wir als würdiges Leben und als würdiges Sterben empfinden. Lebensqualität ist auch Sterbensqualität.

Ich habe keine Angst vor dem Tod. Seit ich das Leben kenne, fürchte ich mich nicht mehr vor dem Tod. So habe ich meine Gedanken begonnen und so lasse ich sie enden. Der Tod ist eine Herausforderung. Auch wenn ich mich nicht fürchte, weiss ich heute nicht, wie ich darauf reagieren werde. Ich weiss nicht, wann er mich einholt und unter welchen Umständen. Das ist in einer Gesellschaft, die auf die totale Kontrolle ausgelegt ist, nicht gerade viel. Und dennoch: Nicht alles kontrollieren und wissen zu müssen, hat auch etwas Befreiendes. Der hl. Benedikt begleitet mich auf diesem Abenteuer. Ich lasse ihm das letzte Wort:

«Wenn du also zum himmlischen Vaterland eilst, wer immer du bist, nimm diese einfache Regel als Anfang, und erfülle sie mit der Hilfe Christi. Dann wirst du schliesslich unter dem Schutz Gottes zu den oben erwähnten Höhen der Lehre und der Tugend gelangen.»
Benediktsregel Kapitel 73, Verse 8–9

WEITERLEBEN

Eine lose Umkreisung des vermeintlichen Todes

Al Imfeld

Eine Bantu-Redeweise lautet:
«Ein Mensch stirbt erst dann, wenn sich keiner mehr an ihn erinnert.»
Ich glaube zu ahnen, dass wir alle weiterleben, jede und jeder für sich, indem wir etwas einem Mitmenschen, einem Nachbarn, einem Freund oder Freundin weitergegeben haben. Damit haben wir uns bereits erweitert und im Kleinen etwas vermehrt. Und so lebe ich bereits mit und in etwas weiter; ich sterbe also bereits nicht mehr, denn ich gehe nicht hinüber oder unter. Unsere Todesauffassung hat sehr viel mit einem Allein zu tun. Mein «Tod» ist eine Weitergabe und Übergabe.

Das mögliche Geheimnis des Sterbens und ein Teil der Lösung könnte daher die stetige Weitergabe von etwas als Lebender sein. In einem solchen Verständnis gibt es den Tod gar nicht.

Meine Eltern leben in mir fort; ich nehme sie auf, führe sie weiter, und so leben auch sie fort.

Genauso ist es mit dem Lehrer und dem Pfarrer; sie versuchen, dem Jugendlichen im frühen Alter etwas zu geben, und auch das ist bereits ein Weitergeben, daher leben sie fort.

Einer meiner Lehrer der Primarschule lebt sehr zwiespältig bei mir weiter, weil er mich zwar mochte, aber andere arme Kinder als *Dubeli*[55] hinstellte. Das betraf sogar unsere Familie. Eine meiner Schwestern und ein Bruder leiden bis heute. Dieser Lehrer lebt also in Traumata weiter; beide wurden *verschupft*[56] von ihm.

Mein Dorfpfarrer setzte alles daran, dass ich Priester und Missionar würde. Er bestellte von allen bekannten Missionsgesellschaften die Magazine in der stillen Hoffnung, ich würde sie lesen und missionarisch entflammt werden; und ich las sie, und sie inspirierten mich. Mein Pfarrer lebt weiter, selbst wenn ich ihn heute nüchterner sehe.

Das ist ein weiterer wichtiger Gedanke: Wir wachsen in etwas hinein, und wir wachsen darüber hinaus – das ist Weiterleben in vielen Variationen.

Meine Lehrer am Gymnasium waren nicht bloss Helden und schon kaum gute Pädagogen. Der Französischlehrer etwa war total hilflos mit mir und hat eine immerwährende Abneigung dieser Sprache und Kultur gegenüber in mir geschaffen. Später entdeckte ich, dass er auf diese Weise in anderer Form den ganzen französischen Kolonialismus in Afrika und im Fernen Osten (Indochina) mit seiner chauvinististen kolonialen Einstellung vorgelebt hatte und ich bereits etwas «aufgeklärt» nach Afrika kam. Er lebt also weiter, und ich habe ihn sogar «umgekehrt» (durchs Fegefeuer geläutert!) weiterzuleben versucht.

Eine ähnliche Geschichte könnte ich heute von meinem langjährigen Latein- und Griechischlehrer erzählen. Er war ein Ex-Offizier der k. u. k. Armee im 1. Weltkrieg und immer noch überzeugt, dass damals das Abendland unterging. Ich jedoch, ganz intuitiv, wehrte mich dagegen und brachte mich wahrscheinlich auf meinen heutigen Weg des Gegenteils. Also lebt er weiter. Statt eines Untergangs kommt es langsam zu einer Verschiebung des mediterranen Raums nach Osten. Wir so genannten Abendländer werden historisch gezwungen, bescheidener zu werden. Das schliesst das Christliche mit ein.

Nach diesen Gedanken frage ich zurück: Haben wir nicht viel zu lange und noch immer den Tod horrifiziert? Das wurde möglich, weil wir viel zu stark nur noch den Einzelmenschen sahen, ihn viel zu wichtig nahmen und weiterhin nehmen, ihn überhöhen und somit in einen Tod treiben, der dann theologisiert werden muss. Unsere abendländische Theologie basiert natürlich auf dem Judentum und Christentum. Warum wissen diese Theologen, dass ihre Annahmen richtig sind? Warum nicht auch Wissen oder Weisheit von Inkas, Pygmäen oder von San (Buschmänner)?

Heute, da wir beginnen, alle Religionen der Welt ernst zu nehmen, können wir ganz andere menschliche Erklärungen bei Buddha oder Konfuzius, im Taoismus oder Schamanismus sehen. Bis vor Kurzem verscheuchte man diese mit dem Fluch des Aberglaubens.

Ich gehe aber auch in meine Welt der Alpen mit dem Napf[57] zurück und dem kosmologischen Armenseelen-Glauben. Eigentlich waren unsere Toten gar nicht tot; sie befanden sich noch immer im Herumwandern, aber auch im Stören und Zeichen-Geben.

Unser Berg-Katholizismus war reichhaltiger als der der Theologen. Bis zu 300 Jahre zurück ging die Erinnerung mit den kirchlichen Jahresgedächtnissen, wo mindestens ein Glied der Familie zur Tagesmesse gehen musste. Jeden Sonntag wurde unendlich lange diese lange Zahl der Gedächtnisse verlesen.

Ganz ähnlich und viel ausgeprägter herrscht diese Kosmologie im Bantu-Denken südlich der Sahara. Da spielen die Ahnen eine eminent wichtige Rolle. Bei den Bantu stirbt ein Mensch erst dann, wenn er total und von allen vergessen wird. Das ist das pure Gegenteil zum heutigen Westen, wo jeder und jede Einzelne derart isoliert worden ist, dass wir permanent sterben und immer einsamer werden. Unser Tod ist die fortdauernde Einsamkeit, denn wir sind nirgends mehr eingebunden, werden nicht oder kaum mehr erinnert. Tragischerweise nennen wir diesen Zustand sogar Freiheit. Doch was ist das für eine Freiheit? Die Freiheit, noch einsamer zu werden, von einer Fläche zum Punkt, und fort bis zum atomaren Kern, ohne die grosse Hülle drumherum noch zu sehen. Doch selbst der Atomkern mahnt uns, weitsichtiger zu werden, denn er setzt sein Strahlen fort.

Zurück nach Afrika. Wer stirbt, wird zum Ahnen. Jeder Ahne hat lebende Vorfahren, und diese Vorfahrenreihe wird in die Tiefe fortgesetzt – immer weiter zurück, von Generation zu Generation, mindestens 1000 Jahre, wie Forschungen aus dem Zwischenseengebiet von Uganda, Kenia, Tansania und Ruanda nachweisen. Irgendwie kannten wir Menschen in Berggebieten diese Tradition auch: Die Jahresgedächtnisse und Grabbesuche ähneln dem Afrikanischen. Davon verstanden jedoch bereits die Reformatoren nicht mehr viel; auch sie konnten so genannten Aberglauben nicht verstehen.

Unsere christliche Theologie hat sich verengt und eingeklemmt; auch sie ist zu autonom, individualistisch und arrogant geworden. Sie hat sich zu sehr an den Mythos der Auferstehung gekettet. Unsere Theologie hat diesen Jesus vereinseitigt und eingeklemmt. Jesus war – wenn schon – nur einer der Propheten und Vorfahren.

Wir – alle Menschen, weltweit – müssen die Sicht endlich umkrempeln. Mehr und mehr zeigt sich, dass es Menschen seit etwa 1 Million Jahren gibt. Bestimmt gab es Sinndeuter, Propheten, Weissager und Orakler seit Anbeginn, wie immer man sie nennen will, über all die Jahrtausende hinweg. Religion begann nicht mit den Offenbarungen einige Zeit vor der von uns als solche bezeichneten Zeitenwende. Sie setzt nicht mit dem Judentum vor 4000 Jahren an.

Wichtig über die ganze Zeit hinweg waren stets die Begräbnisse, weil die Überlebenden wussten, diese so genannten Toten leben weiter; sie haben bloss einen Fluss überquert, hinein in eine andere Sicht und Schicht. Es gibt andere Welten neben der unseren: eine mythische und historische, eine physikalische und eine virtuelle, eine spirituelle (mit Fluch und Segen), eine vorgestellte und eine stark eingebildete (wie die der meisten Religionen momentan, aber nicht ursprünglich).

Ich bin als Religionswissenschaftler ausgebrochen aus einer einzigen und isolierten Religion. Wenn Theologie nur über das Vorgegebene nachdenkt, kann sie nicht über sich hinauskommen. Deshalb hat für mich sogar die christliche Religion kein Recht, ihre Ansicht von Tod und Auferstehung als eine Wahrheit zu verkünden. Wir sind in eine Zeit gekommen, in der die ganze Welt einbezogen werden muss und in der nicht nur die jüdisch-christliche Tradition zu Deutungen führt.

Ich «glaube» weder an Himmel noch Hölle; für mich ist Wiedergeburt oder Reinkarnation keine existenzielle Erklärung.

Ich bin überzeugt in Mitmenschen und Nachfahren weiterzuleben, also konzentriere ich mich auf Mitmenschen in diesem

Leben, spezialisiert (keiner kann alles tun) auf die Sorgen und Probleme der einst Kolonisierten, von Afrika bis zu den Frauen, von Minderheiten, ob völkisch oder sexuell. Für mich haben all diese Probleme mit Formen des Kolonialismus zu tun. Frauen wurden und sind noch immer stark in vielen Teilen der Welt kolonisiert; alles Fremde hat mit Kolonialismus oder Chauvinismus zu tun, denn das Wesen des Kolonialismus heisst Entfremdung und Auslagerung, Ausbeutung und Vorgaben falscher Geschichte oder Tatsachen.

Selbst der Tod ist für mich zum kolonialen Phänomen geworden: absetzen, wegschaffen, aus dem Sinn verrücken.

So wie der Tod ist auch unser Recht kolonial: Wir sind eine Gesellschaft der Selbstgerechten geworden, die für sich die Kolonie Himmel schaffen. Auch die alte Hölle ist nichts anderes als eine Kolonie, wohin aller für die Selbstgerechten menschlicher Abfall entsorgt, resp. über die Grenze geschickt wird.

Folge davon hiesse für mich im alten oder traditionellen Denken und Glauben: Wenn es diese «Hölle» gibt, dann will ich dorthin zu den Ausgestossenen; ich will auf keinen Fall bei den Selbstgerechten im «Himmel» sitzen- und erst noch – ganz im kolonialen Muster – mit Jungfrauen oder Mädchen (wie im Club).

Doch diese Sorge habe ich nicht, denn ich lebe in den Menschen auf dieser Welt fort. Und habe ich meinen Beitrag geleistet, dann darf man mich ruhig vergessen. Andere folgen nach – und werden auf immer etwas von mir mit oder in sich haben.

Ich bin zufrieden in dieser Welt.

DER LEBENSTEXT ALS TROST

Luzi Bernet

«‹Sonderbar›, sagte der Alte, während er in den Frühlingstag hinausblickte, ‹dieser Lorenzen is eigentlich gar kein richtiger Pastor. Er spricht nicht von Erlösung und auch nicht von Unsterblichkeit, und is beinah, als ob ihm so was für alltags wie zu schade sei. [...] Is gerade wie mit den Doktors. Aber zuletzt begibt man sich und hat die Doktors am liebsten, die einem ehrlich sagen: Hören Sie, wir wissen es auch nicht, wir müssen es abwarten.›»

aus Theodor Fontane: «Der Stechlin»

Tot – ein kurzes Wort, ein sprachlicher Hammerschlag. Drei Buchstaben, zweimal ein t, einmal ein o. Kein schönes Wort, nichts, kein Raum für lautmalerische Relativierungen. Tot. Ende. Aus. Amen.

In den paar wenigen Sprachen, die ich kenne, verhält es sich nicht anders: *mort, dead, morto, mortus*. Der Tod braucht überall wenig Buchstaben.

Ich kann mich erinnern, wie mein Vater, ein Theologe, mir die Nachricht vom Tod meiner geliebten Grossmutter mitteilte. Ich war damals fünfzehn Jahre alt, kam gerade von der Schule nach Hause, und mein Vater wählte die sprachliche Direttissima. Sie ist gestorben, sie ist tot. Nichts von: Sie ist jetzt im Himmel, es geht ihr gut, der liebe Gott passt jetzt auf sie auf.

Es war kein unerwartetes Ereignis, man sah kommen, dass es mit ihr zu Ende gehen würde. Für mich war es indessen das erste Mal, das der Tod direkt in mein Leben trat. Mit grösstmöglicher sprachlicher Präzision benannte mein Vater die Tatsache: Sie ist tot, unwiderruflich, es gibt kein Aber.

War er zu hart? Hat er die Worte mit Bedacht so gewählt? Ich weiss es nicht, aber ich vermute es. Das ist jetzt existenziell, mein Sohn, damit musst Du umgehen können. Natürlich spendete er Trost, nahm mich in die Arme – er war alles andere als gefühlskalt. Aber den Umstand, dass meine Grossmutter nicht mehr lebte, konnte er mir nicht ersparen.

Sie war also nicht mehr da. Die harte Wahrhaftigkeit der drei Buchstaben «tot» trat in mein Bewusstsein. An meine unmittelbare Reaktion kann ich mich nicht mehr erinnern. Weinte ich? Lachte ich vielleicht? Schwieg ich? Zog ich mich zurück? Der Gefühlshaushalt von Teenagern ist in solchen Momenten unberechenbar.

Aber schon bald, und hier ist die Erinnerung sehr präzis, drängten sich mir unangenehme Fragen auf, Fragen zudem, die mich bis zum heutigen Tag etwas peinlich berühren, weil sie eigentlich unangemessen sind. Was geschieht jetzt mit dem Körper der Verstorbenen? Ist er schon kalt? Wird er steif? Wachsen die Fingernägel noch nach? Verfärbt er sich? Gibt er noch Geräusche von sich?

So wie die Gefühle von Jugendlichen Karussell fahren, so verquer sind auch die Fragen, die ihnen bisweilen durch den Kopf gehen. Doch sind sie deswegen falsch?

Es ist selten geworden, dass wir uns mit toten Körpern beschäftigen. Die öffentliche Aufbahrung des Sarges mit Sichtfenster, wie ich sie später einmal in einem kalten Winter in einen militärischen Wiederholungskurs im Toggenburg gesehen habe, ist zur Ausnahme geworden, die es vielleicht in einigen ländlichen katholischen Gegenden noch gibt. Üblicherweise aber wird der tote Körper rasch den Fachleuten überantwortet, die alle notwendigen Verrichtungen präzis und nüchtern abwickeln, bis am Ende nur noch die verschlossene Urne in einem kühlen Grab verschwindet. Mich aber hat der tote, in sein Sonntagsgewand gekleidete Unbekannte im Toggenburg fasziniert.

Mit der zunehmenden Akzeptanz der Sterbehilfe hat die Nüchternheit in unserer Zeit neue Dimensionen erreicht. Sie rückt das Sterben in die Nähe der Entsorgung, sehr weit weg jedenfalls vom Leiden Jesu.

Notabene: Ich habe viel Verständnis für das selbstbestimmte Sterben, für die Freiheit, auswegloses Leiden zu verkürzen und den Zeitpunkt des Todes selbst zu bestimmen. Und ich verstehe auch Angehörige bestens, die ihre Erinnerungen nicht durch den Anblick eines Leichnams trüben wollen. Schliesslich gehen ja die Gedanken zurück an ein lebendiges Leben, an Gespräche, Stimmungen, Gefühle. Doch es kann durchaus auch tröstlich sein, mit eigenen Augen zu sehen, wie ein Leben buchstäblich erstirbt, ein vielleicht gequälter Körper sich entspannt, wie ein Hauch von Frieden Einzug hält in einen Raum, in dem ein Leichnam liegt.

Erst viel später habe ich, ebenfalls im Militärdienst, einen Feldprediger kennengelernt, der in seinem zivilen Leben unter anderem in der Notfallseelsorge tätig war. Er hat darüber ein kleines Buch verfasst, das ohne Umschweife genau auf jene Fragen zu sprechen kommt, die ich mir damals als Jugendlicher gestellt habe. Und ich habe erkannt, das eine zumindest rudimentäre Kenntnis der körperlichen Vorgänge eine wichtige Voraussetzung ist, um sich mit den metaphysischen Aspekten des Sterbens auseinanderzusetzen, um als Seelsorger Trost spenden zu können und die durch einen Todesfall Deroutierten auf den Weg einer konstruktiven Trauer zu führen. Kenntnis nimmt Angst, Sicherheit gibt Handlungsfreiheit.

Im Süden Europas herrscht mehr Körperlichkeit als bei uns. Man küsst, umarmt, berührt sich häufiger und spontaner, im Leben wie im Sterben. Auf der Mittelmeerinsel, wo diese Zeilen geschrieben werden, werden die Toten ein paar Jahre nach der Erdbestattung wieder exhumiert, worauf das Skelett von den Angehörigen gereinigt, berührt, in einen Zinksarg gelegt und schliesslich in einer Wand im Friedhof zur letzten Ruhe gebettet wird. Und in der Kirche San Michele hoch über dem Hafen mit den bunten Fischerbooten gibt es einen Raum mit sonderbaren Särgen aus der frühen Neuzeit. Sie waren den Mitbürgern aus der Nobilität vorbehalten. Am oberen Ende dieser Särge gibt es kleine runde Aussparungen für Arme und Hände der Verstorbenen. Auf diese Weise konnten die Insulaner früher die verstorbenen Adligen noch einmal berühren, küssen und ihnen die letzte Ehre erweisen.

Seltsame Bräuche, mag sein. Gleichzeitig ist es eine Tatsache, dass der Tod und seine Bewältigung in allen Zeiten und Kulturen die verschiedensten Spuren hinterlassen hat. Tote wurden je nach kultureller und religiöser Anschauung gesalbt, geölt, verbrannt, mit reichen Gaben versehen in ausgeschmückte Grabkammern gelegt. Diese Gräber verraten Archäologen und Historikern etwas über die Vorstellungen vom Tod, die in den frühen Gesellschaften vorherrschten. In David Abulafias kongenialer Geschichte des Mittelmeers, die ich mir als Sommerlektüre ausgewählt habe, geht es um die Interaktion der diversen mediterranen Gesellschaften: um Handelsströme, kulturelle Kontakte, Kämpfe zwischen Weltanschauungen, um Sarazenen und Korsaren und um vieles mehr. Und natürlich immer wieder um Leben und Tod. Eine Episode in Abulafias dichtem Werk handelt von den Etruskern, die etwas nördlich von unserer Ferieninsel lebten. Einer der Schlüssel zu dieser rätselhaften Kultur sind die Gräber. Man hat sie analysiert und festgestellt, dass sie sich unter dem Einfluss des Kontakts der Etrusker mit anderen Völkern markant verändert haben. So wurden die früheren Schachtgräber durch sogenannte Tumuli, prachtvolle Grabmäler, abgelöst. In einer Nekropole ausserhalb von Tarquinia hat man Ende des 19. Jahrhunderts einen grossen Sarkophag aus dem achten vorchristlichen Jahrhundert entdeckt. Der Inhalt des Grabes verweist auf die Ankunft von Erzeugnissen aus dem östlichen Mittelmeerraum und damit auf umfangreichere Verbindungen in diese Gegend, als man ursprünglich angenommen hat. So findet man in jenen Grabmälern ein wichtiges Stück frühzeitlicher Wirtschaftsgeschichte. Und vor unserem geistigen Auge taucht plötzlich ein vielgestaltiges Bild des damaligen Lebens auf. Es ist also der Tod, der uns etwas über das Leben in der Maremma erzählt, jenem Landstrich in der südlichen Toscana, wo die Etrusker lebten.

Die grossen Erzählungen über den Tod und die Toten – sie prägen auch unser Leben. In meinem Beruf bin ich täglich damit konfrontiert. Es wird auf der Welt jeden Tag gemordet, getötet; es fallen Bomben, es werden Flugzeuge abgeschossen; es geschehen schreckliche Unglücke mit Toten; es gibt Meldungen von Unfällen, Überschwemmungen, Bränden, Erdbeben mit Dutzenden, ja, Hunderten und Tausenden von Toten. Spätestens seit dem 11. September 2001 ist der Terrorismus zu einem globalen Schreckgespenst und damit zu einem der grossen Themen unserer Zeit geworden. Der Terrorismus, der sich im Antlitz von Ground Zero zeigt, kalkuliert nicht nur kaltblütig das Leid unschuldiger Menschen ein, er sucht sich seine Rechtfertigung im Tod beziehungsweise in einer darauf folgenden und irgendwie gearteten Erlösung. Selbstmordattentäter geben sich hin für eine vermeintlich grosse und gerechte Sache, sie opfern sich im Interesse höherer Mächte. Die Drahtzieher von Terroranschlägen machen sich so zu irren Herrschern über Leben und Tod. Und ihre Handlanger dürfen sich als Gotteskrieger geben.

Aber Hand aufs Herz: Gibt es ihn nicht, den guten, den gerechten Tod für die richtige Sache? Wie steht es mit den Attentätern des 20. Juli 1944? Wie halten wir es mit den Tyrannenmördern in der Geschichte?

Und nochmals Hand aufs Herz: Auch westliche, aufgeklärte Gesellschaften sind nicht gefeit vor der Instrumentalisierung des Todes und der Toten für ihre Sache. Man besuche einmal das Panthéon oder den Dôme des Invalides in Paris. Ausgerechnet das Land, von dem es heisst, es habe der Welt das Licht der Aufklärung gebracht, verehrt seine grossen Söhne auf geradezu absurde Weise. Als ob es den Anblick der Sarkophage von Napoleon oder Voltaires brauchen würde, um die Erklärung der Menschenrechte für eine grossartige Sache zu halten!

Der Tod hat eine gewaltige Deutungsmacht, im Guten wie im Schlechten. Er löst grosse Erzählungen über das Leben aus. Terroristen machen sich das zunutze, aber auch Wohltäter, Idealisten, Spinner.

Die richtigen Dimensionen stellen sich ein, wenn man sich der Kategorie des Einzelnen zuwendet, dem individuellen Sterben einzelner konkreter Personen. Hier werden die Massstäbe wieder verlässlicher, hier ist auch der Raum für Trauer und Trost, hier kann Seelsorge einsetzen. Aus der Vergegenwärtigung des Lebens von Verstorbenen lässt sich Sinnhaftigkeit gewinnen. Dann, wenn man den grossen Tod herunterbricht auf ein individuelles Gelingen und Scheitern, auf Wohl und Wehe eines einzelnen Schicksals. Der heilige Michael in der Kirche auf unserer kleinen Insel, der die Bewohner auf wundersame Weise von den Piraten befreit hat, hält in seiner Hand eine Waage, zu italienisch: eine *bilancia*. Natürlich wehren wir uns als aufgeklärte Zeitgenossen dagegen, dass irgendwann eine Instanz Bilanz über unser Wirken auf Erden zieht, Gutes und Schlechtes gewichtet, um dann zu entscheiden, wer in den Himmel kommt und wer in der Hölle schmort. Aber am Ausgang eines Lebens Rückschau zu halten, mit humanem Augenmass, eine Biografie zu beschauen, das hat etwas Tröstliches und Versöhnliches. Zumal dann, wenn es nicht aufgeladen wird mit einem Zuviel an christlich-religiöser Ideologie. Erlösung und Auferstehung gehören zwar zum Kern des christlichen Glaubens. Aber im individuellen Todesfall sind es schwierige Kategorien, die mehr Fragen stellen als beantworten. In Theodor Fontanes Stechlin empfängt der alte Dubslav auf dem Sterbebett seinen Pastor Lorenzen zum Gespräch. «Sonderbar», hebt Dubslav an, «dieser Lorenzen ist eigentlich gar kein richtiger Pastor. Er spricht nicht von Erlösung und auch nicht von Unsterblichkeit, und ist beinahe, als ihm so was für alltags wie zu schade sei.» Aber zuletzt, so Dubslav weiter, sei es «wie mit den Doktors». Zuletzt habe man diejenigen «Doktors am liebsten, die einem ehrlich sagen: Hören Sie, wir wissen es auch nicht, wir müssen es abwarten.»

Intellektuell und theologisch mag eine solche Haltung unbefriedigend, ja sogar feige sein. Aber sie hat etwas zutiefst Humanes. Denn darüber, was war, lässt sich gut und genau reden – besser jedenfalls als darüber, was sein wird. Selbst in einem kurzen, jäh beendeten Leben wird man eine Erzählung finden, eine Erinnerung, die nicht verfällt, eine Gemeinsamkeit, die Verbindung schafft und Nähe herstellt – und am Ende für die Hinterbliebenen Anlass zu Trost ist. So verstanden hat Seelsorge im Angesicht des Todes wohl die Aufgabe, den Text zu suchen, den das Leben schrieb.

Erde zu Erde, Asche zu Asche, Staub zu Staub – in dieser liturgischen Wendung erkenne ich viel Sinnhaftigkeit. Sie zeigt die Endlichkeit auf, sie evoziert einen Kreislauf, lässt es aber damit bewenden.

Und so habe ich auch als Jugendlicher nach dem Tod meiner Grossmutter Trost gefunden in der Erzählung über ihr Leben. Stück für Stück habe ich realisiert, wie reichhaltig dieses Leben zwischen 1893 und 1978 war, welche Entwicklungen es gesehen, welche Richtungen es eingeschlagen, was es bewirkt hat.

Seither habe ich es einige Male erfahren können: Der Lebenstext – das ist mein Trost. Wenn aus drei Buchstaben eine Erzählung wächst.

LEBEN AN DER KANTE

Achim Kuhn

«Leben wir, so leben wir dem Herrn; sterben wir, so sterben wir dem Herrn. Ob wir nun leben oder sterben, wir gehören dem Herrn.»
Römer 14,8 (Zürcher Bibel)

Im Frühjahr 2011 erhielt mein Vater den Befund Darmkrebs. Er war damals schon im 87. Lebensjahr. Eine seine grössten Stärken war immer, das Leben positiv zu sehen. Diese Lebenszuversicht gründet in dem Vertrauen, dass Gott da sei, ihn bewahre, begleite und beschütze. Ein starkes Vertrauen, das durch viele Erfahrungen gereift und durch jahrzehntelange Reflexionen vertieft worden war. Trotzdem – dieser ärztliche Befund traf ihn tief; so tief, dass er von einem Tag auf den anderen in eine gravierende Lebens- und Sinnkrise geriet. Plötzlich schien ihm der Lebensboden wie unter den Füssen weggezogen zu sein – und das, obwohl er so vieles in seinen bald neunzig Jahren mitgemacht und bewältigt hatte. Das Leben sollte so nicht mehr weitergehen.

Die Darmoperation verlief gut – aber er wurde und blieb Stoma-Patient. Ein Stoma-Patient in höherem Alter ist stärker ortsgebunden als vorher, braucht hier und da Pflege. Einen Grossteil davon übernahm meine Mutter. Meine Eltern richteten ihr Leben nach und nach neu ein. Und rasch kamen sie gut damit zurecht. Als dann bald darauf eine Herzinsuffizienz bei meinem Vater festgestellt wurde, die nicht mehr operabel sei in seinem Alter, traf ihn dieser neue Befund längst nicht so tief. Der Arzt gab ihm eine Lebenserwartung von maximal 15 Monaten. Im

August 2012 sind diese 15 Monate abgelaufen. Mein Vater lebt immer noch. Älter, etwas schwächer werdend, aber (meist) gerne lebend. Geschenkte Zeit ist jeder Tag für ihn und meine Mutter – für uns alle: Seine vier Kinder, seine sieben Enkel. «Ich lebe an der Kante», sagte er unlängst und fasste damit zusammen, dass er weiss, dass sein Leben jeden Moment zu Ende sein könnte. Das erschreckt ihn nicht; er hat die Lebensheiterkeit, die sich aus seiner Glaubensheiterkeit speist, zu grossen Teilen wieder zurückgewonnen. Vielleicht etwas verhaltener, aber sie ist spürbar da. Er lebt an der Kante; dazu gehört, dass er stückchenweise sein Studierzimmer und seine Bibliothek auflöst. Diese Zeit der langsamen Ablösung vom Leben erleben er und meine Mutter bewusst und intensiv.

Intensiviert hat sich auch unsere Beziehung, also die zwischen Vater und Sohn. Sie ist von seiner Seite her bescheidener und freudiger geworden. Gegenseitig sind wir interessierter als früher am Ergehen des anderen. Und ich bin ihm gegenüber offener als früher.

Annäherung und Verdrängung

Diese Intensivierung der Beziehung zwischen Vater und Sohn, Eltern und Kind, gegen Lebensende der altgewordenen Generation, ist ein typisches Muster. Ein gutes Muster. Warum? Weil der nahende Tod eine grosse Chance der erneuten oder erneuerten Beziehungsnähe bietet. Aber dazu braucht es (unter anderem) dies: Die Bereitschaft, sich mit dem eigenen Tod bzw. ganz bewusst-persönlich mit dem nahenden Tod eines Elternteils auseinanderzusetzen.

Als Pfarrer erlebe ich oft genau dieses Muster einer Wiederannäherung, das Muster eines neuen Interesses aneinander, das Muster von Zeichen einer gegenseitigen Vergebung und Versöhnung zwischen dem (im weitesten Sinne) Sterbenden und den Hinterbliebenen. Das gilt übrigens unabhängig vom Alter der sterbenden Person (oder der Hinterbliebenen). Diese Menschen haben dann jeweils begriffen, dass der nahende Tod Beziehungen intensiviert und ihnen die Chance eröffnet, in eine neue bessere Beziehungsphase zu gelangen. Und sich (noch einmal) gegenseitig zu zeigen, dass man sich liebt.

Aber es gibt auch das andere: Dass das genannte Muster nicht gelebt wird, obwohl man sich gegenseitig liebt. Dass stattdessen der Tod bis zuletzt verdrängt wird, unabhängig vom Alter der sterbenden Person: Als ich einmal eine alte Frau besuchte, die im Altersheim lebte und schwerkrank war, näherte sich das Gespräch langsam dem Thema Tod. Doch bevor es offen benannt wurde, sagte sie: «Über den Tod können wir ein anderes Mal reden. Das ist jetzt noch kein Thema für mich. Da will ich nicht drüber reden. Mit niemandem.» Wenige Tage später war sie tot.

Reden und Schweigen

Die Thematisierung des Todes bietet grosse Chancen der Nähe und des Neuanfangs in einer Beziehung. Die Tabuisierung dieses Themas ist in der Regel für den Sterbenden keine Hilfe. Und für die Angehörigen rasch ein Problem: Ein Mann um die sechzig Jahre bat mich telefonisch am Abend, seine alte Mutter zu besuchen; es sei sehr dringend und müsse unbedingt am Vormittag des nächsten Tages sein, meinte er, ohne einen näheren Grund zu nennen. Er drängte so sehr, dass ich einen sehr wichtigen Termin verschob und die Frau am nächsten Morgen besuchte. Im Laufe des Gesprächs stellte sich heraus, dass sie am Nachmittag Besuch von einer Sterbehilfeorganisation erwartete, die ihr Gift brächte. Ob sie mit ihrem Sohn darüber gesprochen habe? Nein, natürlich nicht; es sei ihre autonome Entscheidung, jetzt ihr Leben zu beenden. Es stimmt: Es war ihre Entscheidung – aber es war ein schwerer Brocken für die Angehörigen: Sohn und Schwiegertochter hatten ausserordentliche Mühe, mit dem Tod der alten Dame fertig zu werden. Das zeigte sich beim Trauergespräch und am Grab ein paar Tage später.

Die Tabuisierung des Themas Tod bringt Probleme: für den Sterbenden, für die Angehörigen. Und für uns alle, die wir mitten im Leben stehen. Die Tabuisierung ist allgemein weit verbreitet; die Wahrnehmung des Todes hat sich in der Gesellschaft in den letzten Jahren und Jahrzehnten völlig verändert.

Angst und Scham

Was ist der Grund für diese Tabuisierung? Ich sehe vor allem zwei Gründe und mehrere fördernde Umstände. Der eine Grund ist die Angst vor dem Sterben und vor dem Tod; und der andere Grund ist unsere Scham über unsere Sterblichkeit.

Die Angst führte früher zu einer intensiven Beschäftigung – denken wir nur an Gemälde von Bosch oder Bruegel, an den Ablass-Verkauf, an Lieder und Gedichte. Man stellte sich dieser Angst vor dem Unbekannten, das mit Tod und Sterben verbunden ist. Die Unwägbarkeiten des Lebens fanden ihr Gegenstück in der «Sicherheit» des Todes; in der Gewissheit von Himmel und Hölle. Heute darf das Leben nicht unwägbar sein. Alles, was ist und passiert, muss erklärbar und möglichstkontrollierbar sein: der Entwicklungsstand des Kindes, die Herkunft der Milch, Krankheiten … Auch das Sterben – d. h. sein Zeitpunkt und seine Form – soll kontrollierbar sein. Und ist es auch: Die Möglichkeit der Kontrolle des eigenen Sterbens wird zunehmend genutzt, wie der Zulauf bei Sterbehilfeorganisationen zeigt. Aber der Tod selbst bleibt unkontrollierbar; wir wissen nicht, was im Tod sein wird. Die Eingangstür zum Tod kann kontrolliert werden, aber nicht der Raum dahinter. Das macht Angst und führt zur Verdrängung dieses Themas.

Scham ist der zweite Grund. Scham ist ein menschliches Grundgefühl. Aber das, worauf sie sich bezieht, hat sich verschoben: Nicht mehr Themen wie Sex lassen erröten; private ins Netz gestellte Nacktfotos verursachen selten grössere öffentliche Aufmerksamkeit. Aber würde jemand Filme von Angehörigen ins Netz stellen, die am Sterben oder gerade gestorben sind, so wäre ihm grosse Aufregung gewiss. Ein ver-meintlich total privates Thema würde öffentlich – das gilt als schamlos. Sterben und Tod sind zu Schamthemen geworden. Warum? Weil wir uns unserer Vergänglichkeit schämen: Körperteile, an denen die Vergänglichkeit besonders gut erkennbar ist, werden schamvoll verhüllt; Schönheitsoperationen, die das Rad der Zeit äusserlich zurückdrehen sollen, nehmen immer mehr zu. Ausdruck von Scham vor der Vergänglichkeit. Stärkster Ausdruck und Schlusspunkt unserer Vergänglichkeit ist aber unsere Sterblichkeit. Wir schämen uns also letztlich unserer Sterblichkeit. Es erstaunt deshalb nicht, dass die Themen Sterben und Tod verdrängt werden.

Störung und Verdrängung

Angst und Scham führen also zur Verdrängung. Wie verdrängen wir? Wie zeigt sich diese Verdrängung? Sie zeigt sich darin, dass man sich voll und ganz auf das Diesseits konzentrierten. Früher bauten die Menschen Kathedralen, um Gott zu ehren und sich selbst zu verewigen; denn wenn der Tod schon früh zugreift, wie er das in den meisten Familien getan hat (der Liederdichter Paul Gerhardt zum Beispiel überlebte im 17. Jahrhundert drei seiner vier Kinder und seine Frau), dann bleibt doch etwas von mir bestehen – so mögen sie damals gedacht haben. Man baute also für die Ewigkeit, weil das Leben kurz war. Heute baut man in der Regel nur für die nächsten Jahrzehnte, aber man lebt so, als dauere das Leben ewig. Mittel und Methoden, die das Leben entscheidend verlängern, sind gefragt. Werden erforscht. Der Bioinformatiker und Biogerontologe Aubrey David Nicholas Jasper de Grey (Jahrgang 1963) ist nur einer von vielen, die da forschen und experimentieren, Hilfen zusammenstellen und gedanklich das Leben bis zum Alter von 150 und mehr Jahren verlängern. Am Leben krallt man sich fest; das ist verständlich, da hier (in Mitteleuropa) für die meisten Menschen geradezu paradiesische Zustände herrschen. Und wenn das Leben hier paradiesisch ist, warum sollte man sich damit beschäftigen, was über das Leben hinausgeht? Wo und wie könnte es noch besser sein als hier?! Verständlich dass man den Sterbezeitpunkt möglichst weit hinaus verlängern möchte. Der Tod ist nur eine unliebsame Störung. Selbst der Gedanke daran ist es.

Ich stelle also fest, dass in unserer Gesellschaft einerseits die Themen Sterben und Tod (zu oft) ausgeblendet werden; und dass – andererseits – gleichzeitig der Wunsch danach besteht, die Dauer des irdischen Lebens deutlich auszubauen.

Leere und Übergang

Wohin führt das? Das führt zunächst einmal zu einer Riesenmenge an möglichen Diesseits-Erlebnissen. Aber was tun, wenn alles nur mehr Wiederholung ist? Was, wenn die Langeweile überhandnimmt? Wenn die Seele erschöpft, die Psyche erstarrt und der Hirnspeicher voll ist? Dann, so Uwe Justus Wenzel, merken wir, dass uns in dieser Konzentration auf das Diesseits etwas fehlt, denn: «Nur durch den Vorgriff auf eine unüberschreitbare Grenze des Lebens bekommt der Mensch so etwas wie ein Gefühl für das Ganze dieses Lebens.»[58] Tragisch: Der Mensch sucht die Fülle, findet aber die Leere.

Die Konsequenz daraus ist klar: Nicht Tod und Sterben ausblenden; nicht sich allein auf das Diesseits konzentrieren; nicht Leben und Tod als zwei sich gegenseitig völlig ausschliessende Bereiche sehen; sondern Leben und Tod als zwei Bereiche verstehen, die ineinander übergehen. Eigentlich ist jedem Menschen klar, dass sie ineinander übergehen, weil jeder weiss, dass der Tod ins Leben greift. Jeder Abschied von einem Menschen, den wir geliebt haben, zeigt uns das. Jeder altersbedingte Verlust an körperlichen Fähigkeiten, jeder Abschied von einer Lebensphase, jeder altersbedingte Verlust an beruflichen Perspektiven zeigt uns: Das sind Erfahrungen des Todes – sozusagen kleine Tode bis hin zu grossen Eingriffen des Todes in unser Leben. Sie könnten wie eine Vorbereitung sein auf unseren eigenen Tod. Das sind sie aber in der Regel nicht. Wir nehmen sie nicht als solche wahr. Wenn wir wollten, dann könnten wir daran – schmerzlich – sehen, dass und wie der Tod in unser Leben greift; weil zu leben immer auch heisst, zu sterben, beständig Abschied zu nehmen.

Tod und Leben sind also nicht zwei völlig voneinander abgegrenzte Bereiche, sondern sie überlappen sich; sie sind miteinander verzahnt. Sie fliessen ineinander, wie zwei Aquarell-Farben auf einem Bild ineinander fliessen und man nicht sagen kann, wo gelb anfängt und wo rot aufhört.

Perspektive und Wechsel

Man kann aber auch die Perspektive wechseln und sagen: Bis wohin reicht eigentlich die gelbe Farbe und wo beginnt die rote? Auf unser Thema übertragen heisst das: Wir müssen nicht nur festhalten, dass der Tod in das Leben hineinreicht, sondern wir können die Perspektive auch umdrehen und sagen: Das Leben reicht in den Tod hinein. Natürlich: Ständig ist der Tod Begleiter des Lebens, aber könnte nicht auch das Leben ständiger Begleiter des Todes sein?

Das ist, was Paulus ausdrückt: Jede Phase unseres Lebens hat mit dem Tod zu tun; aber jede Phase des Sterbens und der Tod selbst haben auch mit dem Leben zu tun. Beide – Leben und Tod – sind gleich weit weg von Gott; beide sind gleich nah zu ihm. Sicher: Paulus hat das aus seinem Vertrauen zu Gott, zu Jesus Christus geschrieben – aber das schliesst ja nicht aus, dass dieser paulinische Satz seine Wahrheit auch für Menschen entfaltet, die dem christlichen Glauben sehr skeptisch gegenüberstehen.

Also: Paulus ist es wichtig, dass Leben und Tod zusammengehören. Sie sind eine Einheit und können nicht voneinander getrennt werden.

Weil diese beiden Themenfelder so eng miteinander verbunden sind und weil zunehmend erkannt wird, dass sich der Mensch nichts Gutes tut, wenn er sich total und absolut auf das Thema «Diesseits und Leben» konzentriert, deshalb stimmt der Satz des Gerontologen Heinz Rüegger, der einmal sagte: «Wer sich mit dem Tod anfreundet, hat mehr vom Leben.»

Es geht bei der Haltung zu Sterben und Tod also immer auch um die Haltung zum Leben. Das macht Paulus deutlich; sein Satz hat für mich zwei Konsequenzen, die im Lebens-Alltag Bedeutung bekommen.

Vertrauen und Wahrnehmen

Die erste Konsequenz bezieht sich auf das Stichwort Vertrauen: Wenn Gott zu jeder Zeit des Lebens, Sterbens und im Tode immer gleich weit weg oder gleich nah ist, dann hilft dies, Vertrauen aufzubauen. Vertrauen, mich mit meinem Sterben und meinem Tod zu beschäftigen und es nicht zu verdrängen. Vertrauen ins Leben, Vertrauen in Menschen, Vertrauen in mein Sterben und in meinen Tod. Wir wissen nicht, wie der Raum hinter dem Sterben aussieht, aber darauf glaubend zu vertrauen, dass er nicht weiter weg von Gott ist als das Leben, sollte uns ausreichen. Da muss man dann nicht über Art, Inhalt und Ausstattung des Lebens nach dem Tod spekulieren. Das ist einfach nicht nötig.

Die zweite Konsequenz ist noch alltagsnäher und lebenstauglicher: Es geht hier um die alltägliche Lebenshaltung. Unsere Lebenshaltung verhakt sich oft entweder in der Zukunft – indem wir uns z. B. absichern, so gut es geht; auf Ziele hin leben und dabei das Jetzt vergessen; indem wir uns Sorgen machen. Oder unsere Lebenshaltung bleibt in der Vergangenheit stecken: In der Trauer um verpasste Chancen, in der melancholischen Erinnerung an Gewesenes, im Wiederkäuen von Verletzungen. Oder – und diese Haltung ist in den letzten Jahren m. E. ganz stark geworden – ein Moment unseres Lebens wird *in extenso* perpetuiert; das meint: Ein Moment unseres Lebens, den wir als ideal zu erkennen meinen (oder von dem uns die Werbung sagt, er sei ideal), wird unendlich verlängert; wir verlängern diesen einen Moment in die Gegenwart und leben ihn ständig, immer wieder, jeden Tag neu. Bill Murray erlebt dieses Immergleiche im Spielfilm «Und täglich grüsst das Murmeltier» (USA, 1993); er ist froh und dankbar, als die schier endlose Spirale der Wiederholung des immer selben Tages durchbrochen wird. Mütter, die den Partnerlook zur Kleidung ihrer Tochter wählen, oder Frauen (vor allem in den USA), die den Kreis ihrer sechzigjährigen Freundinnen (in nicht-ironischer Weise) mit «girls» ansprechen, sind Beispiele dafür. Als ob man in einer Warteschlaufe leben würde. Die Alterung wird so letztlich zwar nicht aufgehalten, aber eine innere Reifung wird verhindert. Abgeblockt.

In der Vergangenheit verhaftet zu sein oder an der Zukunft zu kleben oder die ständige Perpetuierung eines Lebensmoments laufen auf dasselbe hinaus: Letztlich wird das eigene Leben verpasst. Der paulinische Satz bietet nun eine weitere, eine vierte Möglichkeit an: Da jeder Moment meines Lebens unmittelbar und gleich auf Gott ausgerichtet ist, gibt es keinen Augenblick, der näher zu Gott ist; oder der näher «am Leben» ist; oder der – verglichen mit einem anderen Augenblick meines Lebens – irgendwie idealer ist. Sondern jeder Moment ist gross und wichtig und in seiner Art ideal. Deshalb kann ich jeden Lebensmoment gleich intensiv leben. Ja, nur wenn ich den jetzigen Lebensmoment lebe, lebe ich tatsächlich intensiv. Erfüllt. Lebe ich mein Leben. Paulus lädt also ein zum Wahrnehmen des Lebens im Jetzt. Das gefällt mir. Paulus meint, dass die Liebe Gottes unmittelbar und gleich nah ist zu jeder Lebensphase. Das macht jeden Moment meines Lebens reich und wertvoll.

Was bringt dieser paulinische Gedanke z. B. in der Sterbehilfediskussion? Vielleicht Folgendes: Für Menschen, die schwer krank sind und von Schmerzen wie überflutet werden, meint das nicht, «Lebe doch bitte auch Dein Leiden, Deine Gebrechlichkeit intensiv», sondern es meint den Hinweis, dass das Leben aus mehr besteht als nur aus Biologie, aus Physis; und dieser Hinweis mag auch für den Menschen hilfreich sein, der nicht gläubig oder überhaupt religiös ist. Für mich ist dieser paulinische Gedanke genau das, was unsere Gesellschaft braucht und wonach sie sucht. Er ist wie eine Chance für unsere Gesellschaft.

In meinem Beruf habe ich viele Menschen getroffen, die mit diesem Vertrauen lebten; die in dieser Jetzt-Haltung ihr Leben gestalteten. Und die in dieser Intensität nicht nur gelebt haben, sondern darin auch gestorben sind. Für mich zeigte sich dabei eine klare Tendenz: Das Leben und Sterben dieser Menschen war tiefer, intensiver, dankbarer, liebevoller, zufriedener. Mein Vater gehört für mich auch immer mehr zu diesen Menschen.

Ich hoffe, dass ich auch immer weiter in diese vertrauensvolle Lebenshaltung und in dieses Leben-im-Jetzt hineinwachsen darf. In ihr zu leben – das ist bereits eine grosse Aufgabe. Ich befürchte, es ist eine, die mich derzeit immer wieder überfordert. Aber ich reife. Und dabei wird mir immer deutlicher: Wir leben tatsächlich an der Kante zum Tod. Ständig. Dauernd. Es kommt darauf an, was wir daraus machen.

«SO LUSTVOLL WIE MÖGLICH UND SO SCHMERZHAFT WIE NÖTIG»

Esther Girsberger

Als ich vierzehn Jahre alt war, hörte ich im Radio eine Lesung aus einem Roman, der mir bis dahin unbekannt war: «Hiob» von Joseph Roth. Das Buch ist bis heute mein Lieblingswerk geblieben. Konfessionslos aufgewachsen, aber mit dem Alten Testament vertraut, faszinierte mich diese Geschichte vom Mensch gewordenen Hiob. Der «Roman eines einfachen Mannes», so der Untertitel, handelt von der Zeit vor dem Ersten Weltkrieg und vom sich ankündigenden Ende der Weimarer Republik. Der Hiob aus dieser Zeit ist Mendel Singer, ein gläubiger Jude und Vater von vier Kindern. Der erste Sohn verschreibt sich freiwillig dem russischen Militär und gilt bald darauf als verschollen. Beim jüngsten Sohn, Menuchim, wird schon im Babyalter eine schwere Epilepsie diagnostiziert. Er kann auch Jahre nach seiner Geburt weder gehen, reden, noch sich sonstwie artikulieren. Der zweite Sohn wandert nach Amerika aus. Er macht als Geschäftsmann Karriere und holt seinen Vater Mendel samt Ehefrau und Tochter nach. Während für Mendel feststeht, dass der jüngste Sohn bei der Emigration nach Amerika in der alten Heimat bleiben muss, hadert die Mutter Deborah mit diesem Entscheid. Kann sie ihren schwerstbehinderten Sohn wirklich zurücklassen? Wäre es nicht gescheiter, er würde sterben, bevor sie über den Atlantik fährt? Menuchim bleibt schliesslich im russischen Schtetl.

Nachdem Amerika in den Krieg eingetreten ist, wird der Zweitgeborene, der in der neuen Welt eine Karriere als Geschäftsmann macht, eingezogen und kommt im Krieg um. Die

Tochter Mirjam, eine lebenslustige, schöne Frau, wird schizophren. Nach all diesen Schicksalsschlägen zieht sich Mendel Singer in Amerika aus dem religiösen Leben zurück. Er will nichts mehr von Gott wissen: «Gütiger als Gott ist der Teufel». Jahre später erfährt Mendel, dass der als verschollen geltende Sohn lebt und als guter Soldat dem Zaren dient. Menuchim erscheint dem Vater in Amerika leibhaftig, vollkommen geheilt und als erfolgreicher Komponist. Wie beim biblischen Hiob findet auch der Hiob der Neuzeit zurück zum «wahren» Glauben an Gott.

Als ich Joseph Roths Roman zum ersten Mal las, war meine Grossmutter schon an Alzheimer erkrankt. Zu Zeiten, als diese Krankheit noch wenig erforscht war und es schon gar keine geeigneten Institutionen für Demenzkranke gab. Als die Pflege zu Hause nicht mehr möglich war, wurde die Grossmutter in der Psychiatrischen Universitätsklinik Burghölzli untergebracht. In unregelmässigen Abständen besuchte ich sie. Ihr Zustand, vor allem aber ihre Umgebung bewirkten, dass ich mich intensiv mit dem Begriff «lebenswert» auseinandersetzte. Im Hinterkopf hatte ich dabei nicht selten den im alten Europa zurückgelassenen Menuchim, dessen Geschichte ähnliche Fragen bei mir aufwarf wie das Schicksal meiner Grossmutter: Welchen Gefühlen darf man sich hingeben, wenn es um Familienmitglieder geht? Darf man einem lieb gewordenen Menschen den Tod wünschen? Ist es legitim, jemandem den Gang ins Jenseits zu ermöglichen, anstatt ihn allein in der alten Welt zurückzulassen? Falls nein – wie geht man damit um, dass man ihn geografisch (wie im Fall von Menuchim) oder situativ (wie im Fall meiner Grossmutter) zurücklässt? Auch meinem Vater stellten sich diese Fragen. Er litt bei den Besuchen seiner Mutter, die in gesunden Tagen eine intellektuell höchst anregende Person gewesen war. Vor der Überweisung des «Burghölzli» hatte er sich mit ihr nie über Sterben und Tod unterhalten.

Diese Nichtthematisierung eines so eminent wichtigen Lebenssujets brachte mich, kaum volljährig, zu einer Mitgliedschaft bei der Sterbeorganisation Exit. Ich engagierte mich auch rasch als Vorstandsmitglied und nahm in dieser Funktion an Podiumsdiskussionen zum Thema Sterbehilfe teil. Ständig stellte man mir die Frage, warum ich mich in so jungen Jahren mit dem Sterben beschäftigen könne. Was mir, nicht zuletzt aufgrund meiner familiären Erfahrung, unbegreiflich war. Gehören Sterben und Tod nicht genauso zum Leben wie das Leben an sich? Jedes Kind weiss, dass man jederzeit tödlich verunglücken kann. Fast jeder Jugendliche hat in seinem eigenen Umfeld einen Kollegen oder eine Kollegin verloren, der freiwillig aus dem Leben schied. Für mich war selbstverständlich, dass man sich nicht früh genug auch mit dem Sterben und dem Tod auseinandersetzen kann und muss.

Eine zweite Frage wurde ständig an mich herangetragen: wie man denn so eigenmächtig in die Schöpfung eingreifen könne. Es sei schliesslich nicht an uns Sterblichen, den Zeitpunkt des Sterbens zu bestimmen. Auch da kam mir immer wieder der Hiob von Joseph Roth in den Sinn. Mutter Debora, eine treue Jüdin, hatte sich für ihren Sohn Menuchim den Tod gewünscht, bevor sie nach Amerika auswanderte. Die Versicherung, dass sich eine Familie um ihn kümmern würde, liess sie von diesem Gedanken abkommen. Menuchim genas zu einer Zeit, als Mendel auf die Frage, was er verbrennen wolle, antwortete: «Gott will ich verbrennen». Menuchim wurde mit anderen Worten auch ohne den Glauben Mendels und seiner Frau wieder gesund. So jedenfalls interpretierte ich als nicht an *den* Gott Glaubende die Geschichte vom modernen Hiob. Ich hütete mich, als religiös nicht Geschulte solche Gedanken laut auszusprechen. Ich respektiere die Haltung, die eine so ganz andere ist als die meine, dass nämlich die Eigenverantwortung sich bis zum Tod erstrecken darf. Aber ich erwarte umgekehrt von Andersgläubigen den Respekt meiner Haltung gegenüber. Selbst wenn ich damit auf Wunder verzichte, die dem zum Glauben zurückgefundenen Menschen wie Mendel widerfahren sind.

Heute bin ich 54 Jahre alt. Mitglied von Exit bin ich nach wie vor. Eine lebenslange Mitgliedschaft habe ich nie unterschrieben. Jedes Jahr kommt die Aufforderung zur Erneuerung der Mitgliedschaft per Post. In anonymem Briefumschlag – was zeigt, wie tabuisiert das Thema immer noch ist. Wenn der Einzahlungsschein vor mir liegt, überlege ich mir Jahr für Jahr von Neuem, ob ich auf lebensverlängernde Massnahmen verzichten will, sollte ich unheilbar erkranken. Erneuert habe ich die Mitgliedschaft bis anhin jedes Jahr mit Überzeugung. Aber die Gedanken, die ich mir vorgängig mache, werden mit zunehmendem Alter intensiver. Hatte ich in jungen Jahren nur vereinzelt konkret mit persönlichen Begegnungen zu tun, bei denen Sterben und Tod im Mittelpunkt standen, häufen sich diese Fälle heute. Es ist nicht mehr die Grosselterngeneration, die hinweggeht, sondern die Elterngeneration. Es sind Freundinnen und Freunde, die an Krebs erkranken. Man muss immer häufiger einem lieb gewordene Menschen auf dem Sterbeweg begleiten. Mit zunehmendem Alter wird immer wahrscheinlicher, dass man selbst in die Situation kommen könnte, seinem Leben aus Krankheitsgründen ein Ende setzen zu wollen. Was in der Jugendzeit doch mehrheitlich theoretisch geblieben ist, wird sehr konkret. Schicksalsschläge bekommen eine ganz andere Bedeutung, in die «vernünftige» Lebensführung werden gesundheitliche Aspekte viel stärker als früher mit in Betracht gezogen. Ich ertappe mich nicht selten dabei, dass mir in besonderen Momenten, an besonderen Orten, bei besonderen Aktivitäten durch den Kopf geht, diesen Moment zum letzten Mal zu erleben. Mit anderen Worten: Das Leben wird, je kürzer die verbleibende Zeit rein statistisch wird, intensiver.

Das sind die leichten Gedanken. Die schweren sind die, wie ich mich verhalten würde, wenn ich tatsächlich schwer erkranken würde: Würde ich alle medizinischen Möglichkeiten ausschöpfen? Würde ich nicht plötzlich, obwohl immer der Rationierung der Medizin das Wort redend, selbst jegliche Hilfe in Anspruch nehmen? Welche Entscheidungshilfen würden dominieren? Die rational bedingten – «so will ich nicht weiterleben» – oder die gefühlsbedingten – «habe ich den Mut, meinem Leben, das für mich nicht mehr lebenswert ist, ein Ende zu setzen?» Meine Mutter, eine durch und durch pragmatische, starke Persönlichkeit, ist fest entschlossen, beim Nachlassen ihrer körperlichen, vor allem aber der geistigen Kräfte, freiwillig aus dem Leben zu scheiden. Ich respektiere diesen Entscheid voll und ganz. Und doch: wie würde ich reagieren, wenn sie mir eröffnen würde, jetzt sei der Zeitpunkt gekommen? Würde ich dann ebenso pragmatisch und rational argumentieren, wie ich es auf den Podien tat, als es um die Sterbehilfe ging?

Als spätberufene Mutter übernehme ich eine besondere Verantwortung nach oben und nach unten: nach oben, indem meine Eltern nicht mehr ganz so selbständig und jung agieren, wie ich es gewohnt bin. Sie verdienen eine andere Aufmerksamkeit und eine andere Pflege durch die Tochter als früher. Sterben und Tod bekommen eine andere Bedeutung, die Gespräche darüber werden fast schon alltäglich, sie werden auch in der Begegnung mit unseren Buben angesprochen. Diese, zehn und acht Jahre alt, erleben ihre Grosseltern als liebe Familienmitglieder, aber als «alt». Nicht zuletzt weil Sterben und Tod keine Tabuthemen sind und von der ersten Generation ganz anders interpretiert werden als bei der dritten Generation. Mendel in Joseph Roths «Hiob» träumt von einem späten Tod, «umringt von vielen Enkeln und satt am Leben». So sehen es auch meine Eltern, und sie sind auf dem besten Weg dazu. Ganz anderes die dritte Generation: «Satt am Leben», das bedeutet für unseren Jüngsten, wie er es kürzlich notiert hat, folgendes: «Wenn ich tot bin, dann kann ich ein Jahr zaubern und mich in Tiere verwandeln und fliegen. Ich bin ein Tier, und wenn ich dann wieder sterbe, dann bin ich ein anderes Tier. Und manchmal bin ich auch ein Mensch oder ein Monster. Und so fort, bis Gott sagt: ‹So, jetzt ist Schluss.›»

«So, jetzt ist Schluss.» Das glaube auch ich. Es ist denn auch nicht der Tod, der mir Unwohlsein bereitet. Ich erachte es als beruhigend zu glauben, dass der Tod einem ewigen, traumlosen Schlaf gleicht. Angst habe ich vor dem Sterben. Das ist vielleicht auch das Schicksal einer nicht gläubigen Person, dass sie mit dem Sterbeprozess ganz allein zurechtkommen muss. Noch heute bin ich deshalb versucht, das Risiko eines langwierigen, schmerzvollen Sterbeprozesses zu verdrängen. Ich erachte es mittlerweile geradezu als müssig, mich damit auseinanderzusetzen. Wenn andere über mein Ableben entscheiden müssen, weil ich dazu nicht mehr in der Lage bin, gibt ihnen meine Patientenverfügung die Sicherheit, richtig, das heisst in meinem Sinn, zu entscheiden. Auch wenn es für einzelne Familienangehörige schwierig wäre, weil sie für sich einen anderen Weg eingeschlagen hätten. Ich erachte es als meine Pflicht, ihnen die Verantwortung durch das Ausüben der Eigenverantwortung abzunehmen. Und sollte der Zeitpunkt kommen, den Sterbeprozess selbst noch mitgestalten zu können, wird es dann noch früh genug sein, sich Gedanken zu machen.

Die Angst vor dem Sterben teile ich wohl mit Millionen anderer (nicht gläubigen) Menschen. Diese Angst aus dem Leben zu räumen, wird mir nicht gelingen. Hingegen die beruhigende Gewissheit, «satt am Leben zu sein». Auch ohne Glauben bin ich der festen Meinung, dass ein Sterben erträglicher wird, wenn man «satt am Leben» ist. Ich bin sehr intensiv daran, mir diese Sattheit zuzulegen. Was heisst, mich mit weniger zufrieden zu geben. Der eigenen Familie Genüge zu tun. Die eigenen Überzeugungen zu verteidigen. Mich nicht zu verzetteln. Der eigenen Existenz nicht die grösste Bedeutung zuzumessen. Die Gelassenheit und innere Freiheit und Unabhängigkeit zu geniessen, weil ich niemandem mehr etwas beweisen muss. Am schönsten hat dieses intensive Leben im zweiten oder letzten Lebensabschnitt der Schriftsteller Urs Widmer formuliert:

«Auch ich brach, wie jeder und jede, eins kraftvoll ist Leben auf, lebte es und heimse heute, da die Kräfte nachlassen, den einzigen Gewinn ein, den das Altwerden dir bieten kann: zu fühlen, dass du das Leben tatsächlich gelebt hast, so lustvoll wie möglich und so schmerzhaft wie nötig.»

aus Urs Widmer: Reise an den Rand des Universums

Die Gewissheit, satt am Leben zu sein, wird mir wohl auch den Entscheid erleichtern, ob ich dem Sterbevorgang frühzeitig ein Ende setzen werde. In der Hoffnung, auch in den letzten Minuten den letzten tröstenden Sätzen aus dem Roman «Hiob» von Joseph Roth nachzuleben: «Mendel schlief ein. Und er ruhte aus von der Schwere des Glücks und der Grösse der Wunder.»

DIE ZEIT NUTZEN

Andreas Mossner

Um mich herum ist Dunkelheit. Ich schwebe unter Wasser in einem Tunnel, an dessen Ende ich Sonnenstrahlen, Wiesen, Gewässer, Bäume und eine farbige Welt sehe. Dabei bin ich völlig entspannt. Mit zwei kräftigen Schwimmzügen könnte ich diese verheissungsvolle Welt des Lichts erreichen, die mich magisch anzieht. Mir ist bewusst, und ich realisiere es ganz erstaunt, dass es nur in meiner Hand liegt, ob ich in diese Welt hinübertreten will oder nicht. Dann höre ich plötzlich die verzweifelte Stimme meiner Mutter: «Nein, nicht mein Kind!» Meine Freunde und mein Bruder rufen mir ebenfalls zu und versuchen mich zurückzuhalten, in diese andere Welt hinüberzugleiten.

Meine Gedanken sind ganz klar. Wie gross meine Entscheidungsfreiheit in dieser Situation ist, überrascht mich. Wenn ich nur wollte, könnte ich mich jetzt für das Jenseits entscheiden. Angst verspüre ich in keinem Moment. Der ganze Tumult um mich herum mit Familienmitgliedern und Freunden, die mich zurückhalten wollen, belustigt mich sogar. Ich lächle und sehe mich selbst, wie ich im Wasser schwebe. Dann wird es mir zu laut und mit der Zeit auch zu brenzlig, meine Entscheidung noch länger hinauszuzögern. Ich ziehe mich im Tunnel zurück und entscheide mich für das Leben auf dieser Welt.

Als ich aus meiner tiefen Ohnmacht aufwache, finde ich mich in der Ruhezone der Sauna wieder, die ich jeweils zur Entspannung gegen den enormen Druck von Schule und Arbeit aufsuchte.

Nach der Sauna und der ausgiebigen Abkühlung im kalten Wasser ruhte ich mich immer aus. Ich fühlte mich jeweils wie «gesteinigt», wenn ich damals mehrere Minuten lang mit dampfender Haut auf einem Liegestuhl im Freien lag, und fiel dann richtiggehend in mich zusammen, wenn ich langsam tief ein- und ausatmete. Dabei hielt ich manchmal mit ausgeatmeter Luft inne, lauschte dem Herzschlag, spürte die Luft danach wieder durch die Atemwege in mich fliessen und fühlte in meinem regungslosen Zustand meinen Körper ganz bewusst von Kopf bis Fuss. So fand ich in jener Zeit ein wenig zu mir selbst.
Ich bin athletisch gebaut und war immer ein hervorragender Schwimmer, aber so wie nach diesem Vorfall hatte ich mich noch nie gefühlt. Was war geschehen?

Alles, woran ich mich erinnere, ist ein helles Pfeifen, das mich in seinen Bann gezogen hatte, von weit oben kam und mich immer schneller und immer tiefer mit sich hinunterriss. Das Fallen dauerte, wie mir schien, unheimlich lange. Als sich ein paar Monate später wieder so ein Pfeifen in meinen Ohren anbahnte, sträubte ich mich dagegen und liess mich nicht von dem Ton hinunterreissen. Ich wollte so etwas nicht noch einmal erleben. Zu hässlich war das Gefühl, nachdem ich auf dem Liegestuhl wieder zu mir gekommen war.

Bald war das Erlebnis vergessen. Oder besser: verdrängt. Ich hatte genug mit mir selbst zu tun, war 27 Jahre alt und wollte beruflich vorwärtskommen. Berufsbegleitend erlangte ich das Eidgenössische Diplom zum Werbeleiter und war bereits über zwei Jahre lang selbständig mit meiner Werbeagentur im Technopark Zürich. Für die Prüfung und mein Geschäft leistete ich enorm viel. Mehrmals arbeitete ich in einer Woche über 100 Stunden. Oft blieb dabei die Ernährung auf der Strecke, was meiner Gesundheit nicht gerade förderlich war.

Manchmal wurde mir damals aus heiterem Himmel schwindlig. Passierte es wieder einmal, setzte ich mich hin und wartete, bis es mir wieder besser ging. Damit bekämpfte ich allerdings damit nur die Symptome – bis ich eines abends bewusstlos vom Hocker einer Bar im Zürcher Niederdorf fiel und ins Zürcher Unispital überführt wurde. Nach intensiven Untersuchungen klärte mich der Arzt auf: «Herr Mossner, Sie hatten ein Nahtoderlebnis. Um ein Haar hätten Sie den Vorfall nicht überlebt.»

Die ganze Sache bewegte mich damals nicht besonders. Oder besser gesagt: Ich habe das Erlebnis verdrängt. Ich war jung, lebenshungrig, wollte etwas erleben und das Leben in vollen Zügen geniessen. Mein Problem war der zu tiefe Blutdruck. Fortan achtete ich darauf, nicht zu schnell aufzustehen, damit mir nicht schwarz wurde vor den Augen.

Erst später, mit den Jahren wurde mir bewusst, was damals eigentlich vor sich gegangen war. Die Erkenntnis hat mich zutiefst beeindruckt. Sie hat auch mein Verhältnis zum Tod nachhaltig beeinflusst. Damals hatte ich mich bewusst für das Leben entschieden. Die Frage ist bloss: Hatte ich mich wirklich selbst entschieden, oder gab mir Gott einen Wink, dass die Zeit für mich noch nicht gekommen war?

Was meinen Tod betrifft, der mich ja irgendwann einmal einholen wird, halte ich mich seither an das Buch Kohelet:

«Ebenso wenig ist jemand Herr über den Tag seines Todes.»
Kohelet 8,8

Es liegt in der Hand Gottes, wann es soweit ist, in die geistige Welt zu gelangen.

Nichts zu wissen ist die entscheidende Spielregel im Umgang mit dem Schicksal, das einen jeden erwartet. Alles andere verdirbt das Spiel des Lebens. Wüsste ich schon, was alles noch kommt, wäre mein Leben mit Sicherheit todlangweilig.

Heute bin ich überzeugt, dass das Leben ein Geschenk ist, das ich annehmen will und muss. So wenig wie ich bestimmen konnte, wann und wo ich auf die Welt gekommen bin, sollte man auch keinen Einfluss darauf nehmen, wann und wie man seinen Geist aufgibt. Deshalb bin ich auch glücklich, dass ich noch lebe.

Wie gehe ich mit dem Unerklärlichen um? Kommt nach dem Tod das Gleiche wie vor der Geburt? Ja, davon bin ich überzeugt. Was bleibt, wenn wir den Körper verlassen? Ich gehe davon aus, dass nach dem Tod nicht einfach nichts mehr ist. Der Tod, das Danach und was vorher war, sind die grössten Geheimnisse der Welt. Ich versuche mir das, was nach dem Tod kommt, gar nicht vorzustellen. Natürlich habe ich die Hoffnung, dass es einen gütigen Gott gibt, der mich aufnimmt. Mehr wage ich mir nicht vorzustellen. Ich glaube fest daran, dass der Tod nichts Endgültiges ist und dass unser Geist die Möglichkeit hat, weiterzuleben.

Noch ist es nicht soweit, ich stehe mit beiden Beinen auf der Erde. Der Tod kommt irgendwann, früh genug. Ich setze mich mit ihm auseinander, so gut es eben geht, und versuche ein gutes Leben zu leben. Dies zu tun, nimmt mir auch die Angst vor dem Tod. Vielmehr fürchte ich mich davor, einmal unter Schmerzen und an Schläuchen hängend auf mein Ende warten zu müssen. Selbstmord würde für mich aber auch in einem solchen Fall nicht infrage kommen. Ich will nicht in das grosse Werk der Verheissung, des Schicksals und der Bestimmung hineinpfuschen. Wenn es einmal so weit ist, wird Gott mich zu sich nehmen. Beim Gedanken aber, dass die Ärzte mit ihrer medizinischen Kunst mein Leben unter allen Umständen erhalten und so in den Plan Gottes eingreifen, befällt mich eine Ohnmacht.

Nach dem Tod sehe ich mein vergangenes Leben vielleicht aus einem «überbetrieblichen Standpunkt». Ich gehe davon aus, dass ich Rechnung darüber ablegen muss. Dabei kommt alles ans Licht. Da es dann zu spät ist, um auf meine Taten Einfluss zu nehmen, versuche ich ein gottgefälliges Leben zu führen. Das heisst: Ich versuche ein guter Mensch zu sein. Ehrlichkeit, Offenheit und Verantwortungsbewusstsein sind für mich keine leeren Phrasen. Ich versuche sie zu leben – gerade auch in meinem Geschäft.

Ganz generell bin ich dankbar, dass ich ein erfüllendes Leben leben darf. Ich bin nicht einer, der nur betet, wenn es ihm schlecht geht. Nein, ich denke eigentlich gerade dann an Gott und bete, wenn es mir besonders gut geht.

Dazu muss ich noch anfügen: Ich bin nicht besonders fromm, bin aber ein gläubiger Mensch. Der Glaube hilft mir, das Leben zu meistern. Ich weiss, dass ich mein Leben nicht zu 100 Prozent kontrollieren kann. Es gibt eine Instanz, die hat mehr Macht als ich. Ich nenne sie «Gott». Er bestimmt, was mit mir passiert. Alles liegt in der Güte Gottes. Ich mag diese Aussage. Sie bringt die Machtlosigkeit des Menschen auf den Punkt. Ich habe mir ein kindliches Gottesbild bewahren können. Ein bisschen überspitzt gesagt: Ich brauche einen Chef, der mir Leitplanken gibt, die mich leiten in meinen Taten. Zur Zeit meines Nahtoderlebnisses hatte ich diesen nicht. Ich war ein bisschen verloren im Leben und suchte Halt und Strukturen, die ich damals vor allem in der Arbeit fand.

Die Bibel ist für mich nicht nur ein grandioses Geschichtenbuch, sondern gibt mir auch eine Anleitung zu leben. Natürlich ist es manchmal schwierig, ein guter Mensch zu sein, und es gelingt mir wie jedem anderen Menschen nicht immer. Aber ich versuche es. Das ist eine ständige Herausforderung, der ich mich stelle.

Mein Verhältnis zu Gott und dem Glauben war nicht immer gleich intensiv. Als Bub ging ich im Zürcher Stadtteil Höngg, jeweils am Montagabend, freiwillig in den zusätzlichen Religionsunterricht zu Frau Schulthess. Ich liebte ihre biblischen Geschichten, und in und um die Kirche kannten mich alle. Ich gehörte quasi zum «Inventar» der Kirchgemeinde.

Zwischen 16 und 40 stand ich mitten im Leben und gab Gas im Beruf. Da habe ich nicht viele Gedanken an Gott verloren. Immerhin: Ich bin nie aus der Kirche ausgetreten – ganz im Gegensatz zu vielen meiner Freunde, die der Institution Kirche und Religion nichts abgewinnen können. Erinnert an Gott wurde ich aber auch damals immer wieder durch den Tod. Auch in Höngg wurde ich als Jugendlicher und als junger Erwachsener damit konfrontiert. Einige meiner Schulkollegen starben in den 90er Jahren an ihrem Drogenkonsum. So etwas gab mir immer zu denken. Aber der Gedanke an Gott war damals schnell wieder verdrängt.

Heute bin ich 46 Jahre alt. Die Mitte des Lebens habe ich überschritten. Seit ein paar Jahren mache ich mir täglich mindestens einmal Gedanken über den Tod. Wie viel Zeit bleibt mir noch? Ich denke, es ist eine Frage des Alters, dass man sich zunehmend damit befasst, was von einem bleibt und wie lange man noch lebt. Als Uhren-Designer befasse ich mich von Berufes wegen mit der Zeit. Man sagt, meine Zeitmesser seien so, wie sie die Welt noch nicht gesehen hat. Beim Design meiner Uhren lasse ich mich von der Sandhuhr inspirieren und führte damit die

Zeitmessung gleichsam zurück zu ihren Ursprüngen. Meine Uhren zeigen die Zeit mit proportionalen Flächen an. Die eine Fläche zeigt die Zeit an, die bereits vergangen ist, die andere Fläche diejenige, die noch vor einem liegt. Das Ablesen der Zeit auf der Designuhr ist gewöhnungsbedürftig, was so gewollt ist. Meine Uhren erzählen mehr als Zeit, lassen Raum für Geschichten und dienen der Entschleunigung.

Eine meiner Uhren steht beim Grossmünster, in der Amtsstube des Reformators Huldrych Zwingli. Sie trägt den Schriftzug «Kairos». Der religiös-philosophische Begriff bezeichnet den günstigen Zeitpunkt für eine Entscheidung, dessen ungenütztes Verstreichen nachteilig sein kann. Meine Uhren erinnern mich und ihre Besitzer immer wieder bildlich daran, dass das Leben vergänglich und unsere Zeit hier begrenzt ist. Ich fasse dies als Aufruf auf, die Zeit gut zu nutzen, das Beste aus ihr zu machen und Verantwortung zu tragen.

Aufgezeichnet von Andreas Meister

NÄHER ALS WIR DENKEN

Patrick Rohr

«Ich leb und waiß nit wie lang,
ich stirb und waiß nit wann,
ich far und waiß nit wahin,
mich wundert das ich [so] frölich bin.»
Magister Martinus von Biberach († vermutlich 1498) zugeschrieben

Nein, Tod und Sterben gehören nicht zu den Themen, mit denen ich mich gerne auseinandersetze. Im Gegenteil: Bis vor nicht allzu langer Zeit habe ich es sogar aktiv aus meiner Gedankenwelt verdrängt.

Ich erinnere mich, wie ich – ich war damals noch Moderator des Gesellschaftsmagazins «Quer» im Schweizer Fernsehen – im Mai 2006 die Aufgabe hatte, Menschen zu interviewen, die wussten, dass sie in Kürze sterben würden, weil sie eine unheilbare Krankheit hatten. Am Abend vor der Sendung bekam ich plötzlich heftige Bauchschmerzen, was ich sonst nie habe. Ich entschied mich, joggen zu gehen, in der Hoffnung, dass die Bauchschmerzen durch die Bewegung etwas nachlassen würden. Während ich durch den Wald rannte, wurde mir plötzlich bewusst, woher die Krämpfe kamen: Ich hatte Angst, mich mit der Endlichkeit des Lebens auseinanderzusetzen – und dann noch in einer Live-Sendung, vor einer halben Million Zuschauerinnen und Zuschauer, was mir keine Fluchtmöglichkeit liess.

Ich war froh, dass ich mir beim Joggen dieser Angst bewusst wurde. Auf einen Schlag liessen die Bauchkrämpfe nach – und ich stellte mich dem Thema. Bis tief in die Nacht bereitete ich die Sendung vor, und die Gespräche am nächsten Tag kamen redlich gut heraus. Auch dank meinen Gästen, die sich mit dem Thema gezwungenermassen intensiv auseinandergesetzt hatten und meine Fragen entsprechend offen und direkt beantworteten. Ich war dankbar dafür.

Meine Weigerung, mich dem Thema Tod und Sterben zu stellen, war deshalb aber noch nicht gewichen. Es bedurfte noch zweier weiterer, heftiger Konfrontationen mit dem Thema, bevor ich es in mein Leben integrieren konnte.

Die erste, schmerzhaftere, war der frühe Krebstod eines lieben Freundes. Fast fünf Jahre lang hatte er gegen den Tumor in seinem Kopf gekämpft. Er hatte gehofft, ja, geglaubt, dass er diesen kleinen Fremdkörper mit der grossen Zerstörungskraft würde besiegen können. 2009 hatte er den Kampf verloren. Nach einigen Wochen, in denen es ihm praktisch von Tag zu Tag schlechter ging, schlief er im Beisein seiner engsten Freunde für immer ein. Jahre, nachdem ich meine geliebten Grosseltern verloren hatte, war der Tod nun plötzlich in meinem Freundeskreis angekommen. Eine neue, intensive Erfahrung für mich: Sterben gehörte für mich bisher zum Alter, nicht zur Jugend. Jetzt wusste ich, nein, wurde ich mir bewusst: Sterben gehört zum Leben.

Dass das so ist und dass das Ende näher ist, als wir denken, musste ich kurze Zeit später, im August 2010, erleben. Nach heftigsten Koliken in der Magengegend kam ich als Notfall ins Spital. Dort fand man heraus, dass meine Gallenblase voller Steine war. Die Ärzte erklärten mir, dass man die Blase entfernen müsse, da sonst die Schmerzen immer wieder kommen würden. Wenige Stunden später wurde ich in den Operationssaal gefahren, wo mir – ein Routineeingriff, wie man mir versicherte – unter Vollnarkose die Gallenblase herausgeschnitten wurde.

Mir ging es nach dieser Operation schnell besser. Die heftigen Schmerzen der Vortage waren weg, ich war froh, im Spital in guten Händen zu sein. Doch am Morgen nach der Operation verschlechterte sich mein Zustand wieder. Meine Mutter, die mich im Spital besuchen kam, meinte, ich sei ganz gelb im Gesicht. Ich sagte, vertrauend auf die Kunst der Ärzte, sie müsse sich keine Sorgen machen, das sei wohl eine normale Folge der Operation. Doch plötzlich kam eine Pflegefachfrau ins Zimmer, sagte, man müsse mir dringend noch einmal Blut entnehmen. Kurze Zeit später kam eine andere Pflegefachfrau und eröffnete mir, dass ich noch einmal operiert werden müsste. Es sei möglicherweise etwas schiefgelaufen bei der Operation am Vortag. Dann ging alles ganz schnell.

Ich wurde zum Operationssaal gefahren. Dort wartete der zuständige Arzt auf mich. Er erklärte mir, was das Problem war: Beim Entfernen der Gallenblase am Vortag war ein Gallenstein vergessen gegangen, über Nacht geriet er in den Gallengang und verstopfte diesen jetzt auf der Höhe der Bauchspeicheldrüse, was zu einem Rückstau des Gallensafts in die Leber führte. Deshalb war ich so gelb. «Wir müssen dieses Steinchen jetzt herausholen», sagte der Arzt. «Das Problem ist, dass es so nah bei der Bauchspeicheldrüse liegt. Eine von tausend Personen stirbt bei dieser Operation, bei zweihundert von tausend wird die Bauchspeicheldrüse verletzt, was in vielen Fällen ebenfalls zum Tod führt.» Der Arzt streckte mir ein Formular entgegen: «Bitte unterschreiben Sie hier, dass ich Sie über die Risiken aufgeklärt habe», sagte er. Ich erschrak. Das war mir alles etwas zu viel. Ich wollte mich erkundigen, ob es auch andere, konservativere Heilungs- oder Behandlungsmethoden für dieses Problem geben würde und fragte, ob ich mir den Eingriff noch überlegen dürfe. Das dürfe ich sehr wohl, sagte der Arzt mit leicht sarkastischem Unterton, nur sei es dann möglicherweise zu spät. «Wenn wir jetzt nicht sofort beginnen können, sind Sie in ein paar Minuten tot.» Das sass. Ich wurde ganz ruhig, unterschrieb das Formular, mit dem ich über die Risiken aufgeklärt wurde – und liess mich in den Operationssaal fahren. Falls das mein Abschied von dieser Welt sein sollte, dann war er weniger schlimm, als ich ihn mir vorgestellt hatte. Viel weniger schlimm. Ich schlief ein. Und erwachte wieder.

Ich blickte um mich, sah den Arzt, sah die zwei Pflegefachfrauen, die vor der Operation auch schon da gewesen waren. Ich lebte noch. Da begann ich zu weinen. Ich schluchzte aus tiefer Brust – vor Glück, weil ich noch am Leben war. Und irgendwie auch vor Erleichterung, weil ich mit einem Mal die Angst vor dem Tod verloren hatte.

Ja, sie ist weg seither, die Angst. Wenn dieses Erlebnis mein Ende hätte sein können, dann ist das Ende nicht schlimm. Dann ist Sterben wie Einschlafen, ohne je wieder zu erwachen. Dann ist der Tod wie ein tiefer Schlaf, in dem es keine Träume gibt. Schön, eigentlich. Ruhig. Und beruhigend, der Gedanke.

Ich weinte aber in diesem Moment auch vor Schmerz. Weil ich realisierte, dass ich einfach so gegangen wäre, ohne mich von irgendjemandem verabschiedet zu haben. Nicht von meinem Lebenspartner, der, kurz nachdem ich in den Operationssaal gefahren wurde, ins Spital gekommen war – und nichts wusste von den Komplikationen und dem lebensbedrohlichen Eingriff. Nicht von meiner Familie, nicht von meinen Freunden, nicht von meinen Wegbegleitern. Von niemandem. Nehmen wir an, mein Erlebnis im Operationssaal hätte tatsächlich zu meinem Tod geführt. Im Grunde genommen wäre es für mich der ideale Abgang gewesen: zu erfahren, dass es in ein paar Minuten vorbei sein könnte, Sekunden darauf ein Narkosemittel zu bekommen, einzuschlafen – das lässt wenig Zeit für Abschiedsgedanken, für Panik, für eine Auseinandersetzung mit der Endlichkeit. Ein kurzer und schmerzloser Abgang, im wahrsten Sinn des Wortes.

Doch das ist nur die eine, die egoistische Sicht. Die Wahrheit ist: Ich hätte Unerledigtes unerledigt zurück gelassen, Unausgesprochenes wäre unausgesprochen geblieben, Missverständnisse hätten nie geklärt werden können, ich hätte den Menschen, die mich in meinem Leben begleitet haben, meinen Dank nie ausgesprochen. Dieser Gedanke erschütterte mich.

Natürlich versuche ich seit diesem Erlebnis, mehr Dinge im Hier und Jetzt zu regeln, einen Streit beizulegen, mich für die Verletzungen, die ich jemandem zufüge, zu entschuldigen. Aber ich werde nie alles regeln können, werde nie die Möglichkeit haben, mich bei allen Menschen, die mir wichtig sind, bedanken zu können. Irgendwann wird es einfach so weit sein, dann muss ich gehen – und das finde ich blöd, richtig blöd.

Klar, es könnte ja sein, dass ich erkranken und nicht sofort, sondern langsam sterben würde – so wie mein Freund, der den Kampf gegen den Krebs verloren hat, oder wie meine Gäste in der Sendung «Quer», die ebenfalls unheilbar krank waren. Im

Wissen, dass es demnächst zu Ende sein würde, könnte ich ganz viel regeln – Bank- und Postsachen, ungeklärte Fragen in privaten und geschäftlichen Beziehungen, Abschiedsgespräche. Aber ist Sterben dann schöner? Ein bisschen vielleicht, weil nicht so vieles unerledigt bliebe. Aber zu wissen, dass es jetzt dann zu Ende sein soll, das stelle ich mir ganz schrecklich vor. Diesen Menschen zum letzten Mal zu sehen, mit jenem Menschen zum letzten Mal ein Gespräch zu führen – eine schlimme Vorstellung!

Und überhaupt: Wieso sollte ich gehen, mich aus diesem Leben verabschieden? Ich will das nicht. Zu gross ist meine Freude am Leben, zu gross die Lust, noch so vieles zu entdecken, auszuprobieren, zu leben. Dass ich nicht einfach leben darf, so lange ich möchte, finde ich ungerecht.

Nein, wenn ich ganz ehrlich bin und nach all diesen Überlegungen ein Fazit ziehen muss: Es fällt mir heute nicht leichter, mich dem Thema Tod und Sterben zu stellen, als noch vor ein paar Jahren. Ich habe zwar meine Angst vor dem Tod verloren, weil ich ihn mir seit der Operation, die mein Ende hätte sein können, als tiefen Schlaf vorstelle. Aber die Idee, irgendwann sterben zu müssen, mit oder ohne Abschied – diese Idee will mir nicht in den Kopf. Nicht jetzt. Dafür ist mein Lebenshunger noch zu gross. Dafür ist die Angst, nicht rechtzeitig alles regeln zu können, zu präsent.

Vielleicht ist mein Lebenshunger irgendwann gestillt, vielleicht habe ich irgendwann das Gefühl, alles erledigt zu haben. Vielleicht habe ich dann keine Angst mehr vor dem Sterben. Doch so weit bin ich noch nicht. Ich hoffe, es bleibt mir genug Zeit für alles.

«DAS LEBEN MUSS VIELMEHR AUF SICH SELBER GERICHTET SEIN, SICH SELBER WOLLEN»

Rudolf Wehrli

Im 3. Buch seiner Essais, geschrieben in den Achtzigerjahren des 16. Jahrhunderts, setzt sich Michel de Montaigne mit der antiken Todesbetrachtung auseinander, die in der christlichen *ars moriendi* ihre vertiefte Fortsetzung gefunden hat. Ausgangspunkt seiner Überlegungen ist ein zusammenfassendes Zitat des Kompilators und Vielschreibers Cicero: «Das ganze Leben der Philosophen ist eine Vorbereitung auf den Tod.» Das wurde wohl in der christlichen Philosophie und Theologie im ausgehenden 16. Jahrhundert als *communis opinio* kaum bestritten. Umso stärker wirkt Montaignes Kontrapunkt, wenn er fortfährt:

«Damit mögen sie sich brüsten, so viel sie wollen. Ich hingegen meine, dass der Tod zwar das Ende des Lebens ist, nicht aber dessen Ziel, zwar sein Schlusspunkt, seine äusserste Grenze, nicht aber sein Zweck. Es muss vielmehr auf sich selber gerichtet sein, sich selber wollen. Seine wahre Aufgabe besteht darin, sich seine eigene Ordnung und Führung zu geben, mit sich ins Reine zu kommen.»[59]

Aller christlichen Weltflucht, die über Jahrhunderte hinweg das Leben der Menschen im Abendland geprägt hat und ihren Niederschlag in der Ausarbeitung von Eschatologien nicht weniger als im Mönchtum gefunden hat, setzt Montaigne den Willen zur unbedingten Diesseitigkeit entgegen. Gerade weil der Tod die endgültige Begrenzung des Lebens ist, widerspricht Montaigne der christlichen Todesbetrachtung, versteht er den Tod als unbedingten Anstoss zur Rückbesinnung auf das gegenwärtige, reale Leben. Was uns gegeben ist, ist das Hier und Jetzt, ihm sind wir zuallererst verpflichtet, und darum plädiert Montaigne für diesen unbedingten Lebenswillen, plädiert er für das Hinnehmen des Gegebenen, der Realität, und in dieser von der Natur gegebenen Realität ist es unsere Aufgabe, «recht zu leben», «mit sich ins Reine zu kommen». Und an zweiter Stelle erst folgt dann «recht zu sterben wissen»: «Und erst zu den vielen anderweitigen Pflichten, die dieses allgemeine und grundlegende Kapitel ‹recht zu leben wissen› umfasst, gehört dann der Abschnitt ‹recht zu sterben wissen›; und er könnte einer der leichtesten sein, wenn unsere Furcht ihm nicht ein derartiges Gewicht gäbe.»

Leicht sein könnte das Sterben nach Montaignes Überzeugung deswegen, weil es der natürliche Gang der Dinge ist, weil die Natur ein beständiges Werden und Vergehen ist, in das auch das menschliche Leben eingebettet ist; und deswegen besteht kein Anlass, ein Ende nicht zu akzeptieren, mit ihm zu hadern, das – im natürlichen Lauf der Dinge – alle einmal erreichen wird. Auf Erörterungen oder gar Spekulationen über ein jenseitiges Leben, das nach damaligen kirchlichen Vorstellungen mit Höllenqualen den Sünder und Paradiesfreuden den Gottesfürchtigen erwartet, lässt sich Montaigne in seinen ganzen Essais über Hunderte von Seiten mit keiner Zeile ein. Wo immer die Furcht vor dem Tod ihren Ursprung haben mag, in Montaignes Denken kommt ein Jenseits, ein Weiterleben nach dem Tod – in welcher Gestalt auch immer – schlicht nicht vor; und daher gibt es auch keinen Anlass zur Furcht. Die strikte Beschränkung auf das Diesseits gibt dafür dem rechten Handeln in der Gegenwart umso mehr Raum. Weder Eschatologie noch Metaphysik, Ethik allein ist des Menschen Aufgabe.

Damit rückt Montaigne in unmittelbare Nähe von Kohelet, den alttestamentlichen Prediger, der seinerseits nicht müde wird, eine strikte Weltlichkeit zu fordern: «denn es wird dem Menschen nichts mehr zuteil nach seinem Tode»: Was rechtes Leben nun aber bedeutet, wird bezeichnenderweise weder von Montaigne noch von seinem biblischen Vorfahren am Begriff der Gerechtigkeit erläutert. Beiden war er wohl zu wenig fassbar, zu beliebig und relativ, für Montaigne, den Zeitzeugen fürchterlicher Auseinandersetzungen zwischen Katholiken und Protestanten, die in den Wirren um die Bartholomäusnacht gipfelten, wohl auch zu pervertiert.

Versucht man, auf der Basis der ungezählten Ansätze bei Montaigne und Kohelet gemeinsame ethische Richtlinien zu finden, wird man sie in drei Grundsätzen zusammenfassen können, die durchaus auch im heutigen gesellschaftlichen und wirtschaftlichen Kontext Gültigkeit beanspruchen dürfen: Erstens gilt der Grundsatz von Treu und Glauben, das heisst Authentizität in allen Belangen, es gilt, Wort zu halten. Wäre er noch immer unbestritten in Geltung, würde die heutige Verrechtlichung aller Lebensbereiche nicht immer weiter fortschreiten, und zahlreiche Verträge wären weniger komplex und filigran ausgearbeitet. Zweitens soll – durchaus im Rahmen des Gegebenen – menschliches Handeln gemäss der goldenen Regel Priorität haben, verbunden mit einer konsequenten Absage an alle Grausamkeit, wie sie Montaigne in den konfessionellen Auseinandersetzungen täglich begegneten; zweihundert Jahre später erst – in der deutschen Aufklärung – prägte Johann Gottfried Herder den dafür gültigen, umfassenden Begriff: «die Beförderung der Humanität». – Drittens schliesslich rückt durch die Absage an alles Jenseitige und Überweltliche die Selbstwerdung des Individuums im Hier und Jetzt ins Zentrum. Dass Menschen sich der eigenen Bestimmung gemäss entwickeln können, gilt daher nicht allein im persönlichen Leben, sondern auch im beruflichen Umfeld als unternehmerische Zielsetzung. Für beides braucht es Freiheit, Freiheit von Zwang (auch von selbstauferlegtem) nicht weniger als Freiheit zur Wahl, die sich aber immer auch dem allgemeinen Wohl verpflichtet weiss. Denn schrankenlose Freiheit in der Verfolgung von Eigeninteressen ist ethisch ebenso wenig zu vertreten, wie Zwang, der im vermeintlichen Wissen um übergeordnete Ideale ausgeübt wird. Die Furcht vor dem Tod, gegen die sich Montaigne so entschieden wendet, scheint allerdings ein allgemeines menschliches Phänomen zu sein und wurde schon in der Antike immer wieder thematisiert – bei Lukrez ebenso wie bei den Stoikern und vielen anderen Philosophen. Und so plausibel ihre Ablehnung in der Stoa ist, bedrohte sich dennoch die Menschen immer wieder aufs Neue und musste daher auch immer wieder wegrationalisiert werden: «Solange wir sind, ist der Tod nicht da; und wenn der Tod da ist, sind wir nicht mehr», argumentierte nicht allein Epikur, sondern in seiner Nachfolge die ganze stoische Philosophie. Gewiss, rational ist dem wenig entgegenzusetzen, das Problem besteht aber wohl gerade seiner Emotionalität wegen. Denn nichts scheint dem menschlichen Geist und Gemüt so viel Mühe zu bereiten wie das Nichts, die Vorstellung eines Nicht-Seienden – nicht eines Unbekannten, sondern eines überhaupt nicht Existierenden; und angesichts dieser Unvorstellbarkeit stellen sich dann Furcht und wohl in der Folge auch Jenseits-Vorstellungen ein, gnädige wie Schrecken verbreitende.

Aber nur wer es mit dem Wissen um die Endgültigkeit des Todes und der Begrenzung seines Lebens auf das Diesseits, wer es mit sich selbst nicht aushält, wer in die Transzendenz ausweicht, über sich hinaus will, wird sich dort mit anderen – wohl auch bedrängenden – Vorstellungen auseinandersetzen müssen. Wer wie Montaigne «immer der Erde verhaftet bleibt», fern aller Jenseits-Vorstellungen, über die er kein einziges Wort verliert, wer sich ins Gegebene fügt und in ihm zurechtfindet, hat keinerlei Ursache, den Tod zu fürchten, vielmehr kann er ihm gelassen entgegensehen. Ein anderes ist es um die Furcht vor dem Sterben, vor langjähriger Krankheit, vor endlosen Schmerzen und schwer zu lindernden körperlichen Qualen. Solche Furcht ist durchaus nachvollziehbar, zumal in Zeiten extremer Langlebigkeit. Trost in dieser Not ist in unserer Welt allerdings möglich: Denn das, was die palliative Medizin in den letzten Jahrzehnten erreicht hat, vermag unzähligen Sterbenden Linderung zu verschaffen und den Prozess des Sterbens erträglich zu gestalten. Und wer zum Schluss kommt – sei es aus Gründen der Überforderung durch den Verfall, sei es, weil ihm diese letzte Phase des menschlichen Lebens als nicht mehr menschenwürdiges Dasein, sondern vielmehr als unheilbares Dahin-Vegetieren erscheint –, wer im Angesicht des Endes folgert, «das Leben ist der Güter höchstes nicht», hat in unserer Welt immer auch noch die Möglichkeit des würdigen Exit, der für immer mehr Menschen in den vergangenen Jahren eine ungemein tröstliche Perspektive eröffnet hat.

Zurück zur Gelassenheit Montaignes, die schon im Vorwort seines Buches in überzeugender Weise zum Ausdruck kommt: Es sei den Angehörigen und Freunden gewidmet, «damit sie, wenn sie mich verloren haben – was bald der Fall sein wird –, darin einige meiner Wesenszüge und Lebensumstände wiederfinden». Geschrieben hat er diese Zeilen im Alter von 47 Jahren, und im Lichte der damaligen Lebenserwartung war ein absehbares Ende auch bei seiner grundsätzlich guten Gesundheit durchaus realistisch. Überzeugend ist die Passage deshalb, weil sie Zeugnis ablegt von der unerschütterlichen Ruhe und Gelassenheit, mit der Montaigne dem Unabänderlichen, dem von der Natur Vorgegebenen entgegen sieht. (Nach der Niederschrift dieser Einleitung hat er allerdings noch zwölf Jahre gelebt und in dieser Zeit seine Essais – zum grossen Gewinn für die Nachwelt – bearbeitet und erweitert.)

Weder Sterben noch Tod sind also zu fürchten, und ihre Endgültigkeit verbietet auch jede Spekulation über das, was danach kommen mag. Vielmehr verweisen sie den Menschen mit aller Konsequenz zurück ans Leben, dieses «muss sich selber wollen». Dies alles gilt für den Tod im Alter nach einem erfüllten Leben. Immer aber gab es den Tod zur Unzeit: Kinder, die sterben; Menschen, die durch Krankheiten oder Unfälle den Angehörigen viel zu früh entrissen werden; unerwartete Schicksalsschläge oder Naturkatastrophen, die unzählige Menschenleben fordern. Das Wissen, dass solches jederzeit, täglich, ja, stündlich geschehen kann, ist in Montaignes Denken erst recht ein Impuls, das Leben ins Zentrum zu rücken. Denn am *brutum factum* ändern die Umstände des Todes nichts. Allerdings verschieben sie die Frage nach dem generellen Warum hin zu den Fragen: Warum jetzt? Warum diesen Menschen? Warum mich?

Und diese Fragen – so quälend und so bedrängend sie für den Menschen sein mögen – lassen sich mit dem Verweis auf die Natur nicht mehr beantworten. Warum dieses oder jenes geschieht, warum es sich da oder dort ereignet und warum den einen ein gnädiges Geschick verwöhnt und der andere von einem furchtbaren Schicksalsschlag getroffen wird, solche Fragen greifen weiter als die Frage nach Sterben und Tod. Denn sie betreffen das Unverfügbare menschlicher Existenz, das, was – in Gottes Namen – nicht zur Disposition des Menschen steht. Die Fragen nach der Kontingenz, nach den nicht begründbaren Zufälligkeiten menschlichen Daseins bleiben auch für den nicht beantwortbar, der Sterben und Tod als den natürlichen Lauf der Dinge akzeptiert und sich weiteren Gedanken über ein Danach verweigert. Für Montaigne, den Humanisten und Aufklärer *avant la lettre*, sind aber auch sie Anlass und Anstoss, sich umso entschiedener dem Leben zuzuwenden. Der unbedingte Verweis zurück auf das Leben, im bestimmten Bewusstsein seines vorgegebenen Endes, im Angesichts des Todes, findet seinen knappsten Ausdruck, seine vollendete Dialektik im Karthäusergruss «*memento mori*». Er bleibt für den christlichen Heiden Michel de Montaigne zu Beginn der Neuzeit nicht weniger gültig als für seine modernen Nachfahren, die geprägt von Aufklärung, Säkularisation, aber auch christlicher Tradition, bedrängt von bohrenden Fragen und gleichermassen getragen von stoischer Gelassenheit zuerst und vor allem dem Leben selbst standhalten wollen.

STERBEN, TOD UND DIE ZEIT DANACH

Thierry Carrel

Was für ein Zufall? Zwei Anfragen, zeitlich dicht aneinander, einen Text zu schreiben zum Thema Sterben, Tod, das Ende und die Zeit danach. Kaum habe ich meinen ersten Text zum Buch «Zu Ende denken»[60] abgegeben, schreibe ich erneut einige Gedanken zu diesem Thema. Oder doch kein Zufall? Ich behaupte in meinem Alltag immer wieder, dass dieses Thema eher tabuisiert wird. Die moderne Medizin muss Leben retten, verbessern und verlängern, obschon die Sterbehilfe-Debatte in letzter Zeit in epischer Breite geführt worden ist.

Der Tod meines Grossvaters

Vor genau fünfzig Jahren starb mein Grossvater. Ich war leider nur vier Jahre alt, aber ich mag mich sehr gut an ihn erinnern. Er kam immer zu uns am Freitag zum Mittagessen, ich durfte auf seinem Schoss sitzen, er erzählte mir Geschichten und las aus Büchern, nahm meine Hand in seine und sagte immer wieder: «Ich hoffe, dass diese Hände mal etwas Sinnvolles arbeiten werden.» Und plötzlich war er krank, schwerkrank. Er war von seiner Krebserkrankung so geschwächt, dass er das Bett nicht mehr verlassen konnte. Und eines Tages bat er mich und meine Mutter zu sich am Bett. Er zeigte mir seine silbrige Armee-Trompete, ein kostbares Instrument aus Paris, spielte uns ein zwei Stücke, und dann versorgte er es im Koffer und schenkte mir dieses wunderbare Instrument, mit der Hoffnung, dass ich später einmal selbst Trompete spielen würde. Es waren seine letzten Worte – ich selbst war nicht einmal traurig. Ich hatte ja die

Trompete meines Grossvaters soeben bekommen und konnte mir nicht vorstellen, dass er einige Tage danach für mich nie mehr da sein werde. Beim nächsten Besuch bei meiner Grossmutter war der Grossvater, der zugleich mein Taufpate war, im Wohnzimmer aufgebahrt. Der Pfarrer kam ins Haus, und abends rezitierte die ganze Familie den Rosenkranz. Ich habe damals nicht verstanden, was der Tod hiess, aber meinen Grossvater habe ich jahrelang vermisst. Erst als etwas später meine Patin und dann noch meine Grossmutter starben, verstand ich etwas mehr was diese anthropologische Konstante bedeutet. Ich war als Kind überzeugt, meine Grosseltern wären nicht soweit weg von uns; sie würden das Geschehen auf dieser Erde immer noch beobachten und sich über uns freuen.

Ich möchte ein zweites Erlebnis kurz schildern, das ich bei der Betrachtung des Filmes «Die grosse Stille» hatte. Hier fragt einer der ältesten Mönche, der blind ist: «Warum Angst vor dem Tod haben? Je mehr man sich Gott nähert, umso glücklicher ist man, das ist das Ende unseres Lebens.» Es gibt wohl keine schönere Betrachtung zum Ende unseres Lebens. Darin findet sich der Sinn dieser wichtigsten Aufgabe, die wir zu lösen haben.

Der Tod im Spital heute

Viele Jahre nach dem Tod meines Grossvaters bin ich plötzlich als Spitalmediziner zwar fast täglich mit Situationen und Patienten konfrontiert, die einen Hauch vom Tod entfernt sind. Und trotzdem habe ich selten das Gefühl, dass der Tod uns Menschen wegraubt. Wir setzen uns für unsere Patienten ein und möchten ihnen noch einige Augenblicke im irdischen Leben ermöglichen. Dieses Leben ist ja unwiederbringlich, jedenfalls in derselben Form und mit dem gleichen Inhalt.

Für mich ist es eigenartig, dass der Tod, als sicherer Ausgang jedes Lebens, noch heute so stark verdrängt wird. Den Tod zu verdrängen oder nicht akzeptieren zu wollen, scheint mir einer unnatürlichen Haltung zu entsprechen.

Mitten im Herz – das Leben

Als Herzchirurg habe ich das Privileg, mitten im menschlichen Herzen zu arbeiten. Eine Tätigkeit, die ein perfektes Zusammenspiel von intellektuellen und manuellen Fertigkeiten verlangt, aber auch Ausdauer und Kompromisslosigkeit. Was meinen Beruf ausserdem spannend macht, sind die unzähligen Begegnungen mit unterschiedlichsten Menschen, der Einsatz von Hochtechnologie, die häufig verblüffende Resultate ermöglicht, aber eben auch die Tatsache, dass gelegentlich die Grenzen des Lebens erreicht werden, die wir zu respektieren haben. Und hier dreht sich alles um das Leben, um das Herz, ein emotionales Organ, das metaphysische Gedanken weckt. Bei den Eingriffen, die ich täglich durchführe, geht es nicht selten um alles oder nichts. Und als Mediziner bin ich meinen Patienten verpflichtet, solange es Sinn macht.

Ich möchte meinen Patienten wieder Hoffnung schenken, eine bessere Lebensqualität geben und, wenn möglich, eine längere Lebenserwartung. Zusammengefasst und bildlich ausgedrückt könnte dies heissen: Licht geben! Und wenn unsere Bemühungen nicht von Erfolg gekrönt werden, heisst es für mich: nicht aufgeben!

In dem Zusammenhang lese ich immer wieder diesen Text von Joyce Fossen:[61]

«Steh nicht weinend an meinem Grab,
ich liege nicht dort in tiefem Schlaf.
Ich bin der Wind über brausender See.
Ich bin der Schimmer auf frischem Schnee.
Ich bin die Sonne in goldener Pracht.
Ich bin der Glanz der Sterne bei Nacht.
Wenn du in der Stille des Morgens erwachst,
bin ich der Vögel ziehende Schar,
die kreisend den Himmel durcheilt.
Steh nicht weinend an meinem Grab,
denn ich bin nicht dort.
Ich bin nicht tot. Ich bin nicht fort.»

Diesen Text oder eine abgekürzte Fassung davon würde ich mir auf meinem Grabstein wünschen, damit meiner Familie und meinen Freunden in der Trauer mit einem von mir ausgewählten Spruch geholfen wird.

Die Frage nach dem Warum

Eine der zentralen und immer wiederkehrenden Fragen, die Patienten in schwierigen Situationen stellen (z. B. vor einem Eingriff und speziell nach der Eröffnung einer schlechten Prognose, die einen baldigen Tod bedeuten könnte), ist die Frage nach dem Warum. «Warum gerade ich?». Nicht selten wird ja auch mir diese Frage gestellt. Die Interpretation des Zusammenhangs zwischen Krankheit und Schuld erachte ich als heikles Thema.

Beim Sterben helfen

Alle Menschen müssen sterben. Der Tod ist integraler Bestandteil des Lebens, des biologischen Programms sozusagen. Aber der Mensch muss als ein Wissender sich mit seinem Tod auseinandersetzen; das ist der grosse Unterscheid zu allen anderen Lebewesen, die auch sterben müssen. Wir verdrängen den Tod und sehnen ihn gleichzeitig herbei. Wir konsumieren täglich den Tod in den Zeitungen und am Fernsehen: Naturkatastrophen, Kriegsberichte, Terroranschläge, Wassermangel, Umweltkatastrophen, dürstende und hungernde Kinder und andere Scheusslichkeiten. Dabei bemerken wir meistens nicht das Phänomen, das dahintersteckt, nämlich unsere Unfähigkeit, etwas auf uns selbst zu beziehen, uns den Fragen zu stellen, zu versuchen sie zu verarbeiten, um Antworten zu ringen.

Der Mensch muss nach dem Sinn dessen fragen, was ihm im Sterben widerfährt, denn mit dem Sinn oder Unsinn seines Sterbens steht und fällt die Sinnerfüllung seines ganzen Lebens. Trotzdem leben wir meist so (und die Spitzenmedizin leistet hier wesentliche Hilfe), als gäbe es keinen Tod. Trotzdem gibt es im Menschen eine Sehnsucht nach der Fülle des Lebens, nach ewigem Leben eigentlich. Diese Sehnsucht kann nur Gott stillen. Unheilbar kranke Menschen sind nicht «austherapiert». «Der unheilbar Kranke und seine Behandlung», das war vor sechzig Jahren das Thema der Rektoratsrede von Prof. Dr. med. Jakob Klaesi an der Universität Bern. Sein letzter Satz lautete: «Das alles ist der Arzt: Ein Wissenschafter, ein Krieger, ein Erbarmer, ein Erzieher, ein Priester und ein Künstler. Sein höchstes ärztliches Wirken und Können setzt da ein, wo die Heilbarkeit der Krankheit aufhört.»

Kommt hinzu, dass das Sterben sich heute öfters hinter verschlossenen Türen der Kliniken abspielt. Die Kranken leiden manchmal in den verschwiegenen Mauern der Spitäler, fern von den Gesunden, fern von ihrer vertrauten Umgebung, still zu Ende. In der Tat haben sich die äusseren Bedingungen des Sterbens sehr verändert. Man starb früher bewusster, wacher und im Beisein seiner Angehörigen.

Das Thema Tod ist also nach wie vor für viele Menschen und auch für Mediziner tabu, abgesehen von den biologischen Aspekten. Der Tod wird aus dem modernen Leben ausgeschlossen. Durch uns Mediziner mitgetragen, lebt unsere Gesellschaft in der Utopie, das Ziel medizinischen Handelns müsse einzig die Herstellung eines Zustandes von Glück und Vollkommenheit sein. Dies hat dazu geführt, dass wir Mediziner in einem Machbarkeitszwang und die Gesellschaft in einem Machbarkeitsglauben an die moderne Medizin leben.

Im Mittelalter wurde die «Ars Moriendi», die «Kunst des Sterbens» geschrieben. Damals war das menschliche Leben relativ kurz, und der Mensch starb rasch. Heute ist unser Leben relativ lang, und die meisten Menschen (gemessen an den Aussagen bei lebensbedrohlichen Zuständen auf der Notfallstation) möchten trotzdem lieber nicht sterben, und wenn doch, dann möglichst rasch.[62] Das aber geht nicht immer: Wir leben lange und sterben häufig langsam. Und trotzdem bleibt der Tod eine der wichtigsten Aufgaben, die wir zu lösen und schliesslich auch zu erfüllen haben. Darum gilt es, wenn es soweit ist, das Sterben zu erlernen. Das ist das Ende unseres Lebens. Ich habe immer wieder versucht, die Patienten, die in unserer Klinik einen Eingriff nicht überlebten, in einer Art retrospektiver Gesamtschau zu analysieren. Nicht selten habe ich das Gefühl gehabt, dass es einen engen Zusammenhang zwischen der Lebensführung dieser Menschen und ihrem Todeserleben gibt. Ob leicht oder schwer, versöhnt oder im Unglück gestorben wird, das entscheidet sich in langer Vorbereitung durch die Art und Weise, wie wir leben und gelebt haben. Viele Menschen leiden darunter – und dies erlebe ich immer wieder in schwierigsten Situationen – dass sie nicht ausgesöhnt sind, mit ihren nächsten Angehörigen, mit sich selbst oder mit der Schöpfung. Es bleibt eine grosse Aufgabe als Arzt und Mensch, anderen beim Sterben helfen zu können. Das muss zweifellos individuell geschehen und ist entsprechend zeitaufwendig.

Die Begleitung Sterbender verlangt vom Arzt ein Höchstmass an Einfühlung (Empathie) und die Einwilligung des Patienten. Arzt und Patient müssen zu einer Behandlung ja sagen können. Doch wie weit darf Empathie gehen? Hat sie nicht auch eine Grenze, nämlich dort, wo körperlich-seelisches Mitleiden den Arzt mit Suizidhilfe als «Therapie» konfrontiert? Medikamente und Sakramente dürfen nicht willkürlich ausgeteilt werden». Viele Menschen haben Angst, dass ihr Leben im Spital, auf der Intensivstation zum Beispiel, künstlich verlängert werden könnte. Diese Angst möchte ich meinen Patienten nehmen. Die moderne Medizin scheint mir vernünftiger denn je in der Beurteilung, was ein Leben wert ist. Heute sprechen wir viel offener über Zumutbarkeit und Vertretbarkeit am Ende des Lebens.

Kranke und Sterbende brauchen ein «Gegenüber» – ein Du –, das sie bis in den Tod begleitet, aber ihn nicht herbeiführt. Begleitung und Dialog sind wesentliche Elemente.

Die Frage nach dem Danach

Als Wissenschaftler stehe ich immer vor ungelösten Fragen. Dies, obwohl die Medizin in den letzten Jahrzehnten riesige Fortschritte gemacht hatte, wie in den letzten Jahrhunderten zuvor nicht. Und dennoch bleiben viele Vorgänge in der Natur unaufgeklärt. Und wenn sie geklärt sind, muss man gelegentlich die Frage nach dem Sinn stellen.

Meine Bewunderung für die Natur und die Biologie «zwingt» mich an eine Höhere Macht zu glauben. Was wäre sonst der Sinn der ganzen Übung? Ein kurzweiliges und gemessen an der Ewigkeit ultrakurzes Gastspiel als lebendiges Wesen auf unserer Erde. Warum? Ziel und Zweck des menschlichen Lebens müssen in einer anderen Dimension bestehen. Eine Dimension, die wir nicht verstehen können, solange wir leben, aber eine Dimension, die wir betreten, sobald wir sterben. Ich selbst habe keine präzise Vorstellung, wie ein Leben danach aussehen könnte. Aber Liebe, Friede, Sinnhaftigkeit und Gerechtigkeit müssten die Grundelemente dieses ewigen Lebens bilden.

Mein Weg zur Verarbeitung

Wie versuche ich mich selbst an der Frage nach dem Warum? Oder an der Frage nach dem Danach? Wie kann ich auch belastende Situationen verarbeiten? Immer wieder begebe ich mich ins Zisterzienserkloster Hauterive. An diesem Zufluchtsort, fern vom Lärm und von der Hektik des Alltags, kann ich einige Augenblicke in der Ruhe verbringen. Ein Besuch in Hauterive bedeutet für mich nicht eine Flucht ins Unbekannte, sondern im Gegenteil die Möglichkeit einer Begegnung mit der Höheren Macht, gleichsam in freier Natur, in einer fast vollständigen Stille.

DER TOD RIECHT NACH LAVENDELÖL

Mona Vetsch

Können Sie sich erinnern, wann und wo Sie den Tod kennen gelernt haben? Bei mir ist es die Grossmutter gewesen, die mich mit ihm bekannt machte. Ich muss damals vier oder fünf Jahre alt gewesen sein. Wenn ich bei ihr übernachtete, schüttelte ich dem Tod jeden Abend die Hand, und an jedem Morgen darauf liess er mich wieder ziehen.

Damit wir uns richtig verstehen: Meine Grossmutter war in meinen Kindertagen so lebendig wie man nur sein konnte. Sie kochte Gerstensuppe und machte die besten gebrannten Mandeln der Welt, sie wischte den Hofplatz, rutschte auf den Knien unter den Apfelbäumen umher und steckte uns abends energisch in die Badewanne. Sauberkeit war meiner Grossmutter wichtig. Sparen war ihr auch wichtig, deshalb liess sie immer nur wenige Zentimeter Wasser ein. Wir froren und jammerten, aber sie war nicht zu beindrucken; vor uns hatte sie schon vier andere kleine Wichte gross gezogen, da bekommt man ein Gespür für Inszenierungen.

Der Tod wohnte bei der Grossmutter im oberen Stock, in den ungeheizten Zimmern mit den tief hängenden Holzbalken an der Decke. Wenn ich dort zum Schlafen unter das Leintuch kroch, musste ich immer an ihn denken. Meine Grossmutter hatte bestimmt keine Ahnung davon. Sie war gütig und liebevoll und wollte immer das Beste für uns. Trotzdem war sie es, die Nöte in meinen Kinderkopf pflanzte. Oder genauer: Es war das Schlaflied, das sie für uns immer sang:

«Guten Abend, gut' Nacht.
Mit Rosen bedacht,
mit Näg'lein besteckt
Schlupf unter die Deck'.
Morgen früh, wenn Gott will,
wirst du wieder geweckt.
Morgen früh, wenn Gott will,
wirst du wieder geweckt.»

Meine Grossmutter sang, küsste uns und schloss hinter sich die Tür. Und ich? Lag da und dachte: «Wenn ...»

Ich konnte den Tod förmlich spüren, wie er bereit war, mich mit seinen Knochenfingern zu packen, falls Gott am frühen Morgen gerade keine Lust haben sollte, mich zu wecken. Denn was sonst sollte uns dieses eingeschobene «wenn Gott will» denn sagen?! «Sei dir bloss nicht zu sicher, liebes Kind», so kam es bei mir an.

Ich konnte mir sehr gut ausmalen, was den lieben Gott alles abhalten könnte vom Wecken. Ich rechnete nicht einmal mit einem böswilligen Akt, aber wenn der liebe Gott nur halb so launisch war wie ich und nur ein Viertel so unordentlich, dann schätzte ich meine Chancen als durchaus intakt ein, infolge eines göttlichen Versehens bald genau so starr dazuliegen wie die Laken, unter die mich die Grossmutter packte.

Auch die «Näg'lein» haben mich als Kind endlos verwirrt. Ich habe es mir vorgestellt wie bei Jesus. In unserer Kirche gab es ja keine Kruzifixe, aber wenn ich bei der katholischen Nachbarin übernachten durfte, dann hing Jesus dort blutend über meinem Bett, eben: «mit Näg'lein besteckt». Auch kein Bild, das einen selig träumen lässt.

Das Leben kann schnell vorbei sein, das lernte ich durch Grossmutters Schlaflied. Sei achtsam. Jenseits meiner kindlichen Bilder und Ängste aber gehöre ich zu einer glücklichen Generation. Wir kannten den Tod nur aus Liedern, Geschichten oder aus dem Fernsehen, wenn man denn einen hatte. Den Kindern in der Entstehungszeit von «Guten Abend, gut' Nacht» war dieses Glück nicht beschieden. Noch Mitte des neunzehnten Jahrhunderts wurde ein Viertel aller Kinder keine vierzehn Jahre alt, habe ich irgendwo gelesen.

«Guten Abend, gut' Nacht» war ursprünglich ein Volksgedicht und wurde dokumentiert in «Des Knaben Wunderhorn» von Achim von Arnim und Clemens Brentano, die Melodie des Schlafliedes steuerte Johannes Brahms bei. Wusste ich damals alles nicht. Mit den «Näg'lein» sind übrigens auch nicht die Blumen gemeint, wie ich mir später in Analogie zu den Rosen zurechtgelegt habe. Es handelt sich um Gewürznelken, welche wegen ihrer ätherischen Öle in jener Zeit offenbar zur Bekämpfung von Ungeziefer und Krankheitserregern eingesetzt worden sind. Die Kinder (und auch die Erwachsenen!) der heutigen Zeit können sich solche Erklärungen googeln. Ich glaube trotzdem nicht, dass sie weniger von Ängsten geplagt werden.

Vielleicht ist es Charaktersache, dass mich an der Textzeile «wenn Gott will, wirst du wieder geweckt» der schlechtere Ausgang immer mehr beschäftigte. Ich hätte ja einfach vertrauen können auf den «lieben» Gott und fertig. Vielleicht ist es aber auch einfach menschlich. Friedrich Dürrenmatt schreibt in seinem Dramenkonzept den schönen Satz, eine Geschichte sei erst dann zu Ende gedacht, wenn sie ihre schlimmst mögliche Wendung genommen habe. Mein Weltbild ist demnach ein Dürrenmatt'sches. Es ist die Abweichung von der Norm, an der sich unsere Fantasie entzündet, das Was-wäre-Wenn. Den Tod wiederum kann man lesen als die absolute Abweichung von der Norm des Am-Leben-Seins, denn allein von dieser Seite her kann argumentieren, wer hier und heute mit uns denkt.

Zurück zum Wiegenlied. Es kann sein, dass andere am selben gedanklichen Widerhaken hängengeblieben sind. Das wäre eine Erklärung dafür, dass dem Schlaflied Jahre später eine zweite Strophe angehängt worden ist. Eine, die versöhnlicher endet. Nicht mit drohendem Tod, nur mit seligem Schlaf.

«Guten Abend, gut' Nacht.
Von Englein bewacht,
die zeigen im Traum,
dir Christkindleins Baum.
Schlaf nun selig und süss.
Schau im Traum 's Paradies.

Schlaf nun selig und süss.
Schau im Traum 's Paradies.»[63]

Das Kind, das ich war, war berückt vom Tod. Der Teenager, der ich war, hat sich intensiv mit ihm beschäftigt. Statt Popstars hingen bei mir mittelalterliche Totentänze an der Wand. Meine Lieblingsbücher, meine Lieblingsmusik: alles düster. Sogar meine Maturaarbeit in Kunst habe ich über Grabdenkmäler geschrieben. Makaber, meinen Sie? Meine Eltern fanden es auch bedenklich, und sie waren nicht die Einzigen.

Im Nachhinein kann ich ihre Sorge besser nachvollziehen – ein junger Mensch, der sich mit offener Faszination dem Tod und seinen Kulten zuwendet, erscheint in unserer Zeit doch einigermassen seltsam.

Aber warum eigentlich? Ich habe das nie begriffen. In Schulaufsätzen etwa mussten wir uns Gedanken machen über den ersten Schultag oder unsere Ferienerlebnisse, sogar mein Leben in zehn Jahren durfte ich mir als Fünfzehnjährige ausmalen (Modedesignerin mit einem Hausmann zuhause … Richtig lag ich nur bei der Automarke). Als ich mich in einem freien Aufsatz dann aber getraute, auf das Sterben und den Tod zu sprechen zu kommen, handelte ich mir ein ernstes Gespräch mit dem Deutschlehrer ein. Nichts gegen ihn – wir hatten ein angeregtes Gespräch, und sein aufrichtiges Interesse wusste ich zu schätzen – aber trotzdem: Das Nachdenken über den Tod stets gleichzusetzen mit einer Todessehnsucht, halte ich für eine groteske Verkürzung.

Die abwehrende Haltung der Erwachsenen hat meine Faszination nur noch beflügelt. Wo keine Antworten zu bekommen sind, da muss man selbst nach ihnen suchen.

Ich habe mich während meiner Schulzeit mit so vielen Dingen beschäftigen müssen, die in meinem Leben keinen Funken Bedeutung erlangt haben. Verglichen damit ist die Beschäftigung mit dem Tod und seiner Bedeutung in unserer Gesellschaft eine überaus sinnvolle Investition in die Zukunft – der *Return on Investment* liegt bei jedem von uns bei garantierten 100 Prozent.

Dennoch: Wer sich offen mit dem Tod beschäftigt, der tut gut daran, berufliche Gründe vorgeben zu können. Ärzte, Pflegende, Pfarrer, Leichenbestatter sind fein raus. Aber wir anderen machen uns verdächtig. Angeschlagen? Krank? Lebensmüde? Wir gehen dem Tod aus dem Weg, als wäre er ansteckend.

Als Kind wollen uns die Grossen schützen vor dem, was so schwer zu begreifen und noch schwerer zu ertragen ist. Und später, als Erwachsene, schauen wir gerne selbst weg. Oder wir schauen lieber nicht zu genau hin. Bis das Sterben uns dann einholt und wir in einem hell gestrichenen Zimmer sitzen und nach Worten suchen. Genau so ist es nämlich gekommen. Auch bei mir. Und was, glauben Sie, hat mir meine «verdächtige» Beschäftigung mit dem Tod in diesem Moment gebracht? Ich sage es Ihnen gerne: gar nichts.

Das Kissen war hellgelb und die Grossmutter blass. Wir schauten den Spatzen zu, die in den Storen nisteten. Das Sims des Fensters war weiss gesprenkelt von ihrem Kot. Sobald sich ein Vogel flatternd dem Nest näherte, rissen die Jungen ihre Schnäbel auf und zeterten.

Ich war froh, dass es sie gab. Spatzen sind etwas Normales. Sonst war in diesem Zimmer nichts, wie wir es kannten. Wir unterhielten uns also über die Vögel. Wir haben beide nicht gewusst, dass es das letzte Mal sein würde, dass wir mit einandern sprechen konnten. Ein feiger Satz, ich merke es beim Schreiben. Richtiger wäre: Wir ahnten es wohl. Ich wollte einfach lieber nicht zu genau hinsehen.

Aber selbst wenn wir es gewusst hätten: Was hätte ich ihr denn sagen können? Dass sie keine Angst haben soll? Dass es weitergeht? Dass ich zwar auch nicht wisse, wie, aber dass es schon gut komme, irgendwie? Ich war elend hilflos, und trotzdem hätte ich diese Sätze wohl alle gesagt, wenn, ja wenn ich das Gefühl gehabt hätte, dass *sie* darüber sprechen wollte. Aber Grossmutter sagte nichts dergleichen. Sie lag da, sah zu den Vögeln hinaus und lächelte.

Und ich? Ich war einfach da. Auch wenn ich stundenlang geredet hätte, es wäre doch das Einzige gewesen, was ich ihr wirklich zu geben hatte in den letzten Tagen: Ich war da.

Ein Blick in ihre Augen genügte, und all meine abstrakten Gedanken über «den Tod» waren komplett lächerlich. Weil es *den* Tod eben nicht gibt, genauso wenig wie es *die* Liebe gibt. Der Tod, die Liebe, das Leben: Sie sind so einzigartig wie wir, die wir sie gestalten, erleben, erleiden. Das Persönlichste, was es gibt. Durchschnittswerte helfen nichts und auch keine allgemeinen Theorien. In diesem Spitalzimmer gab es für mich keine Distanz. Hier ging es um meine Grossmutter, es war nicht ein Tod, es war ihr Sterben.

Ich rieb ihre Hände. Sie waren jetzt gepolstert, die blauen Adern verschwunden. Kinderhände hast Du jetzt, sagte ich, Hände wie unser Kleinster. Vielleicht hätte sie gelächelt. Der Schlauch in ihrem Mund hat sie nicht gelassen.

Einige Tage später ging es ihr besser. Sie war wach, sie reagierte auf uns. Der junge Arzt aber hatte Erfahrung. Er schlug ihre Decke zurück. Blaue Füsse. Der Tod kommt auf blauen Füssen. Wir massierten das Leben zurück bis in die äussersten Enden ihres Körpers. Das Sterben sass in ihrer Brust. Der Tod aber stieg von den Zehen auf. Er roch nach Lavendelöl.

Da, wo wir herkommen, wird über alles geredet. Über alles, was das Leben ist. Die Familie, die Nachbarn, das Wetter zum Heuen, die Kalberkuh, die anstehende Arbeit und die Geschichte über den, der seine Wurst heimlich auf dem Heustock essen musste, weil seine Frau ihm nicht einmal die Freude am Essen gegönnt hat. Alles wurde verhandelt, aber unserer eigener Tod? Dafür gab es keine gemeinsame Sprache.

Meine Grosseltern waren beide weit über achtzig. Und doch wirkte Grossvater erstaunt, als er dann alleine auf dem Sofa sass. Als könne er kaum glauben, dass es sie nun doch getroffen hat.

«Habt ihr denn nie darüber geredet?» fragte ich ihn, ungläubig. Er schüttelt den Kopf. «Warum auch? Es ging uns doch immer gut.» Für einen kurzen Moment lächelte der Grossvater, keck wie ein Lausbub.

Haben sie das Sterben einfach verdrängt? Für kurz glaubte ich das. Aus der Distanz aber sehe ich es anders. Meine Grosseltern brauchten den Tod nicht zu verhandeln, weil sie schon umgesetzt hatten, was das Bewusstsein der Endlichkeit im besten Fall auslösen kann. Sie lebten ihr Leben im Wissen, dass alles ein Geschenk war. Sie waren dankbar für ihre gemeinsamen Tage, dankbar für die Gesundheit und die Entscheidungsfreiheit, die ihnen fast bis zuletzt geblieben ist. Und beide haben sich nicht gefürchtet.

«… denn es war gut», dieser schöne Halbsatz aus dem Anfang des Alten Testaments fällt mir ein, wenn ich an die beiden denke, wie sie gemeinsam spazierten, wie sie ihre Urenkelkinder anschauten, wie sie Kaffee tranken, wie sie dem Tod entgegengegangen sind. Der vollständige Satz findet sich im ersten Buch Mose: «Gott sah es und freute sich, denn es war gut.»

Meine Grosseltern haben Ja sagen können. Zu ihrem Leben und auch zu seiner Endlichkeit. Ohne Worte haben sie es getan, ihr Einverständnis war stillschweigend. Sie haben auf das Leben geachtet, statt den Tod zu fixieren.

Ganz anders ich. Ich habe den Tod umkreist, als könne ich ihn allein mit meinem Blick bannen. Und ein wenig stimmt das ja auch. Solange wir über ihn reden können, hat er uns noch nicht in der Tasche. Er ist Objekt, wir die Handelnden. Einen grossen Teil unserer Literatur verdanken wir diesem Bedürfnis, aus unserem Herumrudern im tosenden Leben eine sinnhafte Geschichte zu machen. Den Tod erzählen zu können und ihm so eine Form zu geben, in der er fassbar ist. Literatur schaffe ein «paralleles Leben», so sagt es der Nobelpreisträger Mario Vargas Llosa, «in dem das Chaos sich lichtet, das Hässliche sich verschönt, der Augenblick sich verewigt und der Tod ein vorübergehendes Schauspiel wird». Ein Taschenspielertrick, der funktioniert. Geschichten können den Tod nicht bannen. Aber sie helfen uns, mit ihm zu leben.

Vielleicht sind es Alter und Erfahrung, die uns die Ängste nehmen und mehr Gelassenheit schenken können. Vielleicht ist es die Demut vor dem Unausweichlichen. Oder das Vertrauen in den Gedanken, dass der Tod nicht das Ende ist. Mein Verstand jedenfalls prallt ab am Tod, genau wie mein Blick. Ich sehe nur sein Äusseres. Sein wahres Wesen vermag ich nicht zu fassen.

Ich denke zurück an die Grossmutter an meiner Bettkante und an ihr Schlaflied. Im Spital haben wir es für sie gesungen. Es hat mir keine Angst mehr gemacht. Wer im Leben geborgen ist, wird es auch im Sterben sein. Und darüber hinaus. Daran kann ich glauben.

DAS RICHTIGE SAGEN KÖNNEN

Nikolaus Schneider

Der Tod ist uns gewiss

Der Tod gehört zu den Lebensgewissheiten. Wenn ein Mensch geboren wird, kann niemand sagen, was einmal aus ihm werden wird: Wohnorte, Karriere, Familie, Freundschaften, Charakter, Beruf – all das ist ungewiss. Nur eins ist ganz gewiss: Er oder sie werden ganz gewiss sterben. Auch wenn wir Zeit und Ort des Sterbens nicht kennen, der Tod wird am Ende ihres oder seines Lebens stehen.

Diese «Lebensperspektive» wird von vielen Menschen offensichtlich als so bedrückend empfunden, dass sie ein Nachdenken über den Tod beiseite schieben und verdrängen. Die Sprachlosigkeit vieler Menschen an Gräbern ist ein «beredtes» Zeugnis dafür, auch deren Verhaltensunsicherheit dort.

Wenn wir Menschen leben, dann denken und fühlen wir «Leben». Aber dazu gehört auch das Nachdenken über das Sterben, denn das Sterben ist Teil des Lebens. Der Tod ist eine andere Kategorie. Was der Tod wirklich ist, wie er sich für die Verstorbenen selbst «anfühlt», was sie dann konkret «erleben» oder «nicht erleben», das kann kein Mensch sagen. Der Tod markiert eine unüberwindbare Grenze für jeden Menschen. Aus eigener Kraft, mit eigenen Mitteln und aus eigenem Vermögen kann kein Mensch diese Grenze überschreiten.

Gleichwohl kommen wir nicht umhin, uns nicht nur über unser Sterben Gedanken zu machen, sondern uns auch mit dem Tod zu beschäftigen. Einfach weil er ein fundamentales Datum jedes Lebens ist. Einfach weil wir Menschen nicht anders können, als uns mit den Fragen auseinanderzusetzen: Woher kommen wir? Wohin gehen wir? Gibt es eine Macht, die das «Woher» des Lebens und das «Wohin» nach dem Tod steuert?

Der Tod in meinem Leben

Mit diesen Fragen hat auch meine Beschäftigung mit dem Tod begonnen. Nicht im alltäglichen Leben oder aus Anlass von Beerdigungen, sondern in der Schule. Im Religionsunterricht wurden wir als Jugendliche an diese Frage herangeführt. Es waren biblische Texte, die das Leben in einen grösseren Zusammenhang von «Leben» einordneten und den Tod als Übergang von einer Form des Lebens in eine andere betrachteten. Wir lasen Texte, in denen der Tod als «Freund» begrüsst, als unerbittlicher «Sensemann» beschrieben oder als der «letzte Feind» bekämpft wurde. Das alles war aber eine sehr theoretische und abstrakte Auseinandersetzung mit dem Thema. Bei mir blieb haften, dass der «Tod» etwas sehr Ambivalentes ist. Mit meinem konkreten Erleben hatte das aber nichts zu tun. Ich war nie sterbenskrank und erlebte das Sterben oder den Tod eines Menschen bis dahin niemals unmittelbar.

Das wurde später anders. Während des Theologiestudiums wurde die Auseinandersetzung mit Texten zu Tod und Auferstehung qualifizierter und differenzierter. Vor allem die biblischen Texte lernte ich vertieft kennen, die sehr geringe Zahl von «Auferstehungszeugnissen» in der Hebräischen Bibel – unserem Alten Testament – und die grundlegende Bedeutung des Glaubens an Kreuzestod und Auferstehung Jesu für das Neue Testament, insbesondere für den Apostel Paulus. Die hinter den Texten liegenden grundsätzlichen Bilder vom Menschen und von der Welt studierte ich, auch den Einfluss verschiedener Traditionen und Kulturen auf die Formulierungen der biblischen Texte. Das alles blieb aber sehr theoretisch. Die erste Erfahrung mit dem Tod, die nach meinem Leben griff und mich erschütterte, war das plötzliche und dramatische Sterben des Ehemannes einer Tante meiner Frau. Die Schockstarre der nächsten Angehörigen, die Tränen und die Trauer, aber auch Lieder, Riten und Worte zur Bewältigung der Stunden und Tage dieser krassen Erfahrung mit der Realität des Todes haben mir die entscheidenden Dimensionen des Umgangs mit dem Tod für die (Über-) Lebenden eröffnet. Und vor allem war das die erste reale Überprüfung der Tauglichkeit und Tragfähigkeit all dessen, was ich theologisch über den Tod gelernt hatte und dachte. Es war ein erstes Herantasten im Reden, Denken und Fühlen: Helfen und trösten meine Worte wirklich? Was lösen die Bilder der Bibel in dieser Situation bei den Trauernden und Geschockten, aber auch bei allen Mittrauernden und nicht zuletzt bei mir selbst aus? Alles Studierte und Erlernte erfuhr eine Bewährungsprobe, einen Test auf seine Realitätstauglichkeit. Ich hatte den Eindruck: Der Glaube vermag Unfassbares zu fassen, dem Nicht-Vorstellbaren Bilder und eine Sprache zu geben, die helfen, trösten und stärken.

In der zweiten Ausbildungsphase zum Beruf des Pfarrers, als Vikar, war ich zum ersten Mal verantwortlich für mein Reden und Handeln im Auftrag der Kirche. Auch angesichts des Todes, gegenüber den Angehörigen, gegenüber der Trauergemeinde und am offenen Grab. Ich lernte die Stärke von Ritualen und Liturgie schätzen. Basis meines pastoralen Handelns wurde die Erfahrung, dass vor allem die Worte der Bibel – insbesondere der Psalmen – das Leid, die Verzweiflung und die Hoffnung von Menschen angesichts des Todes in einer Weise thematisieren, die Menschen oft unmittelbar ansprechen und meinem Reden und Handeln helfen.

Später, in der Ausübung meines Pfarramtes habe ich es als ein Privileg erfahren, Menschen beim Sterben zu begleiten und Angehörigen bei der Bewältigung des letzten Weges zum Grab beizustehen. Das Nachdenken über den Tod und das Sterben sowie über den Zusammenhang von Tod und Sterben mit dem Leben half mir, zu Klärungen auch über meine eigenen Ängste und Gewissheiten zu kommen. Mein häufiger Umgang mit Sterbenden und Trauernden lehrte mich, der unzerstörbaren Lebensmacht Gottes zu vertrauen. Und etwas Zweites trat hinzu: Die Begleitung Sterbender hat mich gelehrt, wie Menschen durch die Nähe und Zuwendung von Mitmenschen – fast immer – in Frieden sterben können. Diese Erfahrung schenkte mir eine innere Ruhe und Gewissheit für den eigenen Lebensweg – ein Privileg, wie gesagt.

In noch einmal ganz anderer Weise trat der Tod in mein Leben, als es um das Sterben und den Tod von Eltern und Schwiegereltern, vor allem aber um den Tod einer meiner Töchter ging. Der Tod rückte mir bedrängend nahe. Beim Sterben und beim Tod der Eltern und Schwiegereltern erlebte ich die Mühe und die Belastungen der kontinuierlichen Sterbebegleitung. Und den Schmerz, von geliebten Menschen Abschied zu nehmen; Menschen, denen ich im Wortsinn mein Leben verdankte. Trauer und Dankbarkeit mischten sich. Angesichts des Alters und der Erkrankungen der Eltern und Schwiegereltern konnte ich dem zustimmen, dass ihr Leben nun zu Ende war. Die Generationenfolge war eingehalten. Mir wurde auch klar, dass nach deren Tod nun meine Frau und ich die nächsten sein werden, die in unserer Kleinfamilie auf ihren Tod zugehen werden.

Diese «natürliche» Generationenfolge wurde gestört, als unsere jüngste Tochter Meike an Leukämie erkrankte und schliesslich starb. Meine Eltern und Schwiegereltern konnte ich als Pastor beerdigen, meine Tochter nicht. Die Härte des Todes, die Erfahrung von Verletzungen und Verwundungen meiner Seele beherrschten mich. Diesem Tod konnte und kann ich nicht zustimmen. Eine beängstigende Macht, ein nicht besiegter Feind ist der Tod also auch – mein Zutrauen zu einem menschenfreundlichen Walten Gottes hat dadurch Risse bekommen. Unverständnis und Fragen bleiben. Auch eine Trauer, die immer wieder nach mir zu greifen vermag. Mein Leben ist nicht mehr so unbeschwert, wie es einmal war. Die virulente, nicht zu bändigende Macht des Todes tat und tut weh. Dass ich über diese Erfahrung nicht in Verzweiflung versunken bin, verdanke ich der Liebe meiner Frau und meiner Familie, dem Beistand von Freundinnen und Freunden. Vor allem aber der nicht mit Worten zu beschreibenden Erfahrung, dass ich im Augenblick des Todes meiner Tochter gehalten war, «wunderbar geborgen». So sehr, dass ich gemeinsam mit meiner Frau Meikes Kopf halten konnte – obwohl ich eigentlich nichts mehr halten konnte.

Und es sind Texte, «verdichtete» und biblische Texte, die mir halfen und helfen, von denen ich leben kann angesichts des Todes geliebter Menschen und im Zugehen auf meinen eigenen Tod.

Texte als Wegzehrung

Es ist Balsam für mich zu lesen, dass Menschen ähnliches erlebt haben. Manche von ihnen können auf den Begriff bringen, wie ich mich fühle und was nun vor mir liegt. Eine solche Gemeinschaft auf den schweren Etappen unseres Lebensweges ist eine Wohltat. Ein Text mit dem Titel «Memento» von Mascha Kaléko streichelt meine Seele:

«Memento

Vor meinem eignen Tod ist mir nicht bang,
Nur vor dem Tode derer, die mir nah sind.
Wie soll ich leben, wenn sie nicht mehr da
sind?

Allein im Nebel tast ich todentlang
Und laß mich willig in das Dunkel treiben.
Das Gehen schmerzt nicht halb so wie
das Bleiben.

Der weiß es wohl, dem gleiches widerfuhr;
– Und die es trugen, mögen mir vergeben.
Bedenkt: den eignen Tod, den stirbt man nur,
Doch mit dem Tod der andern muß man
leben.»

Mascha Kalèko

Ja, auch ich weiss es wohl. Mascha Kalékos Worte bringen zum Ausdruck, dass das «Bleiben» oft schwieriger ist als das «Gehen».

Wegzehrung ist mir auch das Wort des Apostels Paulus:

«Lass dir an meiner Gnade genügen, denn meine Kraft ist in den Schwachen mächtig.»

2. Korinther 12,9

Paulus berichtet von seiner Krankheit. Er fleht um Heilung. Doch Gott schlägt diese Bitte ab. «Lass dir an meiner Gnade genügen» – was für eine enttäuschende Antwort.

«Ent-Täuschung» heisst aber: Uns wird etwas genommen,

worin wir uns getäuscht haben:

dass wir mit eigener Kraft unser Leben absichern können,
dass unsere Erwartungen an das Leben berechtigt sind,
dass Gott uns für unsere guten Taten belohnt,
dass der Glaube an Gott vor Leiden bewahrt.

Paulus erkennt: Das unbedingte Zutrauen in die eigene Kraft und Stärke muss erst enttäuscht werden, damit Gottes Kraft in Menschen wirken kann. Mit leeren Händen können wir Gottes Fülle ergreifen.

Damals wie heute hilft der Blick auf Jesus Christus, um zu verstehen, wie Gottes Kraft in den Schwachen mächtig ist. Das ist der Blick auf die Passionsgeschichte Jesu Christi. Er schämt sich seiner Schwachheit nicht. Er zeigt Angst vor Leiden und Sterben und fleht um Verschonung. Zugleich aber weiss er sich getragen von der unzerstörbaren Kraft Gottes. So kann er seinen Weg zum Kreuz gehen. Und Gottes Kraft trägt Jesus Christus durch den Tod hindurch in ein unvergängliches Leben im Reich Gottes. Das ist nicht naturwissenschaftlich bewiesen, aber gut bezeugt. Von den Zeuginnen und Zeugen seiner Auferstehung in der Bibel. Denen kann und will ich vertrauen.

An Christi Kreuz und Auferstehung wird mir deutlich: Die Erfahrungen von Leiden und Sterben, Krankheit, Unrecht und Gewalt gehören zum Leben von Menschen auf dieser Welt. Auch die Erfahrung des Unverstehbaren, der Ratlosigkeit und Bedrängnis. Aber diese Erfahrungen behalten nicht das letzte Wort. Gott hat Jesus Christus auferweckt von den Toten. Gott will und kann auch uns Menschen auferwecken zu neuem, unvergänglichem Leben in seinem ewigen Reich. Mit einem neuen Himmel und einer neuen Erde wird Gott auch den Toten eine neue Existenz erschaffen. Im vertrauensvollen Blick auf das Leiden und die Auferstehung Jesu Christi erkennen Menschen Gottes Gnade als eine wirkmächtige Kraft gerade in Schwachheit und in schweren Zeiten – dieser Glaube und diese Erfahrung schenken mir immer neue Lebenszuversicht.

Und was heisst das für unser Wünschen und Bitten um ein bewahrtes und gelingendes Leben? Hilde Domin antwortet so darauf:

«Bitte

Wir werden eingetaucht
und mit dem Wasser der Sintflut gewaschen
wir werden durchnässt
bis auf die Herzhaut

Der Wunsch nach der Landschaft
diesseits der Tränengrenze
taugt nicht
der Wunsch, den Blütenfrühling zu halten
der Wunsch, verschont zu bleiben
taugt nicht

Es taugt die Bitte
daß bei Sonnenaufgang die Taube
den Zweig vom Ölbaum bringe
Daß die Frucht so bunt wie die Blüte sei
daß noch die Blätter der Rose am Boden
eine leuchtende Krone bilden

Und daß wir aus der Flut
daß wir aus der Löwengrube und dem feurigen Ofen
immer versehrter und immer heiler
stets von neuem
zu uns selbst
entlassen werden»
Hilde Domin

Meikes Sterben hat mich gelehrt, dass die Bitte an Gott, verschont zu bleiben, nicht taugt. Wenn wir mit unseren Bitten an Gott zugleich mit der Erfüllung unserer Wünsche rechnen, dann wird uns das Leben unser Gottvertrauen zerstören. Es taugt nur die Bitte, dass wir Gottes Geleit bei allem erfahren, was uns geschieht und was wir tun. Und es taugt die Bitte, dass Gott unser Tun segnet.

Der Blick auf Christus lehrt uns, trotz allen Enttäuschungen und offenen Fragen Gott als liebenden Vater zu sehen. An ihn können wir uns mit unseren Bitten, Fragen und Wünschen wenden. An allen Orten und zu allen Zeiten. Aus der Gewissheit, *gehört* zu werden, ohne dass jede Bitte *erhört* wird, erwächst eine Kraft. Sie hilft uns, weder zynisch zu werden noch zu resignieren. Um ein heiles und gelingendes Leben können wir «trotz alledem» ringen.

Diese Texte, diese Worte sind mir Wegzehrung auf dem Weg des Lebens. Sie helfen mir, Sterben und Tod als Teil meines Lebens zu verstehen und daran nicht zu verzweifeln.

Ars Moriendi – Ars Vivendi

Ars Moriendi, die «Kunst zu sterben». Der Begriff Kunst ist durchaus richtig gewählt. Denn das Sterben als Teil des Lebens und als Zugang auf den Tod ist auch eine Kunst. Damit ist gesagt: Das Sterben entzieht sich im Grunde unserem planvollen «Machen».

Bei der Kunst des Sterbens haben wir aber auch eine eigene Verantwortung. Wir können mit Sensibilität und Einfühlungsvermögen, aber auch mit Verstand und Vernunft das Sterben gestalten. Das gilt für uns als Sterbende wie als Menschen, die andere beim Sterben begleiten.

Was ist unsere Verantwortung? Ich denke, das Wichtigste ist liebevolles und aufrichtiges Reden und Zuhören!

Sprachlosigkeit an Sterbebetten wirkt bedrückend. Sie nimmt den Sterbenden die Möglichkeiten, ihre letzten Schritte im Leben bewusst zu gestalten. Und die Angehörigen bringt sie um die Erfahrung, wirklich helfen zu können und Nähe zu erleben. Fast noch schlimmer als Sprachlosigkeit ist die Verstellung: das Überspielen der Ängste und das Vorenthalten der Wahrheit. Wenn einer oder beide Gesprächspartner so tun, als ginge es gar nicht um Sterben und Tod – wie sollen sie sich dann verstehen? Im Verdrängen und Überspielen ergreifen sie nicht die Möglichkeit, auszusprechen, was sie einander noch sagen wollen: Unklarheiten auszuräumen, Wunden zu heilen und Verletzungen zu vergeben. Sie können sich auch nicht mehr darüber verständigen, worauf beide hoffen – jenseits der Grenze des Todes. Von Hoffnungen aber zu wissen ist wichtig, damit in der Stunde des Todes auch angemessene Worte gesprochen oder gebetet werden können und bei der Beerdigung auch das gesagt wird, was der Verstorbene wirklich glaubte und hoffte, und um ihn vielleicht sogar selbst hörbar werden zu lassen. Wenn Sterbende und ihre Begleiter auf die Sprache der Bibel zurückgreifen, können sie die Erfahrung machen, von Bildern und Worten getragen zu werden. Ich habe oft erlebt, dass die alten Worte der Bibel neu Kräfte entfalten und neue Kräfte wecken.

Gesprächssituationen an Sterbebetten sind sehr komplex. Sie werden nicht allein von den «technisch» richtigen Worten beeinflusst, sondern auch von Stimmungen, dem Mass von Schmerzen, der Anwesenheit anderer, der Tages- und Jahreszeit … Es kommt so vieles zusammen. Das Gelingen von Gesprächen am Sterbebett kann nicht allein mit dem Verstand gesteuert werden. Es verlangt auch nach Sensibilität und Einfühlungsvermögen. Und auch Phasen des Schweigens gehören dazu. Ein Gelingen ist für Sterbende und ihre Begleiter immer auch ein Geschenk. Mit meinen Worten als Theologe gesagt: Es ist die Gegenwart und das Wirken des Heiligen Geistes, dass diese lebenswichtige Kommunikation gelingt. Gottes Geist macht die *ars moriendi* zur *ars vivendi*, die Kunst des Sterbens zur Kunst des Lebens. Sterbende und Sterbegleiter, beide lernen, dass die Begrenztheit des Lebens zum Mass des Menschlichen gehört und dass das Wichtigste im Leben liebende und geliebte Menschen sind. Und das gilt nicht nur für die letzte Etappe des Lebensweges, sondern für unser ganzes Leben. Bewusst und begleitet zu sterben, das ist in meinen Augen ein Privileg. Auch wenn Umfragen zeigen, dass viele Menschen sich einen plötzlichen und schnellen Tod wünschen. Ich aber halte es mit dem Gesangbuchlied «Aus meines Herzens Grunde». Dort heisst es in der dritten Strophe als Bitte an Gott:

«Du wollest auch behüten / mich gnädig diesen Tag / vors Teufels List und Wüten, / vor Sünden und vor Schmach, / vor Feu'r und Wassersnot, / vor Armut und vor Schanden, / vor Ketten und vor Banden, / vor bösem, schnellem Tod.»
EG 443,3/RG 564,3, nach Georg Niege (vor 1585)

Tod – was kommt danach?

«Hoffen wir allein in diesem Leben auf Christus, so sind wir die elendesten unter allen Menschen. Nun aber ist Christus auferstanden von den Toten.»

1. Korinther 15,19.20a

Gottes Wort verheisst Menschen, die ihr Leben an Jesus Christus binden, ein Leben über den Tod hinaus, ein Leben, das in der Auferstehung Jesu Christi bereits angebrochen ist.

Was ist der Inhalt meiner Hoffnung für ein Leben nach dem Tod?

Auferstehung bedeutet für mich: Mein irdisches Leben wird nicht einfach bei Gott fortgesetzt. Ich werde in die Ewigkeit Gottes hinein verwandelt werden. Ich glaube und hoffe, die Verwandlung geschieht in Kontinuität mit meiner Persönlichkeit und gleichzeitig in radikalem Bruch mit den Begrenztheiten meiner irdischen Existenz. Ich stelle sie mir vor als eine Befreiung zur vollkommenen Gemeinschaft mit Gott und zu einer neuen Gemeinschaft mit all den Menschen, die mein Leben so reich gemacht haben und so reich machen.

Um es paradox zu sagen: Unsere Toten sind nicht tot. Unsere Toten sind verwandelt in die Ewigkeit Gottes hinein. Die Gemeinschaft zwischen uns ist nicht zerstört. In Gott gehören sie zu uns und wir zu ihnen, und manchmal spüren und ahnen wir das schon jetzt unmittelbar.

ANMERKUNGEN

1 Bartholomäus Grill: *Um uns die Toten.* Meine Begegnungen mit dem Sterben, München 2014, 196 f.

2 Sabine Lenz: *Die Fähigkeit zu sterben.* Meine psychologische Arbeit mit Krebskranken, Reinbek 2014.

3 Hanns Dieter Hüsch: *Es kommt immer was dazwischen*, München 1999.

4 Aus: Paul Gerhardt (1653): «O Haupt voll Blut und Wunden», Strophen 7 und 8, vgl. RG Nr. 445 u. a.

5 Robert Leuenberger: *Der Tod.* Schicksal und Aufgabe, Zürich [2]1973, 87.

6 Vgl. Eberhard Jüngel: *Tod*, Stuttgart/Berlin/Gütersloh 1971 u. ö., 73 ff.

7 Berner Zeitung, 21.12.2014.

8 John Vincent: *The Anti-Aging Movement*, in: Maartje Schermer/Wim Pinxten (Hg.): *Ethics, health policy and (anti-)aging.* Mixed blessings (Ethics and Health Policy 1), Dordrecht 2013, 29–40.

9 So zeigt eine Schweizer Studie mit betagten gesunden Menschen, dass die grundsätzliche Bereitschaft, Suizidbeihilfe in Anspruch zu nehmen, in einem starken Masse von finanziellen Gründen getragen ist: Marcial Coutaz/Jérôme Morisod: *Je suis vieux, malade, donc j'«EXIT»?*, in: Revue Médicale Suisse 2012; 8: 1886–1889.

10 So z. B. der Gesundheitsökonom Stefan Felder: «Die steilen Altersprofile der Gesundheitsausgaben, die uns aus vielen heutigen Abbildungen bekannt sind, spiegeln in erster Linie nicht das Alter wider, sondern die ins hohe Alter verschobene Sterblichkeit.» In: Stefan Felder: *Gesundheitsausgaben und demografischer Wandel*, in: Bundesgesundheitsblatt 55 (5/2012), 614–623, 617.

11 Charles Taylor: *Sources of the self.* The making of the modern identity. Cambridge, MA 1989.

12 Daniel J. Bressler: *The ideal of imperfect autonomy*, in: San Diego Physician Magazine 3 (2014) 20–21.

13 Personenbezeichnungen gelten sinngemäss für beide Geschlechter.

14 «So ist also der Tod, das schrecklichste der Übel, für uns ein Nichts: Solange wir da sind, ist er nicht da, und wenn er da ist, sind wir nicht mehr. Folglich betrifft er weder die Lebenden noch die Gestorbenen, denn wo jene sind, ist er nicht, und diese sind ja überhaupt nicht mehr da.» In: Epikur: *Philosophie der Freude.* Eine Auswahl aus seinen Schriften. Übersetzt, erläutert und eingeleitet von Johannes Mewaldt, Stuttgart [5]1973, 40 f.

15 Elias Canetti: *Das Buch gegen den Tod*, Hg.: Sven Hanuschek/Peter von Matt, München 2014.

16 So z. B. bei Angelus Silesius [1624–1677]: *Cherubinischer Wandersmann.* Kritische Ausgabe, Leipzig 1986.

17 Originaltext: «We die, and cannot enjoy death, because we die in the torment of sickness; we are tormented with sickness, and cannot stay till the torment come, but pre-apprehensions and presages prophesy those torments which induce that death before either come; and our dissolution is conceived in these first changes, quickened in the sickness itself, and born in death,

which bears date from these first changes.» (Donne, 2008, 33, eigene Übersetzung).

18 Darunter verstehe ich Verwandte, Freunde, Ärzte, Pflegefachkräfte, Seelsorger, bürgerschaftlich Engagierte.

19 Der englische Text lautet: «All mankind is of one author, and is one volume; when one man dies, one chapter is not torn out of the book, but translated into a better language; and every chapter must be so translated. [...] No man is an island, entire of itself; every man is a piece of the continent, a part of the main. [...] Any man's death diminishes me, because I am involved in mankind, and therefore never send to know for whom the bell tolls; it tolls for thee.» (Donne, 2008, 97 f., eigene Übersetzung).

20 Andreas Kruse: *Die Grenzgänge des Johann Sebastian Bach.* Psychologische Einblicke. Heidelberg/Berlin 2013 (^{2}2014).

21 Vgl. Hans-Peter Dürr/Raimon Panikkar: *Liebe – Urquelle des Kosmos.* Ein Gespräch über Naturwissenschaft und Religion, Freiburg i. Br. 2008.

22 Dieser Beitrag beruht auf Jean Zieglers Monografie *Die Lebenden und der Tod.* Die Wiedergabe der ausgewählten Abschnitte aus dem Vorwort und dem ersten Kapitel erfolgt mit der freundlichen Genehmigung des Ecowin Verlages, der den im Jahr 1975 erstmals publizierten Text im Jahr 2011 in einer vollständig überarbeiteten Fassung wieder zugänglich machte (ISBN 978-3-7110-0018-7).

23 Bertolt Brecht, zweite Strophe des Gedichtes «Gegen Verführung» aus dem Schlusskapitel der Gedichtsammlung *Hauspostille*, vollendet im Jahr 1925, in: Bertolt Brecht: *Werke.* Grosse kommentierte Berliner und Frankfurter Ausgabe, 30 Bände. Band 2: Stücke 2, Frankfurt a. M. 1988, 116.

24 Gurkhas sind nepalesische Soldaten im Dienste der regulären britischen und indischen Streitkräfte, in denen sie eigene Einheiten bilden. Im Kongo waren sie damals als Blauhelmsoldaten der Vereinten Nationen eingesetzt.

25 Die Yawalorixás sind die Priesterinnen der im Südwesten Nigerias beheimateten Religion der Yorùbá. Sie stehen im Dienste der Gottheiten (Orixás), die als Emanation des Schöpfers (Olórun) Vermittler sind zwischen der himmlischen und der irdischen Welt. Auf der Religion der Yorùbá beruht die vornehmlich in Brasilien praktizierte Tradition des Candomblé.

26 Der französische Soziologe und Anthropologe Roger Bastide (1898–1974) bekleidete zunächst den Lehrstuhl für Soziologie an der Universität von São Paulo. Von 1958 an unterrichtete er Ethnologie und Religionssoziologie an der Pariser Universität Sorbonne. Die afrikanischen Religionen in Brasilien und Afrika gehörten zu den Schwerpunkten seiner Studien.

27 Shango heisst der in der Religion der Yorùbá bekannteste Orixá. Er ist der Ahne der Yorùbá.

28 Die alle Wesen und Gegenstände durchströmende Lebensenergie (Ashé) vereint den unsichtbaren Bereich des Kosmos (Òrun), dem der Schöpfer des Universums (Olórun), die Gottheiten (Orixás) und die Gesamtheit der Ahnen (Égún) innewohnen, untrennbar mit der sichtbaren Welt der Lebenden (Ayé).

29 Die Kaurimuschel bzw. das Gehäuse der Kaurischnecke dient den Priesterinnen und Priestern des Candomblé als Hilfsmittel der Weissagung.

30 Roger Bastide: *Religions africaines et structures de civilisation*, in: Présence Africaine Nr. 66, Paris 1968, 98 f.

31 Claude Lévi-Strauss: *Jean-Jacques Rousseau, fondateur des sciences de l'homme*, in: Samuel Baud-Bovy u. a.: Jean-Jacques Rousseau, Neuchâtel 1962, 245.

32 Vladimir Jankélévitch: *La mort*, Paris ^{2}1970.

33 Jean-Marie Domenach: *Le retour du tragique*, Paris ^{2}1973.

34 Paul-Louis Landsberg: *Essai sur l'expérience de la mort*, Paris ^{2}1960.

35 Edgar Morin: *L'homme et la mort*, Éditions du Seuil, Paris ^{2}1976.

36 Pierre Bourdieu: *Die feinen Unterschiede*. Kritik der gesellschaftlichen Urteilskraft. In der deutschen Übersetzung von Bernd Schwibs und Achim Russer, Frankfurt a. M. 1982, 39.

37 Ernst Bloch: *Geist der Utopie*. Bearbeitete Neuauflage der zweiten Fassung aus dem Jahr 1923, Frankfurt a. M. 1964, 338.

38 «Bleibe bei uns» ist eine Neubearbeitung der «Schriftstellerpredigt», die der Autor am Bettag 2010 im Zürcher Grossmünster gehalten hat, online unter: www.nzz.ch/aktuell/startseite/bleibe-bei-uns-denn-es-will-abend-werden-1.7614917 (19.1.2015).

39 Gottfried Benn: *Gesammelte Werke*, Band 3: *Gedichte*, Wiesbaden 1960.

40 Sahih al-Bukhari, Kap. 53, Nr. 11.

41 Vgl. Muhammad Iqbal: *The Reconstruction of Religious Thought in Islam*, Lahore 1971, 123; vgl. Sura 104.

42 Zit. nach Annemarie Schimmel: *Meine Seele ist eine Frau*. Das Weibliche im Islam, München 1995, 32.

43 Prophetenwort, überliefert durch Ibn Umar, Musnad Ahmad ibn Hanbal.

44 «Ja, das möcht ich noch erleben», in: Theodor Fontane: *Sämtliche Werke*. Hg.: Edgar Groß/Kurt Schreinert/Rainer Bachmann/Charlotte Jolles/Jutta Neuendorff-Fürstenau, Bde. 1–25, Band 20, München 1959–1975, 53–54.

45 «Die Welt, der Acker», in: Kurt Marti: *Die gesellige Gottheit*. Ein Diskurs, Stuttgart 1989, 42–43 © 2004 by Radius-Verlag, Alexanderstr. 162, 70180 Stuttgart.

46 Gemäss dem zweiten der Zehn Gebote («Du sollst den Namen des Herrn, deines Gottes, nicht missbrauchen; denn der Herr lässt den nicht ungestraft, der seinen Namen missbraucht», Exodus 20,7; Deuteronomium 5,11) ist es für gläubige Juden nicht statthaft, den Namen des Allmächtigen voll auszuschreiben – deshalb wird dies im Beitrag mit Apostroph markiert.

47 Arthur Schopenhauer: *Parerga und Paralipomena*, Kap. 11, § 145, Berlin 1851, 243.

48 Rainer Maria Rilke: *Das Stundenbuch – Das Buch von der Armut und vom Tode* (1903), Leipzig 1919.

49 Michel de Montaigne: *Philosophieren heisst sterben lernen* (1580), Zürich 1953/München 2005, 49 ff.

50 Aus dem Gedächtnis zitiert. Originaltext von Benjamin Weisman, Fred Karger und Sid Wayne, Rechte am Originaltext: Lyrics © Warner/Chappell Music, Inc., Universal Music Publishing Group, IMAGEM U.S. LLC.

51 Frei zusammengestellt aus «She said, she said», The Beatles: «Revolvers», 1966.

52 Gedicht aus dem Zyklus «Am Brückenwehr», entstanden am 4./6.10.1934 während eines Aufenthalts in Oberstdorf.

53 Friedrich Nietzsche: *Nachgelassene Fragmente*, NF-1887, 10[17], online unter www.nietzschesource.org/#eKGWB/NF-1887,10[17] (17.3.2015).

54 Die Zitate stammen aus: *Die Regel des hl. Benedikt*, herausgegeben im Auftrag der Salzburger Äbtekonferenz, Beuron 1990.

55 Dubeli lässt sich mit Trottel übersetzen.

56 Verschupft bedeutet verstossen.

57 Das Berggebiet des Napf wird von drei verschiedenen Agrarkulturen umgeben: Emmental, Entlebuch und Luzerner Hinterland.

58 Neue Zürcher Zeitung, 9.12.2010, 49.

59 Die Montaigne-Zitate stammen alle aus der ersten modernen Gesamtübersetzung von Hans Stilett. Sie ist erschienen in Hans Magnus Enzensbergers Reihe «Die andere Bibliothek» im Eichborn Verlag, Frankfurt a. M. 1998: Der Romanist und Komparatist Hans Stilett hat in einer hervorragenden Übersetzung die gesamten Essais (einschliesslich aller nicht französischsprachigen, vorwiegend lateinischen Prosa- und Dichtungszitate) als «Montaigne pur» neu herausgegeben. Er hat sich dabei um einen «genauestmöglichen Nachvollzug des Montaigneschen Denk- und Darstellungsprozesses bemüht, die entsprechenden Arbeiten von Vorgängern miterwogen, trägt doch jede Uebersetzung, da immer auch Interpretation, zur Befestigung altbewährter oder zur Eröffnung neuer Zugangswege zum Montaigneschen Gebirgsmassiv bei, und sei es nur indirekt: Selbst wo eine in Verständnisfallen stürzt, ist sie den Nachfolgern als abschreckendes Beispiel dienlich» (a.a. O., 570).

60 Rebecca Panian/Elena Ibello (Hg.): *Zu Ende denken*. Worte zum Unausweichlichen, Zürich 2013, 200–203.

61 Die Autorenschaft des englischen Originals ist nicht völlig klar. Neben Joyce Fossen (13.7.1929–2.1.1940) wird auch Mary Elizabeth Frye (13.11.1905–15.9.2004) genannt, von der verschiedene Versionen bezeugt werden, die aber für dieses Gedicht nie Rechte angemeldet hatte mit der Begründung: «I thought it belonged to the world; it didn't belong to me.» Hierzu siehe Michael R. Burch: *Mary Elizabeth Frye*, online unter: www.thehypertexts.com/Mary%20Elizabeth%20Frye%20Poet%20Poetry%20Picture%20Bio.htm (2.3.2015).

62 Vgl. Thierry Carrel/R. Moser: *Erfahrungsbericht – Spiritualität in der hochspezialisierten Medizin*, in: Spiritual Care 2013; 2: 42–53.

63 Der ursprüngliche, leicht anders lautende Text der zweiten Strophe geht zurück auf Georg Scherer (1824–1909) aus München.

AUTORINNEN UND AUTOREN

LINARD BARDILL, Jahrgang 1956, aus Chur. Er versteht sich als Liedermacher und Autor sowohl für Erwachsene als auch für Kinder und Jugendliche, wohnt in Scharans/Graubünden. Auch wenn er konfessionell nicht festgelegt ist, hat er einen Abschluss an der Universität Zürich in Evangelischer Theologie als VDM. Nach dem Studium tauschte er die Kanzel gegen die Bühne. Mit verschiedenen Programmen, Büchern, CDs und Filmen wurde er schweizweit bekannt. Seit seinem Erfolg «Luege was der Mond so macht» startete er seine Karriere als Schweizer Kinderliedermacher. – Preise: Salzburger Stier, deutscher Kleinkunstpreis, Cinema tout écran. Wichtig ist ihm die Liebe, Kinder (eigene 5, weitere nicht statistisch erfasst), Tiere, (2 Esel vor allen), Bäume, Palliativ Care, Jenseitsvorstellungen, Dunkelzeiten, Verschwörungstheorien.

LUZI BERNET, Jahrgang 1963, aufgewachsen in Volketswil (ZH), lebt mit seiner Frau Bettina und seinen drei teilweise erwachsenen Kindern in Männedorf am Zürichsee. Nach dem Studium der Geschichte, der Wirtschafts- und Sozialgeschichte und des Staatsrechts an der Universität Zürich trat er 1990 in die Redaktion der Zürichsee-Zeitung in Stäfa ein. Vom «EWR-Jahr» 1992 bis 1994 war er als Europa-Korrespondent in Brüssel für verschiedene Schweizer Regionalzeitungen tätig. 1998 wurde er Chefredaktor der Zürichsee-Zeitung. 2002 erfolgte der Wechsel zum Gründungsteam der NZZ am Sonntag, wo er Ressortleiter Schweiz und 2006 stellvertretender Chefredaktor wurde. Seit 2010 arbeitet er bei der NZZ. Als Nachrichtenchef und stellvertretender Chefredaktor ist er für das redaktionelle Tagesgeschäft der digitalen und analogen Ausgaben der NZZ verantwortlich. Ausserhalb seines Berufes engagiert sich Luzi Bernet ehrenamtlich in verschiedenen Gremien, unter anderem im Vorstand des Roten Kreuzes (SRK) des Kanton Zürich.

VERENA BRÄM-BURCKHARDT, Jahrgang 1932, Dr. iur. h.c., wohnt in Kilchberg, ist verwitwet, hat zwei Söhne und drei erwachsene Enkel und ist evangelisch-reformiert. Sie ist in Zürich aufgewachsen. Obschon 1952 noch ungewöhnlich für eine Frau, studierte sie Rechtswissenschaft an der Universität Zürich und schloss 1957 mit dem Lizentiat ab. Von 1957 bis 1974 führte sie von ihr aufgebaute Rechtsberatungsstelle des Evangelischen Frauenbundes Zürich (EFZ). 1974 erwarb sie das Zürcher Anwaltspatent. 1976 wurde Verena Bräm als erste Frau ans Bezirksgericht Winterthur gewählt. 1983 wählte sie der Kantonsrat zur ersten Zürcher Oberrichterin. Sie verfasste zahlreiche wissenschaftliche Publikationen im Familienrecht. 2005 wurde sie zur Ehrendoktorin ernannt. Nach ihrer Pensionierung engagierte sie sich ehrenamtlich in der Kirchgemeinde Kilchberg und für den WWF.

THIERRY CARREL, Jahrgang 1960, studierte Medizin in Freiburg i. Ue. und Bern. Nach seiner Promotion 1985 absolvierte er Ausbildungen zum Facharzt für allgemeine Chirurgie in Basel und Bern und anschliessend für Herz- und Gefässchirurgie in Zürich. Es folgten mehrere Auslandsaufenthalte. 1999 wurde er zum ordentlichen Professor an der Universität und Direktor für Herz- und Gefässchirurgie am Inselspital Bern ernannt. Er veröffentlichte bis heute über 600 wissenschaftliche Publikationen. – Auszeichnung: Leonardo-da-Vinci-Award der Europäischen Gesellschaft für Herzchirurgie als bester Ausbildner Europas (2013). Seit 2001 engagiert sich Thierry Carrel mit seinem Team in der russischen Stadt Perm im Uralgebiet zum Aufbau einer Herzklinik für die Behandlung von Kindern und Jugendlichen mit angeborenen Herzfehlern; seit 2011 arbeiten Thierry Carrel und sein Team mit der Organisation Terre des Hommes zusammen, um Kinder aus Afrika und dem Nahen Osten in Bern zu behandeln. 2014 gründete Thierry Carrel als Stifter die Stiftung Corelina, Stiftung für das Kinderherz. Er pflegt eine enge Beziehung mit der Gemeinschaft der Zisterzienser im Kloster Hauterive bei Freiburg i. Ue.

LOTEN DAHORTSANG, Jahrgang 1968, aus Lhasa (Tibet). 1979 ging er nach Nepal und trat in das Kloster von Lama Zopa Rinpoche ein. Seit 1982 wurde er im Klösterlichen Tibet-Institut in Rikon von seinem Onkel, Gesche Jampa Lodro, und den ehemaligen Äbten des Klosters, Gesche Ugyen Tseten und Gesche Gedün Sangpo, ausgebildet. Seit 2002 macht er eine Weiterbildung in buddhistischer Erkenntnislehre in der Klosteruniversität Sera in Südindien und befasst sich seit 2006 in einer mehrjährigen vertieften Meditation und mit Studien über das Kalachakra-Tantra im Jonang-Kloster in Nordindien. Er ist Lehrer für Buddhismus und Meditation im Klösterlichen Tibet-Institut Rikon und in anderen buddhistischen Zentren Europas.

BERNHARD EGG, Jahrgang 1959, aus Elgg. Nach der Wirtschaftsmaturität studierte er Rechtswissenschaft in Zürich. Er ist Kirchenrat der ref. Landeskirche Zürich im Nebenamt und Stellvertreter des Ombudsmannes des Kantons Zürich. Bis Mitte 2013 amtete er als Kantonsrat, den er 2012/13 präsidierte. Die Mitarbeit im Vorstand einer Baugenossenschaft und verschiedene Tätigkeiten in Stiftungsräten und Vereinen runden sein Engagement ab, z. B. in der Stiftung für Archäologie und Kulturgeschichte des Kantons Zürich oder in den Vereinen Schulheim Elgg bzw. Beatusheim Seuzach. Was Menschen tun, denken und fühlen und was sie sich auch antun, beschäftigt ihn sehr. Sie im Einsatz für ihre Rechte und in ihrem Suchen nach einem friedlichen und erfüllten Zusammenleben zu unterstützen, ist ihm ein grosses Anliegen. In seiner Freizeit geht er gerne in die Berge, fährt Rad oder macht Langstreckenläufe.

JUDITH GIOVANNELLI-BLOCHER, Jahrgang 1932, aus Bonstetten (ZH). Sie arbeitete als dipl. Sozialarbeiterin, Supervisorin und Organisationsberaterin 14 Jahre in der Praxis der Sozialarbeit in den Kantonen Zürich und Basel, später als Dozentin und Konrektorin der Fachhochschule für Sozialarbeit Bern. Seit 1969 ist sie schriftstellerisch tätig: 2 Romane, Biografie der Arbeiterin Hanni Schilt, Kurzgeschichten, Sachbuch zum Alter, Autobiografie «Der rote Faden» (2012), zahlreiche Publikationen zu Themen der Sozialarbeit, freiwillige Helfer, Migration etc. Seit 1980 verheiratet mit Sergio Giovannelli, italienisch-schweizerischer Arbeitsemigrant (seine Autobiografie: «Va pensiero. Geschichte eines Fremdarbeiters aus Ligurien», edition 8). Das Ehepaar Giovannelli-Blocher wohnt in Biel.

ESTHER GIRSBERGER, Jahrgang 1961, aus Zürich. Sie ist die Tochter einer jüdischen Mutter, eines protestantischen Vaters und ist mit einem Katholiken verheiratet. Esther Girsberger studierte Jurisprudenz an der Uni Zürich, wo sie 1989 promovierte. Nach ihrer ersten Arbeitsstelle bei der Volkswirtschaftsdirektion des Kantons Zürich wechselte sie in den Journalismus. Sie war unter anderem Inlandredaktorin bei der «Neuen Zürcher Zeitung», Inlandchefin bei «Der Bund» (Bern) sowie stellvertretende Chefredaktorin und später Chefredaktorin beim «Tages-Anzeiger». Heute ist Esther Girsberger als Moderatorin, Dozentin und Publizistin tätig sowie Inhaberin der Referentenvermittlungsagentur «speakers.ch AG». Die spätberufene Mutter hat zwei Söhne im Alter von 12 und 10 Jahren und ist in Zürich wohnhaft. Esther Girsberger engagiert sich generationsübergreifend, zum Beispiel als Stiftungsrätin unter anderem bei «Serata – Stiftung für das Alter» und Verwaltungsrätin bei einem Radio «für die Jungen», bei Radio 24.

SR. INGRID GRAVE, Jahrgang 1937, aus Südoldenburg (Deutschland). 1960 trat sie in den weiblichen Zweig des Dominikanerordens ein (Ilanz, Schweiz). Sie ist ausgebildete Lehrerin. Von 1982 bis 1994 war sie Mitglied im Leitungsteam der Ordensgemeinschaft und während dieser Zeit verantwortlich für die Kontakte zu den Schwestern der Gemeinschaft in Brasilen und Taiwan. Von 1994 bis 2000 moderierte sie die Sonntagssendung «Sternstunden» des Schweizer Fernsehens. Lebt in Zürich und Ilanz. Heute ist sie freischaffend tätig in der Arbeit mit Frauen, in Ökumene und Seelsorge u. a. in der Zusammenarbeit mit der Predigerkirche in Zürich.

PETER HENRICI, Jahrgang 1928, aus Zürich, Dr. phil., lic. theol., ist seit 1947 Mitglied des Jesuitenordens. Er studierte in Pullach bei München, Rom, Löwen und Paris. Von 1960 bis 1993 war er Professor für neuere Philosophiegeschichte und Metaphysik an der Päpstlichen Universität Gregoriana in Rom, wurde dann als Weihbischof und Generalvikar nach Zürich gesandt und ist seit 2007 emeritiert.

AL IMFELD, Jahrgang 1935, wohnt im Kanton Zürich, ist Publizist und Schriftsteller. Er versucht zwei Nabelpunkte der Welt mit Forschung und Kurzgeschichten einzukreisen: Es geht um den Napf, einem Gebiet im Luzernischen, und Afrika. Al Imfeld ist auf Überlagerungen von Religionen in beiden Gegenden gestossen; im Napf ist es das magisch Keltische; in Afrika traditionelle Religionen – überlagert von Islam und Christentum. Bekehrungen gibt es nur vordergründig; das Alte überlebt stets, wenn auch dauernd etwas verwandelt. – Parallel arbeitet Imfeld als Agrarhistoriker Afrikas und als Entwicklungsspezialist. Auch hier kreist vieles um Napf und um Afrika – bis nach Zürich in den Kreis 5, der im Kleinen fast alles – auch das Chaos der Welt – enthält. Al Imfeld publizierte u. a. die Bücher «Wie die Arche Noah auf den Napf kam», «Afrika als Weltreligion», «Fair gekocht und heiss gegessen», «In aller Welt zuhause», u.v.a. M. Zu seinem 80. Geburtstag hat er «Afrika im Gedicht» herausgegeben.

ADELHEID JEWANSKI, Jahrgang 1961, Hombrechtikon (ZH). Aufgewachsen in Bremen und Bielefeld. Früher Tod des jüngsten Bruders durch einen Unfall. Kollegschulabitur verknüpft mit der Ausbildung zur Kindergärtnerin und nebenamtlichen Kirchenmusikerin; Studium der evangelischen Theologie in Bethel, Marburg, Zürich und Tübingen. Seit 1990 reformierte Gemeindepfarrerin in Baden, Kilchberg und Hombrechtikon; davon 11 Jahre als teilzeitliche Psychiatrieseelsorgerin; seit 10 Jahren als Notfallseelsorgerin. Adelheid Jewanski hat viele Menschen in ihrem letzten Lebensabschnitt begleitet und die Abschiedsfeiern individuell und im weiten Horizont des christlichen Glaubens gestaltet.

HILDEGARD ELISABETH KELLER, Jahrgang 1960, ist Germanistin und Hispanistin. Sie wirkt als Kritikerin beim «Literaturclub» SRF, Professorin für deutsche Literatur an den Universitäten Bloomington Indiana/USA und Zürich sowie als Jurorin beim Bachmann-Preis ORF/3SAT. Unter ihren zahlreichen Publikationen zur Mystik und Medizin- und Theatergeschichte ist die fünfbändige Werkausgabe «Jakob Ruf. Leben, Werk und Studien» (NZZ Libro, 2008). Seit 2005 produziert Keller Hörbücher. Im Kontext der grossen Mystik-Ausstellung im Museum Rietberg Zürich entstand ihre «Trilogie des Zeitlosen» (vdf, 2011). Ihr erster Dokumentarfilm «Whatever

Comes Next» (2014) porträtiert die Malerin und Mediävistin Annemarie Mahler. Zur Zeit schreibt Keller die Biografie der argentinischen Autorin Alfonsina Storni, die unter dem Titel «Distel im Wind» erscheinen wird. Sie übersetzte Stornis Prosa erstmals auf Deutsch im Buch «Meine Seele hat kein Geschlecht» (Limmat Verlag, 2013). www.hildegardkeller.ch

KARIN KELLER-SUTTER, Jahrgang 1963, wohnt in Wil, sie ist römisch-katholisch. Studium zur dipl. Übersetzerin und dipl. Konferenzdolmetscherin, Nachdiplomstudium Pädagogik Uni Fribourg. Von 1997 bis 2000 war sie Präsidentin der FDP St. Gallen und von 1996 bis 2000 im Kantonsrat SG, von 2000 bis 2012 Regierungsrätin und Regierungspräsidentin in den Jahren 2006/07 sowie 2011/12; seit 2011 gehört sie dem Ständerat an. – Auszeichnung: SwissAward in der Kategorie Politik (2011). Derzeit arbeitet sie als Ständeratin und Verwaltungsrätin (unter anderem bei der Bâloise). Wertvoll sind ihr Familie und der Austausch mit Freunden. Für den inneren Ausgleich braucht sie Bewegung in der Natur.

MATTHIAS KRIEG, Jahrgang 1955, aus dem Taunus (Hessen). Er studierte Evangelische Theologie, Germanistik und Kunstgeschichte in Tübingen und Zürich, Promotionen 1981 in Neuerer Deutscher Literatur und 1986 im Alten Testament, Habilitation 1992. Von 1992 bis 1996 lehrte er als Privatdozent für Altes Testament in Zürich. Er war 1996–2014 Leiter der Abteilung Bildung, eines Gesamtkirchlichen Dienstes der Evangelisch-reformierten Landeskirche des Kantons Zürich. Matthias Krieg lebt seit 1979 am Zürichsee, seit 1997 als Bürger von Stäfa. Seine beiden Kinder kamen 1990 und 1992 auf die Welt. Seit 2000 lebt er als Single. Matthias Krieg ist in kirchlichen Kreisen bekannt als Leiter von Bildungsprojekten, Moderator von Retraiten und Autor einer ganzen Reihe von Publikationen im Grenzbereich von Wissenschaft und Erwachsenenbildung, Theologie und Kultur. Seit 2015 bekleidet er die Stabsstelle Theologie bei der Kirchenleitung.

ANDREAS KRUSE, Jahrgang 1955, aus Aachen, Prof. Dr. phil. Dr. h.c. Dipl.-Psych., ist Ordinarius für Gerontologie und seit 1997 Direktor des Instituts für Gerontologie der Universität Heidelberg. Er studierte Psychologie, Philosophie, Psychopathologie und Musik an den Universitäten Aachen und Bonn sowie an der Musikhochschule Köln. Promotion mit *summa cum laude et egregia* an der Universität Bonn (1986), Habilitation an der Universität Heidelberg (1991). – Auszeichnungen (Auswahl): First Presidential Award of the International Association of Gerontology, Max-Bürger-Preis und René-Schubert-Preis der Deutschen Gesellschaft für Gerontologie und Geriatrie, Erster Generationenpreis des Ministerpräsidenten des Landes Rheinland-Pfalz, Human Resources Excellence Award. Bundesverdienstkreuz durch Bundespräsident Prof. Dr. Köhler persönlich. Ehrenpromotion der Universität Osnabrück. – Vorsitzender der Altenberichtskommission der Bundesregierung seit 2003, Leitendes Mitglied der Zukunftskommission der Bundeskanzlerin der Bundesrepublik Deutschland (2011–2013), Mitglied der 15-köpfigen Expertenkommission der Vereinten Nationen zur Erstellung des Weltaltenplans (2000–2002), Mitglied der EKD-Synode (2009–2015).

ACHIM KUHN, Jahrgang 1963, verheiratet, drei Söhne. Seit 2014 evangelisch-reformierter Pfarrer in Männedorf. Zuvor Dekan der Zürcher Landeskirche im Bezirk Horgen und Pfarrer in Adliswil (seit 1999) – und seit 1991 Pfarrer in Zizers (GR). Studium der Theologie in Tübingen, Zürich und Genf. Fragen der Gegenwart mit Glauben und Theologie ins Gespräch zu bringen mit modern-zeitgemässen Formen ist ihm ein Anliegen. Er absolvierte Zusatzausbildungen in Leadership, PR/Kommunikation, am Ökumenischen Institut Bossey, bei SCUPE in Chicago sowie in Journalismus und Fundraising. Autor bzw. Herausgeber diverser Bücher (z. T. zusammen mit seiner Frau): Anthologie «Was der Mensch braucht», Fussball-Musical für Kinder- und Jugendchöre, zwei Kriminalromane mit ethischen Themen (2005/2010). Ein dritter Krimi – «Du sollst ewig leben» – zum Thema Lebensverlängerung erscheint im Herbst 2015 im Jordanverlag.

RIFA'AT LENZIN, Jahrgang 1954, Dr. theol., lic. phil. hist., studierte Islamwissenschaft, Religionswissenschaft und Philosophie in Neu-Delhi, Zürich und Bern. Nach Abschluss des Studiums war sie während zwölf Jahren in der Privatwirtschaft tätig. Seit 2002 arbeitet sie als freischaffende Islamwissenschaftlerin und Publizistin mit den Schwerpunkten Interkulturalität, Genderfrage im Islam und theologische Fragestellungen im interreligiösen Kontext. Sie ist Dozentin und Lehrbeauftragte an den Universitäten Freiburg. i. Ue., Luzern und Zürich sowie an verschiedenen Fachhochschulen, Co-Leiterin und Fachreferentin für den Bereich Islam am Zürcher Lehrhaus. 2010 wurde ihr die Ehrendoktorwürde der Theologischen Fakultät der Universität Bern für ihren Einsatz im Dialog zwischen Menschen unterschiedlicher Religionen und Kulturen sowie der Genderfrage im Islam verliehen.

ANDREA SILVIO MATHIS, Jahrgang 1962, Rechtsanwalt, stammt aus dem Oberengadin und lebt heute mit seiner Familie in Adliswil bei Zürich. Er studierte Rechtswissenschaften an der Universität St. Gallen (HSG) und erwarb in der Folge in Zürich das Rechtsanwaltspatent. Zudem absolvierte er ein einjähriges Masterstudium (LL.M.) an der University of Washington in Seattle/USA mit Schwerpunkten Internationales Recht, Völkerrecht und Rechtsphilosophie. Heute ist er Inhaber einer eigenen Anwaltskanzlei in Zürich.

KLAUS MERZ, Jahrgang 1945, aus Aarau; er hat zwei erwachsene Kinder. Zunächst arbeitete Klaus Merz als Sekundarlehrer, erhielt danach den Lehrauftrag für Sprache und Kultur an einer Höheren Fachschule. Merz lebt, nach längeren Schreibaufenthalten im Ausland, als freier Schriftsteller in Unterkulm/AG. Zu seinen Publikationen (seit 1967) zählen u. a. «Jakob schläft. Eigentlich ein Roman» (1997), «LOS. Erzählung» (2005), «Der gestillte Blick. Sehstücke» (2007), «Der Argentinier. Novelle» (2009), «Aus dem Staub. Gedichte» (2010) und «Unerwarteter Verlauf. Gedichte» (2013). Seit 2011 erscheint zudem eine siebenbändige Werkausgabe. – Auszeichnungen: Solothurner Literaturpreis (1996), Hermann-Hesse-Preis (1997), Friedrich-Hölderlin-Preis der Stadt Bad Homburg (2012) u. a.

SETTIMIO MONTEVERDE, Jahrgang 1966, Dr. sc. med., MME, MAE, RN, lic. theol., lebt in Arlesheim (CH). Nach dem Studium der Theologie und der Krankenpflegeausbildung arbeitete er 13 Jahre als Krankenpfleger und vertiefte berufsbegleitend sein Interesse an ethischen Fragen therapeutischen Handelns mit den Schwerpunkten Pflegeethik, Ethikdidaktik in Gesundheitsberufen und ethische Fragen am Lebensende. Von 2011 bis 2014 war er als Careum-Fellow am Institut für Biomedizinische Ethik und Medizingeschichte der Universität Zürich tätig, wo er 2014 promovierte. Heute ist er Dozent für Ethik an der Berner Fachhochschule im Bachelor- und Masterstudiengang Pflege sowie an weiteren Hochschulen und Bildungseinrichtungen.

ANDREAS MOSSNER, Jahrgang 1968, aus Zürich-Höngg. Nach der Handelsschule und dem KV-Abschluss war er in verschiedenen Werbeagenturen angestellt, bevor er 1993 seine eigene Werbeagentur gründete. Während Jahren beschäftigte er sich neben der Tätigkeit als Unternehmer und Dozent mit Uhrendesign. Dabei liess er sich von der Sanduhr inspirieren. 2009 weihte er die erste Uhr, die die Zeit als proportionale Fläche darstellt, im Technopark Zürich ein, später folgten weitere, eine davon in der SihlCity-Kirche. 2012 lancierte Andreas Mossner mit der Marke ParTime die erste grafische Uhr fürs Handgelenk. Das Ablesen der Zeit auf der Designuhr ist gewöhnungsbedürftig, was von deren Vater auch gewollt ist. Seine Uhren sollen Raum für Geschichten lassen und der Entschleunigung dienen, sagt der Designer, der mit den Zeitmessern auch ganz bewusst eine Zeichen gegenüber den Zeigeruhren setzt. Andreas Mossner ist Mitglied der evangelisch-reformierten Kirche.

MICHEL MÜLLER, Jahrgang 1964, studierte in Basel Theologie und war 17 Jahre Gemeindepfarrer in Thalwil, Abgeordneter in der Zürcher Kirchensynode und im Schweizerischen Evangelischen Kirchenbund. Seit 2011 ist er Kirchenratspräsident der Evangelisch-reformierten Landeskirche des Kantons Zürich und Verantwortlicher für die Pfarrerausbildung in der Deutschschweiz. Er ist verheiratet, hat drei jugendliche Kinder, reist und wandert gerne, spielt und schaut gerne Fussball, spielt und hört gerne Klavier.

PATRICK ROHR ist Fotograf, Journalist, Moderator und Kommunikationstrainer. Er ist Inhaber einer Kommunikationsagentur mit Sitz in Zürich, die Medien- und Rhetoriktrainings sowie Film- und Medienproduktionen anbietet. Ausserdem arbeitet er als freier Journalist und Fotograf für verschiedene Medien und Organisationen und tritt regelmässig als Referent und als Moderator von Anlässen auf. Bis 2007 war Patrick Rohr 15 Jahre lang Moderator und Redaktor beim Schweizer Fernsehen (u.a. «Schweiz aktuell», «Arena» und «Quer»). Für den Beobachter Buchverlag hat er die drei Kommunikationsratgeber «Reden wie ein Profi» ([3]2010), «So meistern Sie jedes Gespräch» ([3]2012) und «Erfolgreich präsent in den Medien» (2011) verfasst, die Bestseller wurden. Patrick Rohr lebt und arbeitet in Zürich und Amsterdam.

BERTHOLD ROTHSCHILD, Jahrgang 1937, aus Zürich, Dr. med., war das 9. von 10 Kindern einer jüdisch-orthodoxen Familie. Nach der Matura 1956 studierte er Medizin an den Universitäten Zürich, Paris und Tel-Aviv. Nach seinem Staatsexamen 1963 absolvierte er Ausbildungen zum Spezialarzt für Psychiatrie und Psychotherapie an der psychiatrischen Universitätsklinik Burghölzli in Zürich und gleichzeitig zum Psychoanalytiker am Psychoanalytischen Seminar in Zürich. Es foglten verschiedene Lehraufträge an der Universität Zürich, später auch in Bologna. Er arbeitete als Supervisor in Zürich und Italien und veröffentlichte zahlreiche Publikationen zu Themen der politischen Psychologie, der Sozialpsychologie, zur Psychoanalyse und zu aktuellen Themen der Gegenwart. Der Öffentlichkeit wurde er bekannt aus zahlreichen Rundfunksendungen sowie durch seine Bücher «Seele in Not» (1980), «Diagnose Psychiater» (1982). Von 1974 bis 1980 war Berthold Rotschild Zürcher Gemeinderat (PdA). Seither beschäftigt ihn ein langsames Warten, um da anzulangen, wohin er ohne Unterlass bereits ein ganzes Leben lang unterwegs war.

NIKOLAUS SCHNEIDER, Dr. h.c., Jahrgang 1947, war von 2010 bis 2014 Vorsitzender des Rates der Evangelischen Kirche in Deutschland (EKD). Theologie studierte er in Wuppertal, Göttingen und Münster (Westf.). Nach beruflichen Stationen als Gemeindepfarrer, Diakoniepfarrer, Superintendent, Leiter der Personalabteilung und Vizepräses wählte die Landessynode der Evangelischen Kirche im Rheinland Nikolaus Schneider 2003 zum Präses. Dieses Amt hatte er bis März 2013 (Vollendung des 65. Lebensjahres) inne. 2011 erhielt er von der Kirchlichen Hochschule Wuppertal/Bethel die Ehrendoktorwürde und im Juni 2013 die Ehrendoktorwürde der Reformierten Universität Budapest. – Auszeichnungen: Buber-Rosenzweigmedaille (2012), Leo-Baeck-Preis (2013).

KURT R. SPILLMANN, Prof. Dr., war bis zu seiner Emeritierung 2002 Ordinarius für Sicherheitspolitik und Konfliktforschung an der ETH Zürich und Titularprofessor für Neuere Geschichte, bes. Geschichte der USA, an der Universität Zürich. Er studierte Geschichte in Zürich, Rom und New Haven (Yale University) und arbeitete in verschiedenen Funktionen u. a. an der Yale University, am Woodrow Wilson International Center for Scholars (Washington, D.C.), an der School of Advanced International Studies (SAIS) der Johns Hopkins University (Washington, D.C.), am Wissenschaftskolleg Berlin und an der Harvard University. – Er hat verschiedene Bücher und zahlreiche Aufsätze aus den Bereichen Amerikanische Geschichte, Amerikanische Aussen- und Sicherheitspolitik, Schweizer Sicherheitspolitik, Konfliktforschung verfasst oder herausgegeben. 1986 gründete er die Forschungsstelle für Sicherheitspolitik und Konfliktanalyse an der ETH (heute CSS, Center for Security Studies), 1987 das CIS (Center for International Studies) an ETH und Universität Zürich. Von 1987 bis 1995 war er Vorsteher der Abteilung für Militärwissenschaften. Im Militär bekleidete er den Rang eines Obersts. Seit 1986 ist er nebenberuflich als aussen- und sicherheitspolitischer Kommentator im Rundfunk tätig.

KLAUS J. STÖHLKER wurde zweimal geboren, einmal 1941 als Deutscher in der Chemiestadt Ludwigshafen am Rhein, dann 1971 in Zürich bei seinem Umzug in die Schweiz. Heute ist er als Schweizer gerade einmal 43-jährig und, wie seine Präsenz zeigt, voller Tatendrang. Als Journalist für Print- und elektronische Medien ist er ein gefragter Autor, als Moderator ein gesuchter Vermittler und Motivator, als Autor von 12 Sachbüchern über die Schweiz und die Kunst der Kommunikation einer der «neuen Meinungsbildner» der Schweiz, wie

René Zeller im vergangenen Jahr in der NZZ geschrieben hat. Als PR-Berater, seinem Hauptberuf, betreut er auch heute noch bedeutende Mandate in Politik, Wissenschaft und Wirtschaft.

MONA VETSCH, Jahrgang 1975, aus Zürich. Nach der Wirtschaftsmaturität studierte sie zunächst einige Semester Wirtschaft an der Universität St. Gallen und von 2001 bis 2006 Politikwissenschaften und Soziologie an der Universität Zürich. Sie ist Journalistin bei Schweizer Radio SRF 3 und beim Schweizer Fernsehen. Sie lebt mit ihrer Familie in Zürich, ihre Wurzeln hat sie auf dem Thurgauer Seerücken. Mona Vetsch ist Moderatorin der Morgensendung von SRF 3 und eine der bekanntesten Radiostimmen der Schweiz. Beim Schweizer Fernsehen ist sie für die Reportage-Sendungen von «DOK» unterwegs, zuvor war sie drei Jahre lang Gastgeberin der Gesprächssendung «Club».

RUDOLF WEHRLI, Jahrgang 1949. Nach ausgedehnten geisteswissenschaftlichen Studien mit Abschlüssen als Dr. theol. (1976) und Dr. phil. (1979) gab er die Habilitation auf dem Gebiet der politischen Philosophie auf und trat in das amerikanische Beratungsunternehmen McKinsey & Co ein. Dort machte er sich während der folgenden fünf Jahre v. a. mit der chemischen und der Maschinen-Industrie vertraut und trat dann über zur Schweiz. Kreditanstalt, wo er für die Sanierung von Industrie-Unternehmen zuständig war. Nach zehn Jahren als Marketing- und Verkaufsleiter sowie ab 1990 als Geschäftsführer Deutschland der intern. Silent Gliss Gruppe erfolgte 1995 der Übertritt in die Konzernleitung der Gurit-Heberlein AG, deren Gesamtleitung er 1998 als CEO übernahm. Seit der Auflösung des Konzerns im Jahre 2006 ist er professioneller Verwaltungsrat: bei Clariant und Sefar als Präsident, bei der Berner Kantonalbank, der Kambly SA und verschiedenen Unternehmen der Kunststoff-Verarbeitung als Mitglied. Er präsidierte während sechs Jahren den Chemie- und Pharma-Verband sciencindustries und 2012/13 den Wirtschaftsdachverband economiesuisse.

PETER WERDER, Jahrgang 1974, Dr. phil., leitet die Kommunikation eines Schweizer Konzerns im Gesundheitswesen und ist

Dozent an der Universität Zürich zu Kommunikation im Gesundheitswesen. Studium der Publizistik, Philosophie und Musikwissenschaften an der Universität Zürich, Executive MBA in General Management an der Universität St. Gallen (HSG). Er war als Journalist, Musiklehrer und PR Berater tätig. Peter Werder hat diverse Artikel und Bücher (unter anderem zum Thema Boreout) publiziert. Er engagiert sich politisch in der FDP und leitet den «Zurich Gospel Choir», den er 2011 gegründet hat. Werder hat einen Sohn und lebt mit seiner Partnerin in Adliswil bei Zürich.

JEAN ZIEGLER, Jahrgang 1934, Prof. Dr. iur. et phil., aus Russin (GE). Studium der Rechtswissenschaften und der Soziologie. Bis zu seiner Emeritierung im Mai 2002 war er Professor für Soziologie und internationale Beziehungen an der Universität Genf und ständiger Gastprofessor an der Sorbonne in Paris. Von 1967 bis 1983 und von 1987 bis 1999 sass er für die Sozialdemokratische Partei im Nationalrat als Abgeordneter des Kantons Genf. Von 2000 bis 2008 engagierte er sich als UNO-Sonderberichterstatter für das Recht auf Nahrung. Im September 2013 kam er durch Wahl in den Beratenden Ausschuss des UNO-Menschenrechtsrats. Jean Ziegler Autor zahlreicher Bücher, darunter Bestseller wie «Die Schweiz, das Gold und die Toten» (2002), «Wie kommt der Hunger in die Welt?» (2002), «Die neuen Herrscher der Welt und ihre globalen Widersacher» (2003), «Das Imperium der Schande» (2005), «Der Hass auf den Westen» (2009), «Der Aufstand des Gewissens» (2011), «Die Lebenden und der Tod» (2011), «Wir lassen sie verhungern» (2012). Er ist Träger verschiedener Ehrendoktorate und internationaler Auszeichnungen wie etwa des Prix littéraire des droits de l'homme der Stadt Paris, des Milleniumspreises der Hilfsorganisation CARE Deutschland-Luxemburg (2009) und des Internationalen Blue Planet Award der deutschen ethecon – Stiftung Ethik & Ökonomie (2012).

QUELLENVERZEICHNIS

Die Rechte der Autoren- und Autorinnenporträts liegen, sofern nicht eigens angegeben, bei den Personen selbst.

Foto S. 11 © Tyagan Miller. – Abb. S. 15: Ludwig von Ulm [?]: Ars moriendi, Süddeutschland, ca. 1475. Abgebildete Kopie, koloriert: Bayerische Landesbibliothek, Xylogr. 16, fol. 3v. – Abb. S. 16: Hieronymus Bosch: Tod des Geizhalses (1485/1490). National Gallery of Art, Washington D. C. Mit freundlicher Genehmigung. – Abb. S. 19: Münchner Belial-Handschrift (München, Bayerische Staatsbibliothek, Cgm 345, folio 7v. – Abb. S. 21: Hans Sebald Beham (1500–1550), nach Barthel Beham (1502–1540): Adam und Eva, 1543, Kupferstich, 8.2 × 5.3 cm, Inv. Nr. D 8078, Graphische Sammlung ETH Zürich. Mit freundlicher Genehmigung. – Abb. S. 22: Abbildung nach Lenz Kriss-Rettenbeck: Bilder und Zeichen religiösen Volksglaubens. Rudolf Kriss zum 60. Geburtstag, München 1963, Abb. 159. Mit freundlicher Genehmigung des Verlags Georg D. W. Callwey GmbH & Co. KG, München. – Abb. S. 23: Jakob Ruf: Trostbüchlein (1554). Neudruck unter dem Titel Hebammen Buch, Frankfurt: Sigmund Feyerabend, 1580. Abbildung nach: Hildegard Elisabeth Keller (Hg.): Jakob Ruf. Leben, Werk und Studien Band 5, Zürich 2008. – Foto S. 59 © Ritter, Zürich. – S. 64–65 aus Hans Küng: Erlebte Menschlichkeit. Erinnerungen, München, Piper Verlag 2013, 632 ff. – S. 81–82 © Paul Weismantel, D-96164 Kemmern. – Foto S. 101 mit freundlicher Genehmigung © C. Bertelsmann. – Foto S. 139 © Christoph Wider. – S. 178: 3. Strophe aus «Ich steh an deiner Krippe hier», (RG 402), 1653. – Foto S. 235 © Andreas Müller. – Foto S. 257 © Claudia Link. – S. 289: Mascha Kaléko: «Memento», aus: Verse für Zeitgenossen, Rowohlt Taschenbuch Verlag GmbH Reinbek bei Hamburg © Gisela Zoch-Westphal. – S. 291: Hilde Domin: «Bitte», aus: dies.: Sämtliche Gedichte. © S. Fischer Verlag GmbH, Frankfurt a. M. 2009.